遠野物語と21世紀

近代日本への挑戦

石井正己
遠野物語研究所 編

三弥井書店

はじめに――広場としての『遠野物語』

一

平成二二年（二〇一〇）六月をもって、『遠野物語』発刊から一〇〇年を迎えることになる。昨年は、『源氏物語』が世の中に流布して一〇〇〇年が経ったということで、「源氏物語千年紀」に関わる行事や出版が数多くあった。それにならって言えば、来年は「遠野物語百年紀」と呼ぶことができる。

一〇〇年というのは、確かに大きな区切りである。その間に経過した時間は、『遠野物語』がすでに同時代の作品ではなくなり、「古典」にしてゆくものであったにちがいない。そうであれば、『源氏物語』と同じように、注釈を整えて、現代語訳を用意しなければ、もはや十全に理解することが難しくなったと言うことを表す。

この間、民俗学の理論と組織が確立するのに伴って、『遠野物語』は「聖典」にされ、その地位を高めていった。しかし、その一方で、この作品の内実に迫るような研究が現れるようになってから、まだ四〇年ほどしか経っていない。特に民俗学者の中では、「柳田国男先生」の記念碑的な作品に物言うことへのタブーが強く働いてきたのではないかと思われる。

一方、『遠野物語』には個人情報があふれていることもあって、遠野ではその内容に触れることへのタブーが働いてきた。しかし、この間に、その中に見られるような人間関係が希薄になってきたことも事実である。地元にあっても、丹念に調べなければ、もはやその背景はわからなくなりつつあると言っていい。
思えば、情報化と国際化が急速に進展する中で、日本はもとより世界的に見ても、産業革命以来の近代文明が限界に達していることは否定できない。そうした時代において、「古典」になりつつある『遠野物語』はいかなる意義を持つのか、それを考えてみたいと思った。

二

本書の「巻頭エッセイ」には、有馬朗人、太田愛人、小澤俊夫、松谷みよ子、神崎宣武という、各界で活躍される各氏が『遠野物語』に関する文章を寄せてくださった。また、「特別寄稿」には、小田晋、野本寛一の両氏が精神医学、環境民俗学から見た『遠野物語』の論考をお書きくださった。「近代日本と『遠野物語』」の対談は、米山俊直氏と共著で『北上の文化』を著し、戦後の遠野を鋭く分析した加藤秀俊氏をお迎えして、お話をうかがった。この対談によって、「明治時代」「東北地方」「伝説の意味」など、さまざまな文脈の中から『遠野物語』を考える視野が開けたように思われる。

続く「明治時代と『遠野物語』」の特集は、「自然主義文学」「心霊」「郷土誌」といった視点から、中堅の研究者として活動する小田富英、一柳廣孝、佐藤健二の各氏が論考をお寄せくださった。それらは、『遠野物語』がこれからも多様に開かれたテクストとして読まれる可能性を明らかにする。

また、「遠野の語り部たち」の特集は、観光や教育の場で昔話を語り継いできた語り部を紹介した。ここには遠野を代表する語り部ばかりでなく、語り部教室（後に昔話教室）に集ったいろり火の会の仲間を加えている。遠野の語り部三四名が一堂に会したのは、これが初めてである。その間にはコラム八編を入れて遠野における昔話をめぐる状況がわかるようにし、「遠野の昔話と語り部を知るための文献」と「掲載昔話一覧」を添えた。

巻末の「ガイドブック『遠野物語』」の小特集は、戦後の『遠野物語』研究において忘れられない一〇冊を発行順に取り上げた。やはり長く『遠野物語』について考えてこられた岩本由輝、川森博司、松本博明、川島秀一、大野眞男の各氏が解説をお寄せくださった。

三

こうして並べて紹介するだけでも、本書は「遠野物語百年紀」に向けて、自信をもって送り出すことができる成果になったのではないかと思われる。お書きくださった各氏が活躍される分野はずいぶん異なっていて、こうした機会がなければ、出会う機会もほとんどなかったように感じられる。『遠野物語』という魅力的な作品が、それぞれの人の関心を強く結びつけたことを心から喜びたい。

そうしたことから考えれば、この一冊は『遠野物語』の研究という目的を越えて、新たな時代を切り開くものになってゆくのではないか。『遠野物語』は、二一世紀における豊かな思考を形成するために、とても大事な広場になってゆくだろう。本書がそうしたことを考えてゆくためのささやかな一歩になるならば、これ以上の幸せはない。

二〇〇九年四月

石井正己

目次

目　次

巻頭エッセイ

父の魂を鎮めるために

有馬朗人

小学校四年生、五年生の頃、私は神奈川県高座郡相原村字橋本に住んでいた。現在の相模原市である。旭小学校へ通っていたが、のんびりした学校であった。凡そ中学校受験など考えもしない日々で、学校から帰ると陣取り合戦や、独楽廻し、ビー玉、面子などありとあらゆる遊びに興じた。私はそれに加えて電気モータや砿石ラジオ作りで忙しかった。昭和十五、六年のことである。

その頃父の本棚には俳句の本や雑誌「ホトトギス」、「玉藻」などに加えて、禅や道元に関する仏書、そしてアルス版の『ファーブルの昆虫記』や、中国や日本の動物怪奇物語などがあった。私は残念ながら昆虫記は面白いとは思わなかった。現在の生物学の隆盛を思えば、少年の頃、昆虫記などを読んで生物にも関心を持つべきであった。しかし物理や数学の本ばかり読んでいた。その父の蔵書の中で面白いと思ったものに、柳田国男の『遠野物語』があった。それは多分昭和十年の再版であったであろう。

『遠野物語』で私が先ず変っていると思ったことは、文章の初めから四、五行、長くても二十行ぐらいの小文に分けられていて、それに番号が付けられていることであった。それが強く印象に残っていて、私自身も覚書に番号をよく振るようになった。しかしこのような本の書き方は、他の人の本には無いようであるし、柳田国男自身もこのように短く区切って番号付けをその後はしていない。もっとも『海上の道』などで、二頁ぐらいで文章を一とまとめにして、きちんと番号付けしている辺に、この流儀の変型が見られる。私は『遠野物語』の番号付けによる小分けを用いた、きびきびした文章の書き方が大好きであった。

そして勿論、その中に登場する民話の面白さ、時には不気味さに魅入られた。河童の話や、死んだと思われていた女が山奥で生きているのに逢った話など、小学生の心に不思議な興味を与えたのである。

私の父母はこのような妖怪変化の話をすることは全く無かったが、同居していた母方の祖母が時々、昔住んでいた伊勢の田舎で峠を越えようとしていた時、死んだはずの女が大きな声で歌を歌って歩いていたとか、狐火を見たと真面目に言うので、本当かなと思ったものであった。又、友人の家に遊びに行った時、その家の古老がやはり幽霊に逢ったなどと言うのを聞いたこともあった。そこへこの『遠野物語』であった。子ども心に、電灯が夜を明るくし、汽車や電車が走り、飛行機が飛ぶような時代でも、山奥などでは不思議な事が起るのかもしれないと思ったのであった。

父の本箱に中国や日本の動物怪奇物語があったと先述したが、その中に『聊斎志異』や、南方熊楠の本があった。子ども向きの昔話に飽き足らなくなっていた私にとって、難しかったが好奇心を満してくれたのである。

小学校六年生になって浜松の西小学校へ転校した。そこは旭校と違って受験準備に熱心な学校であった。そして浜松一中学校へ入学したが、放課後の自由時間を殆ど、電池式ラジオや変圧器などを作ることに熱中したので、『遠野物語』の世界から遠ざかってしまった。

中学校二年生後半から三年生の八月までは、敗戦の色の強まる中、毎日のように空襲を受けながら、軍需工場で旋盤を廻し軍用機の部品作りに励んだ。その頃浜松の広沢町にあった家は焼夷弾の直撃を受けて焼けてしまった。それと共に父が大切にしていた蔵書も灰になってしまった。『遠野物語』も運命を共にしたことは言うまでもない。

父の勤めていた軍需工場は浜松から敷地村（現在磐田市に合併）に疎開していた。それで浜松から焼け出された我が家も、敷地の山奥へ転居したのである。そこで敗戦を迎えた。軍需工場は当然閉鎖になり、結核で胸を冒されていた父は職を失った。日曜の午後など気分の良さそうな時、私は父をさそって、散歩に連れ出した。丈夫だった頃父は畑仕事や、歩く事が好きであったことを知っていたからである。ゆっくり歩きながら、そして時々木の切株や岩などに腰かけながら、私は『遠野物語』や、熊楠の本で読んだ物語の事などを聞いた。すると実によく覚えていて、私の知らない柳田国男の他の本の話や、民話そして、ドルメンなど考古学の話をぽつぽつと語ってくれたのである。私は父に「こんなによく色々なことを知っているのだから、本を書いたら」と再三勧めたのである。一つの理由は父が書いた本が読めたら楽しいだろうという気持と、もう一つは本を書くという目的を持てば、敗戦で職を失った悲しみや病気を克服する元気が、生まれるかもしれないという果ない期待であった。

十五歳の子どもの言うことを嬉しそうに聞きながら、父はその度「世の中にはもっともっと物知りが居るんだ。柳田国男とか南方熊楠なんかすごいぞ。」と言って、熊楠と文通したことや「熊楠からの手紙は幸い疎開して置いたから、そのうちに取りに行かなければ」などと言ったのである。

敗戦の翌年の一月父は疎開していた寺の一部屋で息を引き取った。私は急いで浜松の下宿から家に戻った。しかし死に目には会えなかった。父は道元に深く帰依し、僧侶になりたかったと言っていた。又彫刻には素人離れの才能を持っていた。彫刻家にもなりたかったらしい。しかし祖父の強い希望もあって会社員として働かざるを得なかったのである。或は民俗学を学ぶことも夢であったかもしれない。生前の最後の週末、家へ戻った私に、その頃作っていた大きな木魚を指さしながら、「この木魚は自分が死んだ後誰にもやるな」と私に言ったのである。見事な木魚であった。元気の良いときはこの未完の木魚を叩きながら経を上げていた。しかし亡くなった直後、この寺の和尚さんがどうしても譲って欲しいと言った。疎開中に世話になったこともあり、とうとう譲ることにした。その木魚はその後この寺の本堂に収められ、毎日の勤行に使われていたので、父が恋しければこの寺の本堂を見に行くことにしていた。しかし二、三年前のこと、この寺は焼けてしまい木魚も焼けてしまった。放火らしいという噂であるがまだ分からない。

父が死んだ翌年私は武蔵高等学校（旧制）に入学し東京へ出た。それ以後ずっと東京の世田谷で暮している。高等学校へ入るや否や、私は又柳田国男や南方熊楠の本を読み散した。そして日本神話、例えば松村武雄の『日本神話の研究』三巻や、大林太良の様々な神話の本などを読み耽った。日本の神話と世界の神話の共通性には特に興味を持った。

原子核理論物理学を専攻し、アメリカで長年暮し、ヨーロッパなどの諸国で研究生活を送ってきた。それでも民俗学や民話そして神話への興味は消えず、アメリカ・インディアンの村へ出掛けて、その古老の話を聞いたり、雲南の少数民族の村を訪ねたりして楽しんでいる。

石田英一郎の『河童駒引考』や『桃太郎の母』などを読んで、河童の話の普遍性や、月と若水の話が万葉時代には歌にまで歌われながら、日本本島では忘れ去られていたが、沖縄にその伝説が残っていたこと、同じような伝説が北欧にもあるということを知って昂奮したものである。

突然話は物理学へ飛ぶが、私がある考えを発表すると、遠く離れたイギリスの研究者が同じ考えを発表する。又他の発見を発表すると、メキシコの研究者が同じことを発見する。こんな経験を何回も繰返した。だから「河童の話」や、「月と若水」、そして「伊弉諾尊の黄泉下り」と、「オルフォの冥府行き」など世界の各地で同じ説話が発生したのは、伝播の可能性が大きいには違いないが、進化の似た段階に達した異なる民族が偶然同じような話に到達することにも依るかもしれないと、素人考えをすることもある。

神話や民俗学の本を読みながら、このようなことについての私の関心の原点は、父の本箱にあった『遠野物語』であったとつくづく思うのである。『遠野物語』は勿論、日本の民俗学の出発点であり、一個人の生涯などを遥かに越えた意義があることは重々認識している。しかし私にとっては、その後の人生を深めてくれた大切な本である。と同時に病身であり、明治生れの故もあり家を継ぐという桎梏から逃れ得ないまま、自らやりたいことをやれぬまま、短い生涯を終えた父の、深い思いのこめられた本であるという気持が捨てられない。『遠野物語』を読むことは私にとって父の鎮魂でもあるのである。

巻頭エッセイ

新渡戸稲造と柳田国男の環《クライス》

太田愛人

盛岡市の南方に広がる農村地帯から近代日本の記念碑的な本の著者が生れている。『原敬日記』、新渡戸稲造の『武士道』、金田一京助の『ユーカラ』、野村胡堂の『銭形平次捕物控』、柳田国男の『遠野物語』、宮沢賢治の『春と修羅』である。これに石川啄木の『時代閉塞の現状』を加えると、題名を見ただけで読書人は驚嘆するであろう。各地に著者を記念する記念館が建てられていて見学者は跡を絶たない。原が「辺陬の地」と言い、新渡戸が「北方の人」と書いた背景には農村の貧しさが暗示されていた。しかしこの中から互いに交流し合い、地域を豊かにしようと努力する試みが書簡の中に現れている。

新渡戸が柳田に宛てた手紙の中に、「……拙者ハ御高論の一と二回にある農民数過多ナル点ニ就きてハ御同感なり従来の如き生計低き程度ニ比スレハ兎も角経済進ムト共ニ百姓ノ生計モ進まされハ現今ノ農民ノ Pauper Peasant（貧農）の如きものなれハ決して感心スベキモノニ無之と存じ農政ノ局ニ存ル方々の広くSocial Progress（社会進展）の大体ニ御注意ありて其の本分を尽くされんこと切望ニ不堪……」（明治三十八年〈引用は『新渡戸稲造研究』第二号〉）と書いている。また四十三年六月の手紙には、「先日者《（ハ）》御新著御恵贈被下恰かも少々不快之砌なりせ者《（ハ）》早速一読仕候処誠ニ御着眼の新規なることニ敬服仕候実ハ小生も兼而《テ》より宗教と農業の関係ニ心掛け居候……」と、柳田が新渡戸に『遠野物語』を贈ったことを暗示している。同年十二月の郷土会設立以前に、このような相互理解があったことが前提となっていることを考えておくべきであろう。

啄木没後五年目、河上肇が朝日新聞に『貧乏物語』を連載するが、その中で二度も「はたらけどはたらけど猶……」の歌を引用していたことを連想させられる。新渡戸も柳田も願ったことは、農民が貧困から脱出することであった。新渡戸の上司であった水沢出身の後藤新平の生涯のモットーも「防貧」であった。宮沢賢治が書いた作品にも農民や山人が食っていけることの願望がこめられている。農政学者新渡戸、農政官僚柳田の名前は宮沢賢治の全集の中に見出しえないのは不思議である。しかし、佐々木喜善と賢治の文通はなされていた。同じ地方に住んで文筆の仕事をしていたからであろう。新渡戸の一高時代の弟子で紫波町出身の野村胡堂へ宛てた佐々木の手紙を『野村胡堂来簡集』を編集していたときに見付けた。「……御著名はおよそ二十余年も以前から崇拝者でなほ常に御著書は愛読申上げて居るもので御座います。扨て甚だ突然ながら此度私とても御目にかけることも恥かしい謄写版刷の雑誌を出しましたから兼ての尊敬の心のしるしまでに一冊御笑覧頂き度存じて別送いたしました……」（昭和七年五月八日　発仙台　宛東京市外砧村）。

一方、胡堂は作家になる前は報知新聞記者であり、人物描写が巧みで人物月旦には定評があった。大正初年、貴族院書記官長の柳田に関心を抱いて、官舎を訪問して取材し、その時「道の魅力」（チャーミング・オブ・ロード）という話を聞いて、その解説も付記している。「気軽に立って、本箱から出して来る。目的地をきめて、ツーと行って、ツーと帰るのは旅行というよりビジネスですね。東京弁を使って、食べものを気にするようでは、東京の生活が移動しただけです。名高い名所を見物しても岩と水と、松が五、六本あるだけです。本当の旅行趣味といえば、何もない普通の道を、この山を越えたら何があるか。この森の向うは、どうなっているか。那須の奥から、南会津へ抜けたのなどは、最も興味がありました」（『胡堂百話』）。理想的な書斎を教えてもらうべく取材に行ったとき、柳田は田舎旅行を語ったのは、遠野の近くの彦部村で生まれた胡堂が相手のためであったことも考えられる。胡堂のほうも『遠野物語』を知った上で訪問したふしがある。

昭和に入って柳田も胡堂も成城に住んで再訪した後、胡堂は柳田を「七十歳の老人の私が、今でも心から『先生』と申上げられる方である」と書いている。胡堂の幼年時代の回想の中で、「出入りの畳屋の老いた親方が非常に記憶の良い人で、毎晩せがんでは、後に佐々木喜善氏の収集した紫波郡昔話や聴耳草紙にあるような岩手の昔話をうんと聞かせもらった」と書いていた。案外『銭形平次捕物控』の中に、幼児時代に聴いた民話が生かされているかもしれない。本や雑誌が普及していなかった明治の農村では、老人の記憶にある昔話が幼児たちの娯楽で、語り手と聞き手の間の交流が胡堂の場合も人間形成の重大な役割をはたしていたのである。新渡戸の農学への関心は、祖父、父以来のものであった。

新渡戸、柳田の協力は、柳田が小田内通敏、松本烝治らと郷土研究会を発足させた後、新渡戸が自宅を開放して郷土会を催しているのを聞いて明治四十三年に合流させる。合流の仲介者は石黒忠篤であるといわれている。新渡戸の『農業本論』における「地方《じかた》の研究」と柳田の『時代ト農政』が背景にあって、農村や山村に目を向ける郷土会が誕生したともいえるであろう。その時以来新渡戸の国際的視野と柳田の辺境遍歴の経験とが結合して、在来の日本には見られなかった研究団体が形成されたのである。柳田が書いている。「中心はやはり『郷土研究会』からの連中である。話題のもとは会員各自の旅行の報告で、毎会食費五十銭をおさめて、そのころとしては二円か二円五十銭くらいのごちそうをして下さった。名ばかりの会費をとって、来客の面目を害しないように心づかいをして下さったのである。場所もよく、そのうえ本もたくさんあり、ごちそうも出て、楽しい会であった」（柳田『故郷七十年』）。五十人近い会員の中には、創価学会創始者牧口常三郎、後の農相石黒忠篤、東大教授那須皓、文相前田多門、衆議院議員小平権一などがいた。『石神問答』で柳田と交流があった民俗学の先駆者で牧師の山中共古も名をつらねている。

柳田が後年、大きく飛躍するために新渡戸は底力を発揮することになる。それは柳田が貴族院議長徳川家達と対立して辞任したあと、朝日新聞社の客員となるが、大正十年にジュネーブの国際連盟事務次長であった新渡戸の推薦により、常設委任統治委員会に就任すべくスイスに赴くことになる。滞在期間中ジュネーブ大学でエスノロジーに関する講義を聞き、世界の動向を直接感じとることができた。ジュネーブでは新渡戸の弟子前田多門、川西実三、外交官の三谷隆信らと交流もあった。この柳田の辞任と赴任の陰に新渡戸の養父太田時敏と親しかった首相原敬の政治力が働いたことを、川田稔著『柳田国男　その生涯と思想』の中で指摘している。

このように岩手の人脈の中で柳田は不思議な出会いを重ねるが、その中でも最たるものが水野葉舟を介して出会う佐々木喜善である。今、ここでは『遠野物語』成立に関しては周知のことなので記すことを控えるが、柳田の著作の中で小品であるが心に残る作品『妹の力』について言及しよう。五月の朝日新聞学芸欄で、成城に住む大江健三郎の新作に柳田の『妹の力』の影響があるようなことを報じていた。大江夫人とその兄伊丹十三がモデルになるのではなかろうか。大江の作品にまで柳田の影響が及ぶことは驚かされるが、かつて三島由紀夫が『遠野物語』を初めて読んだときの驚嘆の文章を改めて思い出す。一世紀以上前、若き島崎藤村、田山花袋、水野葉舟らと交流した柳田の文学魂が、現代文学の中にひこばえように芽をふき出してきたようにも見える。

フェミニストの一面をよく表わしたような『妹の力』は、昭和初期に婦人公論に掲載された作品である。実例として親しくしていた胡堂の学友でもある金田一京助のアイヌ伝説から引用した例話が、玉依姫と玉依彦の例と並んでとりあげられているのも興味深い。その主旨は「兄が成人するにつれて、妹を頼りにして仲良く附合うこと」、「此の如き兄妹の宗教上の提携の、如何に自然のものであったかは、遠近多種の民族の類例を見てもわかる」として妹の力が果した役割に光を当てている。ここで触発される兄と妹の存在と役割から様々な連想が生れ、歴史にもかかわることを考えさせられた。哲学者ニイチェと妹エリザベートは映画にも登場している。詩人で外交官クローデルと妹の彫刻家カミーユの例も映像化された。日本に即していえば花巻の宮沢賢治と妹トシの実例を直ぐ連想させられるが、柳田の視野には賢治の存在が入っていなかった。そこで後年の読者から足元に見事な実例があるぞ、と言いたくなる。大正十一年の妹の死は、十三年の『春と修羅』に結晶する。

この妹の力は柳田の周辺にも存在していた。柳田が昭和二年以来住んだ成城に、野村胡堂と前田多門が引っ越してくる。前田の長女神谷美恵子の才能は既にジュネーブで新渡戸に認められていた。美恵子には新渡戸は祖父のような人で、胡堂には養女になりたいと書いている。医師にして文筆家でもある神谷美恵子の才能とフランス文学者の兄前田陽一の学識は、切磋琢磨し合い、「妹の力」の存在を見事に証明していた。その妹の心の支えに野村胡堂夫人ハナがいた。ハナと遠縁に当る宮沢賢治の生き方と作品が神谷美恵子に深い影響を与えていたことが神谷の著作集の『日記』に記されている。

巻頭エッセイ

二十一世紀と『遠野物語』我われは伝承の途中にいる

小澤俊夫

『遠野物語』が一九一〇年に発表されて、当時の世に衝撃をあたえたのは、日本人が日清・日露戦争に勝利し、近代的一流国家を目指して颯爽と歩みはじめたときに、「いや、うちの国にはこんな土臭い、力強い世界があったのだ」ということを世人に突きつけたからであろうと、私は考えている。そして、その後、世間一般でもマスコミでも、何かにつけ『遠野物語』が思い出され、文学・思想界でも常に取り上げられ、論じられるのは、近代化の道を歩き続ける日本人にとって、あの土臭い、力強い世界が、いわば民族の記憶として忘れられないからであろう。個人でも民族でも、記憶なしに生きることはできない。

荒っぽい自然の中で暮らし、自然の中の不思議な力と接触して恐れおののきつつ、しかし力強く暮らしていた昔の日本人を、ひたすら近代化に突っ走っている現代日本人も、捨て去ることはできないのである。『遠野物語』は日本における口承文芸研究の原点だから、上に述べた民族の記憶としての機能が明瞭に働いているが、各地の伝説や昔話も同じ機能を持っているのである。村の記憶、家族の記憶。

そのとき、村の一人として、あるいは家族の一人として伝説や昔話に求めるのは、自然の中の不思議な力と接触し

て恐れおののきつつ、荒っぽい自然の中で力強く暮らしてきた先祖たちの姿であるはずだ。現在、自分は便利で、清潔で、安全な生活をし、すべて合理的に組み立てられた世界で生きている。けれども、記憶として保持したいと思っているのは、現在の生活とは違った、先祖たちの姿であるはずだ。

では、伝説と昔話は、現在の日本でどう扱われているだろうか。

近代化された現在の日本でも、伝説と昔話は常にもてはやされている。もてはやされているというと、少し甘く見すぎているかもしれないが、常に出版物として、あるいはテレビ、ラジオの番組の中で、主として子ども向けにくり返し扱われている。だがどういう姿で扱われるか。それが問題である。

伝説は不思議な出来事や現象、物などを伝えるものだから、その伝え方に特定の様式はない。ところが昔話は、そもそも架空の話なので、形をはっきりさせないと受け取ってもらえない。しかも口で語られて伝承されてきた。口承ということは、耳で聞かれるということであり、語り終わったら消えてしまうということである（その点で音楽と似た存在である）。そのために、昔話はいつの間にか、単純明快な語り口を獲得してきた。詳しい描写をせず、リアルでなく、速いテンポでどんどん語っていく。同じ場面は同じ言葉で語り、形容詞も限られている。創作文学のように豊富な形容詞は使わない。行動についての具体的説明や合理的説明はしないで、基本の動詞だけで語る。それが昔話の語り口である。

昔話の語り口はごつごつしている。若い娘はたいてい美しいのだが、それも「美しい娘」としか形容しない。「香るような」とか「ほっそりした」のような、微妙なニュアンスは語らない。昔話の表現の美しさは、織物でいえば裂き織りのような、荒々しい美しさである。それは、荒々しい自然の中で、さまざまな危険や恐ろしいものを相手にして生きてきた日本人たちの表現法である。それこそが、近代化された、清潔な、便利な生活をしている現代日本人が、記憶として持っていたい世界なのではないだろうか。

ところで、現在、日本の昔話として市販されているたくさんの昔話本と昔話絵本は、伝承的語り手が語った土地言葉による資料そのものではなく、それを誰かが再話したものである。

それをよく見ると、口伝えされてきた昔話の語り口と異なる文体のものが多い。文芸的にきれいな表現になっていたり、情緒的な表現が多用されていたり、描写にこだわったりしていることが目に付く。総じていって、目で読む創作の児童文学の文体に近づいているものが多いといわざるを得ない。近代文学の流れのなかにある現在の創作児童文学の価値観の中に、伝承的な昔話を無理やり閉じ込めていると思うのである。

日本では、第二次世界大戦の敗戦のあと、昔話の復興が唱えられた。そのとき、昔話は名もない農民のなかで伝承されてきたものだから、ここでしっかり表現を整えておかないと昔話の将来はないという考えが出てきた。そして文学者たちによって文芸的に手を加えられ、「立派な」文芸になってきた。だがそれによって、昔話は口承本来の語り口を失ってきた。ごつごつした裂き織りの美しさを失い、洗練された立派な絹織物にされてきた。

ここで、冒頭で述べたことに立ち戻りたい。『遠野物語』が、その発表のときに世に衝撃をあたえ、今もって我われが『遠野物語』を求めるのは、それが近代化された現代社会とは全く異なる、荒っぽい自然のなかで生きている先輩たちの姿を語っているからである。同じように、いま我われが昔話を求めるのは、それが近代文学とはまったく異なる文芸世界を語っているからである。

『遠野物語』も昔話も日本人にとって、集合的記憶である。民族は二十一世紀になっても二十二世紀になっても、民族としての記憶を持っていなければならない。自然にどっぷりつかって、その不思議さ、恐ろしさ、恵みを体いっぱいに受けて暮らしていた先輩たちへの記憶は、そのまま受け継いで、そして後の世代の記憶になるようにしてやることが、我われの責任だと思うのである。

我われは、伝承の終点にいるのではない。伝承の途中にいる一人なのである。

巻頭エッセイ

いまも在る遠野の世界

松谷みよ子

長い間、『遠野物語』が好きで、けれど遠野物語の世界は、遠野にしかない、遠野だからあるのだ、と思っていた。いや、そうではない。遠野の世界は、どこにでもあるのだ。いま私が生きている二十一世紀という時代にも、いま私が住んでいるこの東京という都会にもあるのだ、ということが判ったのは、「現代民話」という視点で仕事をはじめたからであった。

民話は、いまなお、ふつふつと生まれている。そうした視点に立って、民話の探訪に当ったとき、まざまざと、いま、この時代に生きて、語られている「遠野物語」の世界があるのだという、実感を得た。この十年ほどに親しい人から、思いがけず聞いた話を記してみよう。

○ニューカレドニアから帰った息子の話

光子さんの息子は、ニューカレドニアで歯科の仕事をしていた。一九九四年六月、一時帰国した。全身が凝っていてつらそうなので、背中をもんでやり、「さ、おしまい」と背中をたたいた。

そのとき、ジオジオジオ、というふしぎな声が、息子の心臓のあたりでして、その声は啼きながらするりと飛び立ち、ガラス戸をつき抜け、外に出て、まだジオジオと啼いていたがやがて遠くなった。夜中だった。外が明るくなり、息子は胸がらくになったようだ、といった。

ニューカレドニアの霊能者に、あなたには黒い人が頼って憑いているといわれた。もしかしていまとび出していったのが、その悪いものだったのかもしれない、と息子はいった。

光子さんは、息子の背中をパンパンと叩いた。あれがよかったのかもしれない、といった。

○料金はいりません

タクシーにのる幽霊という、かなりよく知られた話がある。これはそのうちの一つで、奈良在住の時岡さんから聞いた話である。

大和郡山市のある病院の前で、ひとりの客をタクシーに乗せた。どこどこまでと言われて、その家の前につけたのに、客は料金も払わず家に入った。なかなか出てこないので、その家の戸をたたいて、これこれの人を乗せてきたのだが、料金をいただきたい、と言った。

家の人は、そんな人はきませんという。いやたしかに、病院から乗せて、この家に入ったと押し問答をしていると、電話が鳴った。

「え、亡くなった……」

病院に入院中だった家族の死の知らせだったという。タクシーに乗ったのは、その死者だった。

運転手はぞっとして、「もう料金はいりません」といって家を出たという。

○死者の寝床

裕子さんが東京乃木坂にあるマンションに住んでいたときの話である。そのマンションは窪地に建っていて、仕事でつかれて、夜帰るとき、下り坂を降りていくのが、なんとも暗い印象だったという。

ある夜のこと、そのマンションで眠っていると、ふっと目がさめた。誰もいない、と思ったのに、やはり何かの気配がする。

何回目かに目が覚めたとき、はっきりと見た。ベッドの横に白い着物姿の女の人が立って、裕子さんをじっとみている。

幻覚だ、と目をつぶって、うとうとしたとき、突然胸苦しくなり、目をあけると女の人が胸の上に座って裕子さんをのぞきこんでいた。

裕子さんは気を失った。

しかし、このことは誰にもいうまいと思った。

しかし、それから一ヶ月ほどたったころ、いっしょに住んでいた中国人の女の子が引っ越すといいだした。

「あなたも早くここを出た方がいい」

という。なぜ、と問うと、いいにくそうにいった。

「あなたの寝ている場所、そこは死んだ人が帰ってきて寝る場所なの」

「どうして、死人の寝る場所ってわかるんです」

「風水、という占いがあるの。それでわかるのよ」

「フースイ、フースイですか……」

あとでわかったが、白い着物姿の女の人があらわれた方角には、古い墓地があった。あの女の人は、その墓地から来たのだろうか。

○骨壷

一九七〇年ごろのことという。

正月の朝、裕子さんの祖母が夢を見た。

白い着物姿の女の人が、たらいの上に座っている。横にもう一つ、小さなたらいがあって、男の子とも女の子ともつかぬ幼い子が、やはりちょこんと座っている。

女の人も、幼い子も、じっと祖母をみつめているというのである。

――なんでこの人らは、たらいの上になんか座っているのやろ。

祖母は不思議に思ったところで、目が覚めた。

それから一週間たった。

裕子さんの祖母は日増しに夢で見たことが気になって、気になって、たまらなくなった。そこで、当時三歳だった裕子さんと裕子さんの母親を連れて、墓参りに出かけた。その日はどんよりと曇って、まるであの世に迷いこんだような、不気味な日だったという。

墓についてみると、何の変りもない。線香を立て、掌を合わせてしばらく拝んだ。そのとき祖母は突然、墓の中を見ようと言い出した。

「そんな……」

裕子さんの母親は気味悪がったが、祖母は言い出したらきかない。いやいやながら裕子さんの母親はカロウトをおおった石を、ひきあげた。

絶句した。

墓の下には、かつて納骨された曾祖母のものらしい骨壷のふたがはずれ、なかから骨がのぞいていた。頭蓋骨から歯が抜け落ちたのが、ちらばっている。そのとなりには子供のものと思われる小さな骨壷があり、小さな頭蓋骨がやはりのぞいている。これまた、ふたがずり落ちていた。

「夢に出てきたんはこれだったんや。かわいそうに寒かったやろ」

祖母と母は涙をこぼしながら、墓の中に散らばった歯を、ひとつひとつ、ていねいに拾ってハンカチで拭き、頭蓋骨に差してあげた。それから新しい骨壷を大小二つ、買い求め、それぞれのお骨を収めた。

それっきり、二度と祖母の夢にふたりが出てくることはなかった。

○赤い布

これも裕子さんの祖母が語った話である。

ある夜、夢を見た。

夢のなかで祖母は人気《ひとけ》のない山道を歩いていた。ふと見ると、何本かの木が寄りそうように立っているところに、女のひとがいる。

祖母を見ると、

「こちらへきて」

というように、手まねきした。

ふしぎな心持ちでそばへ寄ると、そのひとはすっと片手を出した。その手には赤い布がにぎられていた。

「これ、なおして」

そういって、「え、」と祖母がききかえそうとしたところで、目が覚めた。

それから、何日かたった。

ある日、裕子さんの父方の伯母がきて、祖母をさそって散歩に出た。気持のいい日で池や小さな丘を越えたとき、祖母があっといった。

「ここ、夢でみた場所や」

しかし女の人の姿はなく、こわれかかった赤い鳥居とお稲荷さんの祠があった。そのとき祖母は思いあたったという。

「なおしてくれ、というたんは、ここや」

その後祖母の手で、その祠はきれいに直された。すると、参詣する人も増え、あたりの道も明るくなったという。

巻頭エッセイ

話を聞く楽しさ、むつかしさ

神崎宣武

他人の話を聞くのは、むつかしいことである。

このごろは、とくに若い人たちの会話のテンポが速い傾向にある。いきおい、相手の言葉尻をとらえて言葉を重ねることになる。そこでは、瞬間的な反応が競われるわけで、思いつきに等しい言葉が並ぶ傾向にある。十分に考えながら、言葉を選びながらの会話が少なくなっているように思えてならない。だから、テレビタレントはいうにおよばず、政治家や教育者までが失言をくりかえすことになるのではないか。

会話のなかに、「間《ま》」がなくなったのだ。「切れやすい」というのも、相手や場所の状況の判断ができにくいからで、それは、会話の間あいが縮まっていることとも関連があるのではないだろうか。

とくに、真実や真情をしかと聞きとることは、もとよりむつかしい。人は、ほとんどが自慢話や噂話には饒舌な傾向がある。そして、内輪話には口が堅い傾向にある。よほど時間をかけて、相互の立場を理解しあってからでないと、口が滑らかにはならないはずである。話を聞くには急《せ》いてはならないのだ、ということを、フィールドワーク（臨地調査）で教えられた。

＊

もう四〇年も前のことになる。学生あがりの私は、ネパールのヒマラヤ山中にいた。「西部ネパール民族調査隊」の一員であったが、いわゆる鉄砲玉で、地図もない道中での偵察要員にすぎなかった。

四〇日もかけたキャラバンで往きついた先は、一四戸、七九人のチベット人村。ヒマラヤサイドでは最奥の村で、標高は三〇〇〇メートルをこえていた。私たちは、そこでの越冬を余儀なくされたのである。

その村の冬は、谷からは寒風が吹きあげる不毛の世界。食糧も乏しい日々であった。が、先輩隊員たちは、フィールドノートとカメラを手に嬉々として聞きとり調査に家々を訪ね歩いていた。私は、まだ民俗学にも民族学にもなじんでおらず、「えらいところに来たもんだ」と、内心悔やんでもいた。

ひと月あまりが過ぎた晩、私たちが借りていたほとんど廃屋同然の宿舎に、村長はじめ村の幹部たちが訪ねてきた。囲炉裏の火に照らされた彼らの表情は、いまひとつ冴えない。

村長がためらいがちに口を開く。

「あんたたちは、いい人たちだ」

いつもは、饒舌な彼らである。それが、言葉を切りながらボソボソと話す。隣同士で、次はおまえが話せ、とばかりに目くばせも。

「今後は、あなたたちに対して正直に答えることにした」

「これまでのことは、なかったことにしてほしい」

まさか……。私たち六人全員が、しばしあんぐりと口をあけていたのではあるまいか。

「いや、そのとおりだ。いままでのは、嘘話。いいかげんにしか答えていない」

「毛沢東のまわし者かもしれん、気を許してはならん。ほんとうのことを話すな、と触れまわしていたんだ」

いやはや、である。とくに、フィールドノートが早々に二冊うまった、と自慢していた某氏の驚くこと、悔しがること。「おかしいとは思っていた」といってみても、あとのまつりだ。

それを見た彼らは、顔を見合わせてニタニタ笑いだした。チベット人の彼らに、くどくどとあやまる習慣はない。私たちも、いっしょに笑うしかなかった。

「さあ、チャン（麦の濁酒）でも飲もう」

「旦那がた、くよくよすることはないさ。まだ春の雪どけまでは、先が長いから」

その標高では、少しの酒もよくまわる。私は、意識が遠のくなかで、それでも「このことは忘れまい」と、思ったものである。

以来、私は、フィールドワークに出かけるときは、時間を急かないことにしている。結果を急かないことにしている。とはいっても、実際には時間的にも経済的にも制約があってむつかしいことである。だが、調査よりも人づきあいを大事にしたい、と心がけているのである。

＊

しかし、それでもなお人の話を聞きとるのはむつかしい。

昭和五九（一九八四）年、私は、『わんちゃ利兵衛の旅』を上梓した。それは、テキヤ社会でワンチャというところの陶磁器をネタに、半世紀を旅商いに費やした利兵衛翁からの聞き書きを中心にしたものである。

それまでの数年間、私は折につけ、利兵衛翁の旅を追い話を聞いていた。その関係で、美濃地方のテキヤ衆とも平らにつきあえるようになった。

それをまとめようと思いたったのは、最晩年の利衛兵翁が、「テキヤはヤクザとは違う」と、くりかえし語っていたからである。

「テキヤは、露店商といえども有職渡世。ヤクザは、もともと無職渡世。だいいち、テキヤは神農道だが、ヤクザは任侠道だ。それがいっしょくたにみられるようになったのは、戦後のどさくさのときの風紀取締りで、合わせて組織暴力団といわれてからのこと」

利兵衛翁の没後も、そのすがるようなまなざしが脳裏に焼きついたままであった。私は、翁の代弁者になろう、と思った。そのためには、あらためて翁の周辺のテキヤ衆をたよって傍証をかためなくてはならなかった。

私なりに最善をつくしたつもりであった。とくに、利兵衛翁を「一家のオジキ」とあおぐN氏・K氏・O氏は、「わしらのことでもあるから」といって、献身的に協力してくれた。

だが、私が利兵衛翁の墓に参りたい、家族にも会いたい、といったときだけ、三氏とも言を左右にして案内を渋った。あとで考えると、その不自然さに気づくべきだったのだ。

出版がかなって、美濃に何度目かの足を運んだ。そのときも、三氏が出迎えてくれた。そして、料理屋で一席を設けてくれた。

三氏のようすが、いつもと違う。すぐに酒を、といわないのだ。私を正面において、三氏が正座。N氏が口をきった。

「ひとつだけ、あやまらねばならんことがあります。オジキの最後は、自殺。不名誉な死でした。嘘はつかなんだが、隠してきた」

愕然として言葉を失った。私は、利兵衛翁の旅先での死亡の委細を確かめないままだったのだ。著作では、そのところを曖昧にして触れなかった。むろん、それを書く必然はない。が、知っていて書かないのと、知らなくて書けないのとでは、大違いなのだ。

それに、彼らにとっての不名誉とは、長老の葬儀を一家でだせなかったことなのである。遺族の拒絶があったからだが、彼らのメンツをつぶされたことになる。

私は、テキヤ社会のあらましを知ったつもりでいた。なのに、その「メンツの文化」にまで理解が及ばなかったのである。

人の話を聞きとること、それを書くことは、むつかしい、というよりも「怖いこと」なのだ、と、その夜、しみじみ思ったものである。

＊

聞きとりは、民俗学のフィールドワークでの基本的な調査法というものであった。

柳田國男の『遠野物語』は、民俗学のバイブル的な名著である。これは、柳田が直接聞きとったものではないが、地元の佐々木喜善が丹念に聞きとった話で構成されている。私は、宮本常一に師事したが、先生には「土佐源氏」(『忘れられた日本人』に所収)という著作がある。これは、四国山地の橋下に住んでいた目の不自由な男から、色ざんげともいえる半生を聞きとったもので、語り口調をほとんどそのまま記したものである。

聞きとりは、調査者側に主体があるのではない。いかに相手が当方を認めるか、つまり当方が信用されるかが問題なのだ。

「問わず語り」が、もっとも望ましい。質問を連発するのでは、アンケート調査とあまりかわらないではないか。相手が話したいことと当方が聞きたいことに差異が生じることもある。そんなときは、相手の話したいことを黙って聞いたうえで、あらためて「ところで」と問い直す。そうした丁寧な人づきあいが求められるのである。

このごろの民俗学からは、聞きとりも聞き書きも後退している。それは、聞き上手を認めにくい当節の風潮を反映してのことであろう。が、このままでよいのだろうか、と思えてならない。

対談

近代日本と『遠野物語』

加藤秀俊

石井正己

高柳俊郎

一　鉱山と劇場の経営、明治末期のインフラ整備

加藤　先週は、小坂鉱山の康楽館を見てきました。話には聞いていたけれど、あれは立派なものでした。

石井　先生のお仕事というのは、国内も国外も、旅がとっても重要な原点ですね。

加藤　そのついでに、山形の天童まで足をのばして一向上人の踊り念仏で有名な仏向寺というお寺をみてきました。この念仏自体はべつな機会に見たことがあるのですが、どんなお寺なのか見学しておきたかったのです。このあたり、くわしくお話しすると一遍さんと一向さんの宗門間の問題になりますから、遠くから眺めて勉強しています。

石井　今、先生のご関心は、東北まで視野に入れて、日本の中世に向かわれてますね。

加藤　中世はおもしろいですね。応仁の乱以降は歴史資料が整っていますが、応仁の乱以前はいい加減なところがたのしいのです。内藤湖南は、応仁の乱以前の日本史はアテにならないといったようなことをいっていますね。

石井　網野善彦さんの歴史学でも、南北朝時代に日本が大きく変わると見ていますね。

加藤　そうですね。僕らにはおもしろいですよ。でも康楽館の方は、明治以降の小坂鉱山が盛んだった時代ですから近代史・現代史です。ところで、遠野には劇場はありましたか。

高柳　新しいもので、やはり明治時代に多賀座や吉野座ができました。

加藤　誰が作ったのですか?

高柳　両川という、金山で資本を作った町人ですね。

加藤　そうですか。芝居小屋を調べていますと、明治の半ばぐらいのところで、全国に二千軒あるんです、有名なので残っているのは金毘羅さんの金丸座とか愛媛県の内子座ですが、あれは旦那衆が作ったのですよ。康楽館を建設したのは小坂鉱山という会社です。

石井　鉱山というのは一つの都市なのですね。

加藤　そうなのですよ。そういう所で、経営者が劇場を作る。ローカルな金持ちは、劇場を作ることを地元への貢献の一つとしています。

石井　遠野でも盆地周辺には鉱山があって、城下町の文化もそれと深く関わりますね。

加藤　金山で儲けた人が始めた多賀座というのもおもしろいですね。今、ほうぼうで古い劇場の復興計画があって、九州がいちばん活発です。

高柳　水光園の芸能館が一つの型ですね。

加藤　それは古い建物ですか？

石井　左右に桟敷があって、いい建物です。

加藤　今、自治体が市民ホールとか会館を造りはじめたものだから、地元の力で造った劇場がだんだん変になっているんです。三百人ぐらい入る小さい小屋でいいんです。康楽館は立派なものでした。

石井　芸能館も水光園ではなくて、町場にあれば活性化の拠点になると思うのですが。

加藤　水光園というのはどこにあるんですか？

高柳　土淵の山へ入った所で、遠野の貯水池なんです。そのあたり一帯を曲り家やお風呂など宿泊施設にして、その一角に芸能館を移築しているんです。

加藤　べつだん町場に持ってこなくてもいいかもしれませんが、いまの康楽館はたいへんな山奥で、行くのに苦労しました。大館能代空港まで飛行機で行って、大館で一晩泊まり、翌日、バスで一時間ぐらい山道を行って見学しました。

石井　お目にかかって、もう核心的な話題に入ってしまいましたが、今年の一一月四日で、佐々木喜善が柳田と出会って百年になります。そこで、先生に、今日は「近代日本と『遠野物語』」というテーマでお話をうかがえたらと考えました。

加藤　明治四一年、一九〇八年ですね。

石井　一一月四日、牛込の柳田国男の邸に、水野葉舟という人が佐々木喜善を連れていって、語りはじめたわけです。発刊されたのは明治四三年（一九一〇）六月です。

加藤　その近辺の主な出来事としては、明治四一年一一月一日に有楽座開場、一一月二八日に東京俳優養成所設立、一二月一二日には高村光太郎らがパンの会を作っている。いまここに持ってきた『明治大正昭和世相史』という年表は、後藤総一郎さんにも手伝っていただいてできた本です。

石井　先生の「世相史」というのはやはり社会学者の視点ですね。喜善の話を柳田が聞き、遠野に不可思議な伝承がある時期に、東京ではさまざまな演劇や文化活動が進んでいる。明治の終わりは、そのような新しい都市的な文化が始まる一方で、東北のような古い文化が生きていて、重層的にあると見ていいですか。

加藤　あると思いますね。日露戦争をするにあたって日本はかなり国力を蓄え、一躍、世界に認められた時代でもあります。この時は、日露戦争の、戦後のブームの始まりのような時期だったのです。明治政府がインフラ投資を始め、その頃は日本全国で長距離電話ができるようになったのです。鉄道網も完備して、日露戦争の大本営は広島ですから、東海道・山陽線が日常的に使われ、東京・神戸間を一四時間ぐらいで走っている。時間や距離が縮まっています。東北線の開通は、たしか明治二〇年代ですね。

石井　明治二四年（一八九一）です。

加藤　ちょうど日清戦争（明治二七、八年（一八九四、五））の前ですね。二〇年代の研究をしたことがあったのですが、その頃交通路ができあがって、スイカやサツマイモが作物として東北に入ったという話を聞いたことがある。

石井　新しい商品作物ですね。

加藤　そうです。あるいは農作物としてのスイカが初めて東北でできる。そういう面で、均質化とは言いませんけれども、日本国内の心理的な距離が近くなったのでしょうね。

石井　国内のネットワークができてくるわけですね。

二　城下町遠野の繁栄が生んだ『遠野物語』

加藤　東北各県の間の電話網ができあがるのもその頃ですし、東北の主要な幹線鉄道もその頃にできあがる。ですから、佐々木喜善がなんべんも柳田邸に来たということ自体が象徴的ですね。

石井　そうですね。江戸時代では、ちょっと考えられない。やっぱり東北本線が結ばれて、彼が遠野と東京の間を行ったり来たりする、そういう動きが必要だった。遠野と東京の間は今は五時間くらいですが、それほどでなくても、一日かければ行けるようになり、その基盤の中で柳田国男と佐々木喜善の出会いも生まれたのですね。

加藤　遠野は恵まれていたほうではないかな。遠野は釜石や宮古から見て中間の盆地で、小さいながらお城があった所だから、旧南部領をずいぶん歩きましたけれども、かなり開けた所です。『遠野物語』のはじめの方に書いてありますね。

石井　「山奥には珍らしき繁華の地なり」（一話）。

加藤　そうそう、「繁華の地」ですよね。だから遠野を僻地と考えるのは間違いで、私は地方都市として厳然としてあったのではないかと考えたほうがいいと思うんです。

石井　やっぱり都市文化が育んだ世界なのですね。

加藤　そうです。常設劇場もあったわけですから。

石井　交通という視点とともに都市の問題を考えたほうがいいというわけですね。

加藤　そう、広い意味ではコミュニケーションでもいい。山間に孤立した辺鄙な村というイメージで遠野を見たら、間違いだと思うのです。遠野は中継基地としての小都市として見ていいのじゃないかと思います。むかし葛巻や滝沢、安比、あのあたりの村を歩いた経験から言ったら、遠野はパラダイスでした。旧南部領にはいくつか小都市がありましたが、そのなかで、繁栄を極める所をあげろと言われれば、当然、遠野が入ってくるわけです。

石井　一万石の城下町ですけれども、交通網の中で持っていた商人の経済力はたいへんなものだと思うし、お殿様の文化の集約力も大きかったのです。

加藤　『遠野物語』の中にも、猫の浄瑠璃の話が出てきますね（拾遺一七四話）。さまざまな芸事だってやっていたわけだから。

石井　座頭の奥浄瑠璃が有名ですが、ああいう話が実話として語られるだけの基盤があるということですね。実は、明治維新にお殿様が解任されて、大正八年（一九一九）三月、持っていた宝物を東京美術倶楽部で売り立てるのです。「遠野藩主男爵南部家御蔵器入札」の『もく録』を見ると、よくこれだけの品を所持してきたなと思います。

加藤　一万石でもそんなに持っていたのですか？

石井　出品された書画と道具を合わせて、七八三点あります。美術品だけでもたいへんなもので、そういった文化水準の高さを考えてみないと、『遠野物語』の豊かさは見えにくい。

加藤　そうですね。遠野について、辺鄙の地と繁華の地と二つのイメージがありますよね。繁華の地で思い出しましたが、遠野のお隣の、大迫は南部葉という煙草の名産地でした。南部の葉というのは高級葉巻のラッパーにいいというので、横浜の外国人が買いに来たんです。大迫から東北本線に載せて葉っぱを運んで、大迫は煙草の葉でずいぶん儲かったのです。

石井　横浜と大迫がつながるわけですね。北へと延びていく線路は、日露戦争を挙げるまでもなく、一方で軍国主義と批判されますけれども、東北における基盤整備でもあったはずです。

加藤　東北地方で内陸部と太平洋岸を結ぶ線を考えてみると、たとえば福島には磐越東線があるのですが、これはだいたい遠野に匹敵するような途中の町がないわけですよ。三春がある程度で、他にないんじゃないでしょうか。岩手県の県北の方は、今でもバス路線だけですよね。釜石線はいつできたのですか？

高柳　軽便鉄道が仙人峠まで敷かれたのは大正四年（一九一五）です。戦後になって全通したのは昭和二五年（一九五〇）のことです。大正四年から昭和二五年までの間は、仙人峠は鉄索で荷物を運んで、お金持ちは駕篭に乗りますが、人間は歩くという時代がずっと続いていました。

加藤　そういうことを考えてみますと、遠野から花巻にかけての近代南部文化というのは重要です。宮沢賢治もここで生まれましたし、佐々木喜善もまた立派な地方知識人です。農村インテリが出てくる基盤というのは、日本を見わたしていても、そう多くはないでしょう。

石井　公教育の整備とも密接に関わっていると思います。

加藤　そうです。小学校が六年制になるのが明治三〇年代でしょうね。それでも、「山の中に行けば先生がいない」とか、「子供は田圃で働け」とか言って、六年やらなかったことが多かったんだけれども。

石井　遠野では、それ以前にも文武一致の郷校信成堂が教科書を作り、人材教育をしてきた歴史があるわけで、それが大きいですね。

加藤　そうだと思いますね。今考えると信じられないようなことだけれども、どれだけの人が文字を読めたかということを考えてみると、遠野は識字率がかなり高かったと言えると思います。つまり文字が読める階層があって、おそらく東京で発行される書物なんかも読んでいたでしょう。遠野の図書館はいつ頃できたのですか？

高柳　図書館を始めたのは山奈宗真で、明治一二年（一八七九）に私立信成書館というのを横田小学校の中に作っています（『遠野市史　第四巻』）。

加藤　さきほど劇場の話を申し上げましたが、やはり民間の力なんです。しかるべき蔵書家、読書家がいて、図書を開放するのです。

石井　鈴木重男が父の吉十郎の遺志を継いで、図書と標本を公開した遠野郷土館を設立したのは大正の終わりですね。

高柳　大正一三年（一九二四）です。

石井　教科書の問題は、先生と米山俊直先生の共著『北上の文化』でも、『早池峰詣』『御山先立往来』といった地元の地誌が教材に含まれているというご指摘があります。開かれた教育とともに、地元の歴史をちゃんと学ばせるという、二つの柱がきちんとありますね。

加藤　それからダルトン教育なんて、たいへん最先端なことをしていますね。

石井　そういう意味では、藩政時代の教育を基礎につぎつぎと新しい教育を受け入れてきた場所でもあるわけですね。

加藤　そうだと思いますよ。百周年で遠野のイメージというものを、すこし変えないといけないと思います。遠野をたいへん遅れた、貧しい、なんとなく取り残された東北の寒村で、昔は駄目だった、忘れられていた土地としてではなく、むしろ殷賑を極めた小都市として見る必要がありますね。

石井　できにくい米を作って商品化していく動きは早くからあったと思いますけれど、そばに山をかかえていて、茸を採りに行くとか、自然と密接につながる暮らしぶりが続いてきたはずです。米山先生は小盆地宇宙論を書きましたけれども（『小盆地宇宙と日本文化』）、城下町の繁栄のすぐ側に自然が豊かに残っている条件というのはいかがですか。

加藤　米山君が小盆地と名づけた場所は全国で合計二八〇もあるのですよ。遠野と似たような地勢の所について、「これはどうだ」とひとつひとつ議論しているうちに、彼は死んじゃったのだけれども、自分で歩いて、最後は二八〇と言っていました。日本文化のイメージというのを描かせると、だいたい山があって、川があってという風景になるのでしょうね。地政学的な視点からみると、遠野は、その一つに過ぎないことになる。

三　『北上の文化』で歩いた時の問題意識

石井　すこし話を戻しますけれど、昭和三三年は一九五八年で、ちょうど半世紀前になりますが、米山先生と二人で遠野を訪ねられたときに、そんな小盆地をめぐる議論はあったのですか。

加藤　そこまで熟してはいませんでした。あの時は栗駒で過ごして、それから北上山地の村々を回って、遠野の駅に着いたのは冬の寒い日だったのですよ。それまで何週間も商人宿に泊まったり、宿がなければ農家の離れを借りたりして旅していたのに、遠野に行ったとたんに、福山荘という旅館があった。座敷も食卓も立派な漆塗りで、食器もいい物を使っているし、部屋の中は暖かく、女中さんも綺麗だし、こんないいところがあるかと思って救われたんですよ。山歩きしていると、そういうところが時々あるのですが、遠野は特別でした。あの頃、映画館がありまして、二人で『南の島に雪が降る』という映画を見て、文明の地だと思いました。

石井　劇場や映画館は、ある人口の規模がないとを経営できませんね。

加藤　そうですね。私どもの前に桑原武夫先生が行かれたときも、遠野の工場に注目しておられますね。

石井　昭和一二年（一九三七）の「遠野物語から」に、「遠野駅のそばには「上閉伊郡経済ブロック中央工場」と筆太にかかれたコンクリートの巨大な煙突が聳《そび》えてゐた」と見えますね

（『文学界』）。

高柳　あれは農業生産物の加工工場です。あの煙突は、昭和八年（一九三三）の凶作の後、遠野の経済建設をするためのシンボルでもあったのです。そこで茸や栗の缶詰を造っていたようです。

加藤　商工業も盛んだったのですね。

石井　単なる農業生産地ではなくて、加工施設まで造って売りに出そうとした。

加藤　釜石から荷を運んできたときの中継地で、盛岡方面に行く荷物と入れ替えたりするわけだから、交通の要衝なんですね。だから商工業があったのですね。米作が少ないという農業の視点から見るのではなくて、商工業の視点から見直さないとね。

石井　第一次産業のイメージで見ると、徹底できない部分がありますね。

加藤　そうなんです。規模は違うけれど、山形はちょっと大規模な盆地で、最上川と阿武隈川を使い分けるほどの水運都市です。盛岡もそうですね。猿ヶ石川というのは水運には遠いけれど、遡っていけば、柳田さんがおっしゃるように遠野にたどり着くわけだし。

石井　先生が遠野に行くにあたって、桑原先生から何かご助言はあったのですか。

加藤　われわれは栗駒中心に方々歩いてみようとしていて、そういうことは特にありませんでした。桑原先生は東北大学の助教授から京都大学に教授として移られたので、その時代に「遠野物語から」のような文章を書かれたのです。ただ、その前後に『遠野物語』を読みなさい、といわれていました。

石井　栗駒が中心で、遠野は副産物だったのでしょうか。

加藤　そうです。栗駒については米山さんがちゃんと書いた学術論文があるはずです。

石井　でも、実際に行ってみたら遠野に惹かれて、その後も二度三度と通われて、やがて『北上の文化』ができるわけですね。

加藤　そうそう、そういうことです。栗駒のほうが本格的だったと思います。あの調査は米山さんが比較農村社会学の責任者で、私は直接それには関係していません。仲間として応援していただけです。

石井　結果としては『北上の文化』がお二人の共著としてまとまって、戦後の遠野をどうみるかという出発点になって、ほんとうに立派な成果だと思います。

加藤　そうですか。われわれは非常に気軽だったのですが、それがみなさんのお気に召されて、うれしく思います。

高柳　その頃、私は、遠野は盛岡の陰に隠れて貶められているような感じがして、何か劣等感をもっていたのです。あの本で遠野を紹介していただいて、たいへん嬉しかったというのが感想です。私は何冊も買って、「これが遠野ですよ」と配って歩いた記憶があります。社会科の教師でしたから、『遠野古事記』も『動転愁記』も授業では端々を使うぐらいで、あのようにまとまって紹介する力がありませんから、たいへんありがたい本でした。

加藤　そうですか。当初は本になろうとは思っていませんでした。たまたま『朝日ジャーナル』に書いたのが、酪農のことだったのです（昭和三七年（一九六二）四月八日号掲載の「遠野　馬と生きる」）。馬産地として有名だった遠野がどうやって酪農に変わってきたかに興味があったのです。

高柳　馬から牛へですね。

加藤　そう、馬から牛へという変化です。あの頃、牛乳の集荷に雪印と森永の両方が争奪戦をやって、そういうことにも興味がありましたね。ほんとうに馬のいる曲り家というものを実際に見ることができたのも貴重な経験でした。

石井　これらの写真はどなたが撮ったのですか。

加藤　多くは、おそらく『朝日ジャーナル』の写真家ですね。

石井　この馬の存在を改めて見ると、車と馬が共存している時代ですね。

加藤　もう馬の終わる時期です。

石井　町の中にトラックが何台も並んでいるけれども、その間を馬が馬車を引いていて、時代の雰囲気がよくわかります。

加藤　皮肉なことに、あっちからこっちに馬を運ぶときに、トラックでもって運ぶんです（笑い）。不思議な時代ですね、あれは。

石井　先生方は『遠野物語』の時代を追い求めるというよりは、『遠野物語』の時代から四〇年近く経って、桑原先生の時代からでも二〇年が経っている、そういう今を書くことに大きな目的があったのですね。「目前の出来事」「現在の事実」を書くというところは、副題に「新・遠野物語」と付けた所以であることがわかります。先生は社会学者、米山先生は文化人類学者ですが、『遠野物語』について議論はあったのですか。

加藤　別に議論はしませんけれども、少なくとも私たちにとっては、昔、こういうことがありましたというのが歴史じゃなくて、それを出発点にして、自分の今というのはいったい何かということを考えるのが歴史だと思っている。だから、当然、今あるものの中に歴史も見えるのですから、変わるものは変わるべくして変わったのであって、それを素直に見ようという姿勢だけは一貫していました。

石井　それは民俗学の歴史認識とも通じますね。私などは、『北上の文化』は、『遠野物語』そのものは避けていて、『南部叢書』の読み込みと遠野人のライフ・ヒストリーの二つを軸に、あの本を書き上げていらっしゃるように感じています。民俗学者は「変わらないもの」を追究しようとしましたが、「変わるもの」まで含めて捉えるというのは、冒頭にお話しくださった「世相史」の視点とも関わって、大きな示唆になるように思います。

四　東北アジアへ視野を広げる構想

石井　桑原先生の「遠野物語から」には、「給仕に出た女学校出の娘は盆踊りは古臭い土地の歌よりも蓄音器の東京音頭で踊る方が面白い、お友達もみんなさういつてゐるといつた」とも、「附馬牛《ツクモウシ》村大出《オオデ》ではオシラサマを町の人に売飛ばしてゐた、その家は間もなく「釜をかへした」（破産した）のではあるが、それをもう神の祟りとはいはないのである」ともあって、現実の遠野が『遠野物語』の時代から大きく変わっていることを見ていらっしゃる。そういうものの見方を教えられたわけですね。

加藤　そうですね。五来重先生は、「文化人類学は自分とは違った文化を見る学問だけれど、民俗学は自分の文化を見る内省の学だ」と言われましたが、これは美事な分類です。文化人類学はフィールドが外にあるわけですけれども、民俗学はフィールドが内にあるわけで、動く向きが別なだけで、方法も問題意識も同じだというので、感動しましたね。

石井　でも、『遠野物語』は民俗学の原点のように言われて持ちあげられながら、実際に『遠野物語』の内部に入ってどう見るかという分析は、残念ながら、文化人類学からも民俗学からも生まれてこなかったように感じますが、どうでしょう。

加藤　それは学者の罪でもあるし、ジャーナリズムの罪でもあるんだけれども、柳田先生が残された論考はたくさんあるわけですよね。今、ふと思い出すものをあげてみても、『木綿以前の事』『女性と民間伝承』『妹の力』など大切な力作があるのですが、その中で『遠野物語』だけがほうぼうの文庫本に入ったりするのはなぜかという問題があるわけです。これを山中奇談というだけのことで読んでいる人が多いのですが、そうじゃないのですよね。それを言うんだったら、『後狩詞記』だって同じぐらい大事なものですよね。

石井　はい。

加藤　『遠野物語』の特色というのはすべてが断片的で、因果関係を求めたり、そこから理論構築をしたりしようというものじゃない、あれは「素材集」なのです。

石井　「感じたるまま」に書いたにしても、加工せずに素材そのままの記録ですね。

加藤　そうなんです。『雪国の春』を読むと、これはエピソードを交えながらも、柳田学という学問がみえてくるのですが、『遠野物語』には解釈もないし理論化もない。
石井　学問以前のものですね。
加藤　さあ召し上がれという柳田流の味付けがされたものではなくて、キャベツか里芋か知らないけれども、素材があるだけです。
石井　そうすると、『北上の文化』というのは、素材を追いかけるというよりは、新たな素材を探されたわけですね。
加藤　素材を越えると同時に、多少は料理したつもりなんです。
石井　とにかく、あの本には京都学派の特徴があると思いますけれども、現在だけではなく、そこから未来を見ようとした「予見の書」のように思います。
加藤　そうですか。話が飛んで恐縮ですが、あの時、たいへん不自由したのは、遠野にフィルムがなかったのですよ。今、思うと、京都のカメラ屋でフィルムをかなり買い込んでいったのですが、なくなっちゃったのです、その頃、放送局に知り合いがいて、手回しのデンスケというのを持っていきました。でも、あんまり役に立たなかった。
石井　あの聞き取りのとき、テープを回していたのですか。
加藤　回していたのもかなりあります。でも、あれは重いんです、五、六キロあるのです。あんなのを担いで山の中を歩きまわることは不可能でした。
石井　それにしてもあの本の中では、ローカルな問題とナショナルな問題ばかりか、インター・ナショナルな問題まで議論なさっていて、五〇年前に先取りされてしまったな（笑い）という印象を持っています。『北上の文化』では、「遠野のあらゆる問題も、いまこのようなナショナルな文脈・インターナショナルな文脈から切りはなせない時代であり、切りはなすべきではない」として、「東北アジア開発への協力」に言及されています。あれは驚きでした。
加藤　あの頃、われわれが考えていたのは、東北地方はこれからどう生きていくかということでした。あまり寂しい話だけではなくて、「これはシベリアとつながる」とか、未来展望をどこに持っていこうかという話をやっていた時期がありましたね。
石井　今にしてみると、これからそういう時代になりそうな気配がしますね。
加藤　そうなんです。ただ、遠野が大陸につながるには奥羽山脈というものが邪魔になる。とすると北方ユーラシアとの連携は、秋田・新潟という日本海側の話で、遠野はどこにつながったほうがいいのかなという問題があります。秋田や新潟に行きますと、港にはロシア船がしょちゅう来ているし、ロシア人が町で買い物をしていたりする。日本海沿岸は大陸との交通が昔からあるのですね。太平洋沿岸では、仙台から南というのはだいたい東京圏内に入っているわけですね。岩手県というのは、ちょっとむずかしい。致命的なのは三陸海岸には港湾都市ができるような場所がないことです。

石井　『遠野物語』には、嘉永の頃海岸に西洋人が大勢来住し、釜石や山田に西洋館があったという話（八四話）や、山田には蜃気楼が毎年見えて、それは都会を車馬が行き交う様子だったという話（一〇六話）がありますね。どこまで裏付けが取れるかむずかしいのですが、遠野の人たちには、山田などは西洋との接点で、そこから海外の文化が入ってくるというイメージがあったのだと思います。

加藤　あの西洋はイギリスやアメリカなのでしょうね。海外の都市文化もさることながら、太平洋航路で「ミヤコのひと」、つまり上方の者が入ったから宮古という地名になったというのは、ほんとうでしょうか。少なくとも高田屋嘉兵衛の開拓した跡を見ると、宮古は上方の古着の荷下ろし場所だというのですね。

石井　実はおもしろいのは、柳田が大正時代、沖縄へ行ったときに佐々木喜善に出した葉書があって、消印から山田の港から入ったことがわかります。消印一つですが、鉄道ではなくて船便で遠野に入ったのは確かですから、われわれが思っている以上に海岸からさまざまな物が入っているようです。

加藤　宮古の地名論はこじつけだろうと思って、あまり信用はしていないけれど、そう言われてみるとそうかもしれない。それは歴史学の方にも罪があって、日本海の北前船については資料や研究もあるし、史跡もあります。しかし、太平洋航路については、資料というのがあんまりないようですね。日本海航路に比べて危険が多かったけれども、江戸時代になってからはずいぶん冒険家たちが太平洋航路に挑戦しました。

石井　海からの問題は、埋もれている遠野を考えるための一つの大きな手懸かりになると思います。早池峰《はやちね》や六角《ろっこ》牛《うし》の名を刻した石塔が浜に特に多いという話（九八話）など、海岸との豊かな交通の痕跡であるはずです。

五　遠野への「海上の道」と伝説の評価

加藤　福山荘に着いたときに、調度が立派で、とりわけお皿が綺麗だった。「これはどうも清水焼じゃないだろうか」「少なくとも地元の窯じゃない」「鉄道で運んだんだろうか」「海から来たものかもしらん」と、さんざん話した記憶がある。妄想をたくましくすれば、上方商人が家具や食器類を三陸海岸に持ってきて、海から運びこんだ可能性がある。少なくとも、古着については記録がある。北上山地の寒村では、木綿などがなかった時代には、上方で着古した古着が売れたのです。気仙沼あたりには、ずいぶん大阪商人に買われた山林があったのです。それは古着を売って、金を貸しておいたのが返せないと、山林を手に入れるのですね。これは研究所でお調べいただくとおもしろいと思うのですけれども、関西の方が土地を持っているというのがあります。遠野ではどうですか。

高柳　上郷を開拓したのは近江商人です。中世の終わりだと思います。

加藤　ああ、そうでしたか。

高柳　明治に入ってからは、一つは釜石製鉄所の番頭であった横山久太郎で、農地や山林を持っています。もう一つは花巻の宮沢です。これが遠野を二分しているのです。

加藤　なるほど、近江商人が入っていたのですね。

高柳　その近江商人が遠野から出て、村井という姓で、釜石から盛岡で相当の財産家になっていったようです。

加藤　近江商人とはおもしろいですね。山形も近江商人が開いた商業都市ですね。

石井　お雛様も、古雛が江戸から遠野に入ってきて、享保雛などたくさん商家が持っています。ああいったものも、そのことと無関係ではないでしょう。

加藤　なるほどね。支倉常長の出た伊達藩は海運に熱心でした。

高柳　海岸には前川善兵衛という大きな回船を数艘持った商人がいまして、大槌や吉里吉里を根拠地にして、干し鮑などの三陸俵物を長崎に運んでいます。航路を見ますと、茨城の那珂湊あたりまでが最初だったのが、銚子に運ぶようになり、やがて大島を経由して江戸湾に入っています。ところが、資本が貯まっていくと、南部藩は御用金をいっぱい押し付けて収奪していくので、幕末には経営がなりたたなくなって、名目だけになります。

加藤　柳田先生の最後のお仕事は『海上の道』でしたが、遠野への海上の道をテーマとしたら、これはおもしろいと思いますね。

石井　山の問題ばかりで、海の問題はこれまで議論されてきませんでした。

高柳　遠野の愛宕神社に奉納された延命地蔵は二メートルぐらいあるのですが、江戸で鋳造したものです。江戸からどうやって運んだのかが気になります。

加藤　それはおもしろい問題ですね。さきほど鉄道の話をしましたが、陸の人間は陸のことしか考えないのですね。二年ばかり前でしたか、江刺で江刺郷土文化館を見学したのですが、あそこにはみごとな百観音がありました。そこにも大きな仏像があって、これは京都の鋳造です。あれほど大きなものをどうやって運んだのかなと思いました。百観音だから、百体並んでいるんです。

石井　東北地方は、平泉を除くと、中世以前の資料が少ないのですが、考古学の遺物はもちろん、平安時代からの仏像がずいぶんありますから、ああいったものをきちんと見ていけば、必ずしも空白の時代ではなくなりますね。

加藤　今、中尊寺が世界遺産にと言っているけれど、それ以前に、金売り吉次伝説を生むような土壌があるわけですね。

石井　商人たちの活動ですね。

加藤　そう。坂上田村麻呂伝説に連なる律令国家の時代にも、奥羽は金の産地とされています。山椒大夫にでてくる安寿と厨子王のお父さんも陸奥の統治者ということになっています。京都の人たちの視野に奥州というところはちゃんと入っていて、よくわからないが、大切なところだという認識があったのではないでしょうか。いわば日本国内のジパング伝説です。マルコ・ポーロは日本列島をジパングだと思ったけれども、都の人にとっては陸奥の国がジパングだったのですね。

石井　東北はやっぱり王権の及びがたいところだということを、柳田は『遠野物語』をまとめるときに考えていたのではないでしょうかね。

加藤　そうですね、大きな文脈はそういうことかもしれませんね。とりわけ明治の末に柳田先生が遠野に注目された中には、交通路の問題もあるけれども、戊辰戦争が奥州を孤立させたということがあるのではないか。『奥州沿革史』を見たら、ひどい話で、要するに「白河以北一山三文」と言った時代ですからね。あそこまで薩摩・長州に馬鹿にされて、維新政府には不満をもちながら、しかたなく降伏してしまったのが東北地方だったのです。

石井　潜在的に、義憤みたいなものがありますね。

加藤　あると思いますね。

高柳　伊能嘉矩が台湾研究に集中したのも、戊辰戦争からの屈辱感があると思いますね。

加藤　そうでしょう。あのとき、会津藩だけははなばなしく戦ったけれど、あとはあれだけ意地悪重ねられて、いい加減に降参しちゃったわけでしょ。それまでの歴史的いきさつもあって救われたのは、伊達藩だけじゃないでしょうか。

石井　明治になってからの北海道開拓を考えたときに、北東北などは取り残されてしまった空白地帯ではないでしょうか。奥羽山脈や北上山地があって開発がしにくいこともあると思いますけれども、近代化の流れにうまく乗れなかった地域になってしまう。

加藤　そうですね、北海道は当時からフロンティアですから、あっちにはずいぶん投資をしたけれど、東北というのは、放っとけば百姓どもがどうにかすると考えていたのかもしれません。

石井　『遠野物語』の序文に、「人煙の稀少なること北海道石狩の平野よりも甚だし」とありますが、あれはレトリックではなくて、石狩平野のほうが開発されていて、花巻・遠野間は開発の遅れた場所だというのは、明治時代の現実をよく表していますね。

加藤　秋田で聞いた話だけれど、薪ストーブというのは北海道から入ってきたものだそうです。北海道にはアメリカ式の耐寒建築が現れ、家の中にはストーブがあって暖かい。そこで、鰊漁の出稼ぎから帰った秋田の漁師が持ってきたのがストーブだというんです。だから、近代化というのは東北地方から順々に北海道に渡っていったのではなくて、いきなり近代化が北海道に行って、それが戻ってきたわけです。

石井　今、札幌は百万都市で、北の寒い場所がどうしてあんなに発展していくのか、とても不思議な場所です。

加藤　札幌はたいへんな大都市です。ホテルにしても、グランドホテル、日航ホテル、全日空ホテルなど一流ホテルが林立しています。福岡・大阪と並ぶくらい殷賑をきわめている。歓楽街だってたいへんです。東北六県の県庁所在地を回ってみても、札幌だけの繁栄はありませんね（笑い）。中央省庁の出先があって、主要な金融機関、あらゆる会社の支店があるでしょう。ところで、戊辰戦争で思い出したけれども、榎本武陽は函館にいて、途中、三陸には寄っていないのですね。

高柳　宮古で海戦をやっていますが、榎本武陽は来ていません。

加藤　三陸沿岸は接岸がむずかしいですからね。大船渡だって、あれだけ港が整備されたのは最近でしょう。

高柳　この頃、大船渡には日本丸が来たり、大きな観光船が入っています。大船渡を拠点にして観光客が平泉や遠野へ来るんです。

加藤　それはおもしろいですね。

六　日露戦争後に生まれた『遠野物語』の歴史性

加藤　大船渡というのも立派な都市で、山浦玄嗣というかたが気仙語の研究をしておられます。

高柳　お医者さんですね。

加藤　気仙語で『マタイ伝』の翻訳をなさったりして、いちどお目にかかったことがありますが、山浦さんは、さきほど出てきた金山のことにも注目しておられます。山浦説によると、日露戦争の戦費調達のために北上山地の金山を抵当にしてイギリスから金を借りたのだそうです。その話を聞いて、なるほどと思いましたね。金売り吉次の話が柳田先生の「炭焼小五郎の事」にあるけれども、あれはやはり黄金幻想ですよ。だいたい東北地方は金だけでなく鉱物資源の豊かなところです。最初に申しあげた小坂もそうですが、いろんな金属が埋蔵されています。日本の大学のなかで鉱山学科があったのは秋田大学だけですし、あの大学の鉱業博物館は世界に誇っていい立派なものです。

話を元に戻しますが、『遠野物語』刊行の前後に、日本国としてたいへんな国際化があるんです。日露戦争末の国際化というのは、太平洋戦争の後の国際化とは違う意味でたいへんな動きがある。そう、エスペラント運動が盛んだった。

高柳　佐々木喜善も宮沢賢治もそうですね。

加藤　石川啄木もそうでした。世界感覚のようなものが芽生えてきたのです。世界の美人投票で日本の末弘ヒロ子が第六位になったのは明治四二年（一九〇九）です。

石井　国際進出ということですね。

加藤　そう、国際進出ですよ。それからその当時の近代技術からいいますと、レコードが出ています。浪花節の名人が桃中軒雲右衛門で、雲右衛門のレコードが出たのが、ちょうど『遠野物語』のときです。夏目漱石で言うと、『三四郎』『それから』『門』の三部作の時代ですね。

石井　一方では、島崎藤村の『春』、田山花袋の『田舎教師』などが出て、自然主義文学が成熟してゆく時期です。それにしても、今までのお話で改めて思うのは、『遠野物語』に、「此書を外国に在る人々に呈す」という献辞があることです。あの本が遠野というローカルな場所を扱っていながら、一方でグローバルな問題を意識してしまうのは、やはり時代の雰囲気がありますね。

加藤　そう、あれは二通りに読める不思議な献辞ですが、漱石をはじめ、たくさんの日本の学者や文人が海外旅行したり、留学したりしているわけでしょう。翻訳文化が日本に入ってきて、自然主義などにも大きな影響を与えているわけですよ。でも、日本人が軽薄な西洋かぶれになったり、そのまま西洋に居着いちゃったりする。そういう外国に在る日本人にこういう世界があるんだよという話なのか、それとも、こういう話があるということを世界に知らしめようというつもりなのか、解釈しにくいところがあるんです。

石井　私などは、『遠野物語』を外国にいる人々に読ませたいという意欲は、これまで空論のように思ってきたのです。けれども、日本が日露戦争後に国際進出していく時代の雰囲気を考えたならば、柳田には現実的な対外意識があったのかもしれません。

加藤　かもしれない。それというのも、柳田先生は、ジュネーブで生活をして、ずいぶん国際経験というものもお持ちでした。フレーザーなどの著作をよく知っているわけです。要するに、西洋ではフレーザーのような少数派の学者が興味を見せるだけだけれど、日本にはこういうものがあるんだよ、という民俗学宣言になるのですね。

石井　そうですね。柳田は後に「一国民俗学」を主張しますが、「此書を外国に在る人々に呈す」からすれば、一国民俗学を輸出するところまで考えているようです。

加藤　そうです。「一国民俗学」って、みなさんもなさったらいかがと、そういうふうに読めるんです。

石井　それに、私がおもしろいと思うのは、後の昔話研究で言えば、日本に「昔話」というい言葉があるのに、わざわざ「民間説話」や「民話」という翻訳語を使わなくてもいいではないかということを言います(『昔話覚書』)。日本から世界に向けて発信する学問としては、グリムの「童話」でもなく、「昔話」という言葉がいいと考えるのです。「昔話」は話を聞くときの採集の言葉であり、そのまま研究の言葉にもなるからです。しかし、「昔話」という言葉が海外ですぐに通用するかというと、やはり「フォークテール」のほうが通用するという現実があります。「国際化の壁」があって、それと柳田の学問がどう向き合えるのかというのは、直面する大きな課題です。さきほどのエスペラント語ではありませんけれど、アジアの小国である日本が世界に伍していくことを考えるときに、ただ追随するのではない可能性を模索していたように感じます。

加藤　グローバリゼーションでちょっと申し上げますが、この時期は日本のサイエンスがたいへんおもしろいのです。鈴木梅太郎によってオリザニン、ビタミンB1が発見されるのがこの時期なんです。また、国内はもとよりその後の世界マーケット、とりわけ中国大陸で大成功したのが池田菊苗が発明した味の素です。

石井　『遠野物語』を時代の文脈に置いて見ることは、確かに大切ですね。『遠野物語』も、日本が世界に発信してゆく一つとして見るべきですね。

加藤　日露戦争を戦うだけの軍需工業を持つために、重工業もそこそこにいっているし、新しい化学工業も始まっていますから。

石井　文化というより、文明の基盤整備が急速に進み、海外に対抗できる国力を持ちはじめてきたわけですね。

加藤　そうですね、そういうことでしょう。なにしろ、日露戦争に勝った戦勝国ですから、日本という国はたちまち世界に認知されてきた。

石井　一方で、これは柳田批判にもなっていますけれども、『遠野物語』が発刊された明治四三年という年は、日韓併合の年でもありますので、ある意味ではアジア諸国を植民地化していった時期でもあります。日本の国力は諸刃《やいば》の刃というか、両方の側面を持つことを考える必要がありますね。

加藤　それはそうですね。一言で比喩的に言えばね。

七　創られたものとしての『遠野物語』

加藤　その頃、遠野で新聞をとっていた人はどれくらいいるでしょう？

高柳　『遠野新聞』が明治三九年（一九〇六）から二年ぐらい、月に二回発行されています。あと続いていろんな新聞が出ますが、途中で消えます。大正になってから『漫画新聞』という手書きの新聞が出て、それは昭和まで続きました。

加藤　それに先だって、明治二〇年（一八八七）頃から全国に新聞縦覧所というのがあるでしょ。なかば政府の力で、一村に一部新聞が行くんです。村の人はそこへ行って新聞を読むことが奨励されているわけです。それは、さきほどの交通の問題とも関係するのだけれども、私が学生の頃でも、深夜の上野駅に行きますと、東北本線の最終便ぐらいの夜行列車で貨車に全国紙の新聞を送り込んでいました。それを仙台・盛岡と東北本線の主要各駅へ下ろしていくわけです。そうすると翌日の朝の配達に間に合うのです。東京では夕刊にあたるのが朝刊になるのです。そのひと時代前でも、読売・朝日などに輪転機が導入されていますから、遠野にも毎日、二、三部は行ってたんじゃないだろうか。

石井　『遠野物語』には、『遠野新聞』に関する話があって（四三話）、佐々木喜善は遠野と東京を往復していますが、地元に帰ってまとめて読むということではなくて、東京にいながらも、『遠野新聞』をけっこう読んでいたみたいですね。『岩手日報』や『岩手毎日新聞』といった新聞も東京で読めたようで、そういった情報がけっこう浸透しているらしいのです。

加藤　根本的な問題の一つは、『遠野物語』として知られているものは、佐々木喜善の知り合いの人が聞いてきた話で、それは遠野盆地とその周辺で耳にすることのできた世間話にすぎません。その当時のお爺ちゃんやお婆ちゃんの頭の中にザシキワラシのことしかなかったと考えるのは大きな間違いです。ふだんの生活の中では新聞を読んで、「政府は税金を上げようとしている」とか、「今年は米の相場がよさそうだ」とか、われわれが普段気にしているのと同じようなことを知っていたはずです。そして、ことのついでに頭の片隅にある話を小出しにしたのを佐々木喜善が聞いたものだということですね。

石井　必ずしも、ああいう話の世界だけに生きていたわけではない。

加藤　そうそう、語り手はそれぞれそろばんを片手にして、「今日はどれだけ儲かった」とか、そんなことを話していたと思うのです。

石井　そういう生活の中から、ああいった話だけを切り取って創られたのが

『遠野物語』だということですね。

加藤　きょうの会場のちかくには狸穴という地名がありますが、「ここにはむかし狸が出たそうだ」というのはこうしてお話しているあいだの座興にすぎません。その伝承だけで麻布の現在を論ずるのでは見当違いでしょう。

石井　『遠野物語』は「創られた遠野」以外の何ものでもないのですね。

加藤　そうです。あの本に集められた物語は遠野の社会のごく一部の現象なのですから、そこから一般化して遠野を「民話のふるさと」といった一語でくくってしまうとお互いに困るのです。

話は飛びますが、私、落語が好きで、毎月寄席に通っています。落語の始祖は安楽庵策伝。京都の誓願寺の住職でした。浄土宗の坊さんたちがお説教するときに、所々で笑い話を交えてやると、檀家もわーっと笑ってくれますね。その笑ってくれる部分だけを抜擢したのが『醒睡笑』だと思うんです。

石井　落語の小話だけを集めた感じですね。

加藤　笑いのエッセンスだけを集めると『醒睡笑』になるのですが、策伝という人は笑い話だけで住職を務めていたわけではありません。説教の名人が人を笑わせるおもしろい部分だけを集めたのが『醒睡笑』だと見るべきでしょう。そう考えると、『遠野物語』にしても、ふだん「今年の生糸の値段がどうのこうの」と話している仲間同士で、「ときに、この前聞いた話では、仙人峠にはこんなことがあったそうだ」といったふうに余話としてでてきた世間話なんですね。それが炉端での娯楽になったりもした。

石井　策伝は笑い話を集めて『醒睡笑』をまとめましたが、『遠野物語』には笑い話はなくて、深刻な重い話ばかりですけれど、それが『遠野物語』の意志だったことが明確になりますね。

加藤　策伝は自分自身がお寺さんの住職で、職業的な語り手だけれど、『遠野物語』の語り手はふつうの人たちなのです。その違いはあるけれども、エッセンスだけを取り上げてとりまとめた、という点では共通しているかもしれません。

石井　聞き手としての柳田の意志がとても強く働いていることがわかりますね。喜善は笑い話や猥談などいろんな話も得意にしたようですが、『遠野物語』にブレがないのは、ああいう話を集めたいと思った柳田の強い意志の結果でしょうね。

加藤　そうです。こういうことを言ったら、よくないのかもしれないけれど、柳田先生にはセックスについて書かれたものがないですね。書かれたとしても、そういうお色気の話というのは、やんわり上品に書いている。けれども、村の人の話の中には、もっと強烈な猥談がないと、日常生活がなり立ち得ないでしょう。

石井　人々は猥談を楽しんで、心を通わせたのでしょう。

加藤　村の中では、若い頃、男同士で集まって酒を飲んでいれば、ここでは口にできないような話を抜きにした民衆生活というのはあり得ないのです。宮本常一先生は口にしてはいけないようなことにも立ち入って記録なさっていますが、柳田先生は自らを律することのきつい方だったから、そういう話は意識的に排除されたのでしょう。

石井　去年、遠野の昔話教室で、佐々木喜善が集めた猥談について顰蹙をかいながらお話ししましたけれど（笑い）、やはり彼は目の前にある話の世界の方が重要で、そのことを大事にしたことがわかります。

加藤　そうでしょう。そういうふうに考えてくると、『遠野物語』というのはまた別な意味でおもしろいね。蒸留水みたいなところがあるのかもしれません。

石井　柳田国男は昭和一〇年（一九三五）の『遠野物語　増補版』の「再版覚書」で、「遠野物語拾遺」には入れたくないものがあると言っていますが、たぶん猥談だと思います。喜善が残したものはそっくり残すことになったので、そのまま残しましたから、そういう話がわずかに入っています。

加藤　なんで柳田さんがストイックだったのかは、ちょっと謎ですけれども。

石井　『郷土研究』の報告には性に関する文章がありますが、やはり少ない。本人の気質ももちろんですが、公の場で成り立つ学問にしたいということがあったのでしょうね。

加藤　そういうことがあると思います。石井先生のご専門だけれども、私なりに日本の文学作品を折に触れて読んできた経験からいうと、かなり猥雑なことが大胆に書かれています。それに比べると、『遠野物語』は綺麗すぎるんです。

石井　あの当時でも、自然主義文学ではあけすけに書くことを歓迎する時代を迎えていて、田山花袋の『蒲団』などを一方に置くと、柳田にはああいった世界に対する反発が強くありますね。

八　民俗学者への疑問と旅することの価値

加藤　『遠野物語』に最初に着目した人は誰ですか？

石井　同時代の批評は田山花袋、島崎藤村などにありますが、高く評価したのは泉鏡花で、神や妖怪が躍り出てくるような躍動感があると評価しています。

加藤　それはあくまでも文芸の世界ですね。学問としては？

石井　学問として『遠野物語』が評価されるのは、昭和一〇年に日本民俗学講習会が開かれたときで、それに合わせて発刊されたのが『遠野物語　増補版』です。民俗学が理論的にも組織的にも確立してくるとき、金田一京助が「日本民俗学の呱々の声」と言った頃から、学問としての評価が定着してきます。稀覯本のため入手が困難で、誰でも読める本ではありませんでしたから、序文を除けば大正期は空白です（石井『柳田国男と遠野物語』）。

加藤　その点が柳田国男研究をやっている人たちについて、ちょっと不満なんです。というのは、『定本柳田国男集』があれだけあって、たいへん示唆に富む考察が随所にあるのに、あんまりその全体像を論ずる人がいません。『遠野物語』というのは「素材集」なのに、どうしてこの一冊だけをとりあげて、そこに民俗学の原点があるなどと言いはじめたのかなあ。柳田学というものをわかっていないのではないかと思う。

石井　民俗学者は柳田国男を持ちあげながら批判するところがあって、柳田を越えることで新しい民俗学ができると考えていたと思います。『遠野物語』にしても、その価値を掘り下げてきたのは民俗学者ではなく、社会学や思想史、国文学などの研究者でした。

加藤　民俗学がいったいどうなっているのか、さっぱりわからなくなってきました。宮田登さんなんかは、どういう立場でいたんでしょう？

石井　宮田さんは、柳田国男を批判するより、貪欲に取り込みながら、現代や都市の問題に取り組んでいったように思います。民俗学という学問が現代や都市を読み解く重要な方法になると考えていたのでしょう。そうした点では、「新・遠野物語」ではありませんが、「新・民俗学」のような意識があったと思います。

加藤　宮田さんとは、米山俊直さん、佐々木高明さんなどといっしょにずいぶん議論する機会がありました。あんなに若いうちに亡くなって残念です。

石井　柳田を評価をしながら越えてゆくというところでは、先生と世代が近いだけに共感があったのではないでしょうか。その下の世代になると、批判するか、無視するかの二者択一のようになって（笑い）、次第に学問が痩せてしまったように感じるのですが、どうでしょう。

加藤　今、民俗学を担当している若い学者にあうと、「民俗学学」をやっていて、民俗学はやっていないですよね。柳田さんの本にはこう書いてあるからという理屈ばっかり言うけれども、日本をどれだけ歩いているかというと、全然歩いていない。

石井　先生のお立場では、変容する現実こそがとってもおもしろい対象になるのだと思います。一方、民俗学は、やっぱり変容する現実よりはその背後にある古いものを求めてきました。しかし、そういう目差しで村を歩いても、もう古く遡れるような民俗事象が残っていないので、だんだん村を歩かなくなってゆく。現代や都市へ対象をずらしても、現実への無関心は変わらないように思います。

加藤　いまの若い人類学者に似たようなところがありますね。未開で野蛮なことがあるだろうと思ってアフリカに行ってみると、マクドナルドがあったりなんかして、「調べることがない」と言う。そんなアホなことありますかね。「どんな人間がマクドナルドを経営しているのか、その地域特有の食材をどう使っているのか、それを調べてきなさい」と言っても、それがわからない。

石井　物の見方を変えないと、実際に歩くおもしろさが感じられないのでしょうね。その中で否定的な見解ばかりが強くなる。

加藤　否定的なのは、紙の上だけでやっているから、具合が悪いんです。このお話とは別なことですが、今西錦司先生が偉い人だったのは、徹底的に現地踏破による一次資料を尊重なさったことです。本に書いてあることより自分の目で見たものを信用せよ、というわけです。今西先生にはほんとうに多くのことを教えられました。人類学者も民俗学者も社会学者ももっと自分の足で歩き、自分の目でみるようにならなければなりません。

石井　京都学派はフィールドワークと理論構築のバランスが絶妙ですよね。

加藤　京都学派と言わなくても、学問はそうでなくてはいけないと思いますね。本を読んだら、そこに行ってみたいと思うでしょ。米山さんとわたしが『遠野物語』という本のことを知って、「それじゃ、行ってみるか」というので、書いたのが『北上の文化』の動機なんだから。読んだ以上、行ってみるのが当たり前で、行ってみりゃ、何か考えるんで、考えれば何かを書くなりするでしょ。そういうふうに現場と文字で書かれた世界を往復していないと、おもしろくないんじゃないかと思う。

石井　先生の『紀行を旅する』ですね。

加藤　そうそう、あれは紀行文だけれど、紀行文でなくてもそうなんです。さいしょに申しあげた康楽館もそうだけれども、知ればやはり行きたくなる。文字を読むことと現地での見聞との二つを往復していないと、学問というのはできないものです。柳田先生が遠野を訪ねられますが、佐々木喜善から話を聞いてからですね。

石井　明治四一年の一一月から話を聞いて、訪ねたのは翌年の八月二三日です。

加藤　その気持ちはわかるのですよ。話を聞くと行ってみたくなる。

石井　序文にも、「斯《かか》る話を聞き斯る処を見て」と書いています。

加藤　そうでしょう。話を聞くと行ってみたくなるという当たり前のことを、どうして今の人はしないのか。テレビで見たから行ってみたいと、それだけでもいいですよ。

石井　行ってみないとわからないということで言えば、大正九年（一九二〇）の三陸海岸の旅は「豆手帖から」の紀行文を残していますが、まさにそんな旅ですね。柳田が三陸海岸を選んだのは、日本の辺境はあそこだという予感があったのでしょうね。

加藤　夜中にやかましくて寝れなかったとか、いろいろな経験をしていますね。

石井　今は、行ってみるどころか、インターネット社会になっていますので、一〇年くらい前から、まずインターネットで検索をするというふうに情況が変わってきています。

加藤　検索をしてからでも、行くのが当たり前ですね。三年ほど前、京大の若手の人たちが中心になって開催した、「京都で読む柳田国男」という会に行ったとき（『柳田国男研究論集』第四号）、「誓願寺に行った人、何人いる」ときいたら、ほとんどいないんです。

石井　若い人が自分の研究だけに閉じこもってしまうから、世界はどんどん狭くなる。

加藤　だんだん視野狭窄症になって、細かいことだけを知っているけれど、広いことは知らない。『遠野物語』だって、その当時の世界と日本がどんな状態だったかも知らない。

石井　『遠野物語』から昭和六年（一九三一）の『明治大正史　世相篇』へは、そのままつながっていくのですか。

加藤　つながっていかないでしょう。

石井　「現在の事実」を見るというところでは共通性がありませんか。

加藤　それもないと思う。『明治大正史　世相篇』は美事なもので、柳田先生が持っておられた一つの歴史観が投影されている。あの中で、明治・大正の間に食べ物が軟らかくなって、甘くなって、温かくなるという三つがじつに簡潔に書かれています。『遠野物語』のなかの「現在の事実」と言っても、これはちょっと違う。

石井　やはり「世相」という変化をとらえる視線でしょうか。

加藤　くりかえしになりますが、こんな話もありますよ、とあちこちから集めてきた断片的な話を蒐集するという叙述の方法は、『醒睡笑』と非常に似ているんです。

石井　序文では、『今昔物語』とは違うと言いながら、やはり似ている側面がある。

加藤　そうですね。あのスタイルというのはこれまでいろいろありました。『日本霊異記』まで遡っても、一つ一つ説話には違いないんだけれども、全体を通じて、仏様はありがたいということだけはわかる。文明の伝統を考えれば、『遠野物語』は『宇治拾遺物語』とかとつながる場合があると思います。

石井　近代になってから、あのような動きがなくなってしまいますね。そういう点では。

加藤　そうですね。そういう点では。『お伽草子』などは、現代文学の言葉を使うとショートショート集かな。だからショートショート集を読んでも、全体に通ずるものはなにもないでしょう。しかし、『明治大正史　世相篇』は「長編」です。あるいは「中編集」です。全体を通ずる思想があるように思います。

石井　食事から娯楽に至るまでずっと体系的に書いていますね。

加藤　意地悪な見方をすれば、あれは「屁理屈集」みたいなところもありますけれど、これほど美事な屁理屈はないんです。ああいう文学の方法は外国にもあるのかな？

石井　『グリム童話』は一八一二年が初版ですから、『遠野物語』より百年前です。意識していたと思いますが、『グリム童話』は昔話集ですので、ヨーロッパの影響とは考えにくい。むしろ、怪談本など江戸時代以来の伝統が強く働いているように感じます。

加藤　『グリム童話』でも、日本の説話と同じように、ある種の因果関係があるけれど、『遠野物語』にはストーリーや教訓性があんまり表面にでていませんね。

石井　世界史の中に『遠野物語』を位置づけるのは、これからの課題ですね。

九　『遠野物語』国際研究フォーラムに向けて

高柳　遠野物語ゼミナールも参加者が少なくなってきて、起死回生の試みで、去年から吉祥寺の東京会場で開催し、今年も大成功でした。関心のある参加者に遠野に来てもらうという仕組みができつつあります。東京の方々ももちろんだし、遠野の人たちももっと関心を持ってほしいと思います。

加藤　柳田先生をはじめ、いろんな民俗学の先生が取り上げられた土地が方々にありますでしょう。遠野を知ってもらうことも結構なことだけれども、遠野が知らなければいけないこともある。学習は相互的なものですから、九州の椎葉と遠野が連携や交流をするというような、開かれたネットワークができるとおもしろいんだけれどなあ。

石井　東京で開こうとしたとき、私の心の中にあったのは江戸の出開帳でした。善光寺は両国の回向院で出開帳をしてPRをしたので、「牛に引かれて善光寺参り」ではないですけれど、善光寺にあれだけ人が集まったのです。民俗への関心が希薄になっていく一方で、グローバル化が進む時代にあって、遠野へ引き付ける装置というものをうまく組み込みながら、現地に立ってもらうためのインパクトを与えたいなと思うのです。

加藤　そうですね、でも、遠野に来てもらって何がある？

高柳　武蔵野の人たちは、やはり自然だと言いますね。

加藤　でも、遠野に似たような自然は日本国中、いたるところにあるんじゃありませんか。なぜ、遠野に限定してやって来るのか、そのあたりをしっかり押さえておいたほうがいいと思います。

石井　むしろ、逆に見えてきた大きな課題は、遠野人に『遠野物語』を読ませたいということです（笑い）。桑原先生ではありませんけれども、『遠野物語』を読んだ人こそが遠野をよく知っている、という逆転が起こりつつあるような感じがします。私自身は椎葉などとの連携をにらみながらも、今は遠野の人たちと東京の人たちの交流、そして、対話を深めてゆきたいと考えています。

加藤　たいへんむずかしいところですね。『遠野物語』のいいところであり、最大の弱点というのは、それが無形文化財だということです。有形のものは、いくらでも人を集めることができます。平泉の中尊寺や、白川郷の合掌造りなどは有形だから写真に撮れるでしょう。『遠野物語』は無形なので、写真に撮れない。写真に撮れない所には人は行かんのです（笑い）。

石井　逆に言えば、目で見る世界ではなくて、耳の世界にどういうふうに人を惹き付けていくかということでは、まったく開拓されていない分野かもしれないですね。

加藤　よほどの物好きな人でなければ、そういう所に行かないでしょう。

高柳　ほとんどの人は『遠野物語』と昔話を混同していて、しかも、遠野の語り部さんたちは『遠野物語』を昔話化して話すものですから、それが『遠野物語』だと思われたりする。昔話としての遠野の世界が一つあるのですが、それに対して『遠野物語』の遠野というのは理解してもらうのがむずかしい。そこが悩みです。

加藤　それはむずかしいでしょう。水をさすようなことを言いますけれど、『遠野物語』に書かれている話は、大迫や葛巻に行ったって、どこにでもあるような話なんですよ。たまたま佐々木喜善という人物がいて、柳田という人物がいて、ふき出したわけです。こういうみごとな民話を持っているのは遠野だけだと思っている人がいるけれど、これはどこにでもあるのです。

石井　書き残されたのが遠野だけで、どこの村にもあったような話であるというところは、『遠野物語』を開くカギになると思うのです。『遠野物語』の世界というのは、遠野だけの問題だけではなくて、実は私の問題でもあるからです。都会に住んでいる人間にとっては失われた異文化ですが、それと同時に、そこにある母親殺しや子殺しの話は、人類の普遍性に突き刺さっていくところがあるはずです。

加藤　そうですね。遠野物語研究所がやっていく仕事の一つとして、例えば、『沢内物語』を作りませんか」といったふうに県内各地と連携してゆくっていうことがあるでしょうね。

石井　遠野はもちろん、現代版の物語をいろいろな所で書いていくことが重要ですね。

加藤　そうです。現代の怪談や因縁話、笑い話になったり、人はいろんな話を創作しているんですね。宮田さんは都市民俗学を提唱なさり、その影響もあって、都市伝説といったようなジャンルができてきているようですが、そういう物語の採集ができるはずです。

高柳　『遠野物語』に似た話はどこにでもあったはずだし、「遠野をモデルにして、自分たちの地域の話を作ろう」という呼びかけはずっとしてきたのです。宮城県の志津川の人たちが、「もう一つの遠野物語」だというので、『志津川物語』を立ち上げ中です。あいった所がたくさん出てきて、横のつながりができればいいことだと思っています。

加藤　『遠野物語』の将来を構築してゆくためには逆説的ですが、「柳田離れ」をしなければいけないのではないのではないかと思ったりします。つまり現代を観察した『続・遠野物語』というのを、みなさんに書いておいていただきたいのです。

石井　『北上の文化』の時代から五〇年経った今をきちんと書いておくことですね。

加藤　そう。テレビを見て聞いたことの受け売りではなくて、今、遠野の町や外れた所で、どんな話題があるのかということを書いてゆく。「柳田離れ」をすることで、遠野にもう一度元気が出るということはあり得ないものかな。

石井　確かに、特に若い人たちにとって、未来へつなげていく活力にできるかどうかということがあります。悪く言うと、今まで過去の人が作ってきた財産を食いつぶしてきていることがあるわけです。それを未来へ向けて発信してゆくための過渡期ではないかと思うのです。

加藤　人というのも時代の産物です。少なくともわれわれの世代にとっては柳田国男先生は偉大な人なのですよ。しかし、これから育っていく世代になりますと、柳田国男という名前がどれだけ知られているのか。明治の人物の中で伊藤博文ぐらいは歴史で習うだろうけれど、黒田清輝を知らない人は多いでしょう。たいへんな記憶力のある人は別だけれども、柳田さんだって、五〇年後に、「柳田国男って誰」という人が多いんじゃない。ある大学の大学院の学生が、「柳田国男という人の勉強をしたいから、何から読んだらいいのですか」と聞くので、「『明治大正史　世相篇』を読みなさい」と言ったら、一生懸命メモして、「どっから出てますか」と言う（笑い）。

石井　そういった若い人たちを案内していくために、さまざまな手だてを用意しないと、柳田が消えていくような感じがしますね。しかも、その業績は今どういう意義があるのかを説明できないと、偉人ではあっても、過去の人になってしまいます。

加藤　そうなんです。『遠野物語』を原文で読んでわかる人は非常に少ないでしょう。『明治大正史　世相篇』だってわからないと思う。でも、現代語訳にしたら、あの文章の美しさや厳しさはなくなってしまう。

石井　かつての民俗学への関心は、自分たちが生きてきた人生と柳田学がつながっていて、ふだんのさりげない暮らしが日本の歴史の一齣につながるという点で、柳田を読むことで得られる喜びがあったのでしょう。

加藤　そうなんです。

石井　ところが、暮らしの中に民俗的なものがなくなってしまうと、柳田を読むということは、かつてそんな生活が日本にもあったんだという驚きになるのではないでしょうか。若い人たちの読む柳田国男は、むしろ異文化体験に近いと思います。

加藤　たとえば竈の神様と言えば、われわれの世代だとどんなものか理解できます。しかし電気炊飯器で育った今の人にはいちいち竈の説明からしなければわからない。遠野のことも気になっているんだけれど、どうしたいいんでしょうね。遠野市はどうなんですか？

高柳　なんというか、遠野の人は、言えば事大主義ですね。誰か偉い人が来て気合いをかけるとそれなりでしょうけれども。責任のある方が指示しないと、市の職員や小中学校の先生方は、自分から『遠野物語』を学ぼうとしないようですね。

石井　まだ先の話になりますけれど、再来年の発刊百年には、実行委員会を組織して、東京で国際的な研究フォーラムを開きたいと考えていますので、今日の議論の先をお話ししたいと思います。実務は私がいたしますので、先生にはトップに立っていただければ幸いです。

加藤　元気だったらよろこんでお手伝いします。思いつきでしか言えませんが。

石井　今日の宿題を持ちこして、さらにお導きいただきたいと思います。長時間にわたり、かつ視野の広がるお話をありがとうございました。

（二〇〇八年七月二九日、国際文化会館にて）

特集　明治時代と『遠野物語』

遠野町全景、大正元年

特集　明治時代と『遠野物語』

自然主義文学と『遠野物語』

小田富英

一　はじめに

『遠野物語』が刊行された明治四三年（一九一〇）という年は、日本という国の歩みにとって大きな結節点であった。近代国家として体をなしていない状態からわずか四十余年の間に、日英同盟を組み、大国露西亜との戦いに勝利するほどになったということを、ことさら強調するつもりはないが、日露戦争を経験した「戦後」という観点で時代をみる必要はあるだろう。

今回、わたしに与えられた課題は「自然主義文学と『遠野物語』」であるが、単に柳田国男と田山花袋らの自然主義文学作家たちとの離反をも含めた深い交流を描くだけではなく、「戦後」社会の思想の相克のなかで、両者がともに「戦後」をどのように見て、時代を先取りしていこうとしたのかを描きたいと思う。

二　柳田国男と田山花袋

松岡国男と田山録弥との出会いは、明治二四年（一八九一）の秋から冬にかけてのことで、国男一六歳、録弥二〇歳の時のことである。桂園派歌人松浦萩坪の門人としての出会いであり、二人はすぐに若い門人たちでつくる紅葉会のなかで頭角を表すことになる。紅葉会での二人の詠草と萩坪の評価については、ここで論ずることではないので控えることとするが、特筆すべきは、萩坪が、二人のうちのどちらかを後継者に考えていたことだ。歌の師としてだけでなく、人として敬愛し、感化された萩坪から、暖かく見守られながらの二人の文学の出立があったことを忘れてはならない。

柳田は、松浦萩坪が亡くなったのち、追悼の談話「萩坪翁追懐」を明治四二年（一九〇九）一二月一二日付けの『読売新聞』に載せている。そのなかで、柳田はまず、萩坪から「十七年間の感化を受けた」として次のように述べている。

「この先生はまさしく「昔」を人にした様な、徳川時代足利時代を超脱して、もっと古い処に腰をかけたような心行きの人であった。（中略）私は初め歌を修業するために先生の門に入ったのであったが、歌より外に露骨にいえば人生の観方というようなものをも教えられた。」

萩坪からの感化の「十七年間」の柳田の歩みは、花袋も同様で、和歌から抒情詩、そして「詩のわかれ」へと至る文学青年としての成長の歩みそのものであった。さらに、この追憶談は、二人の友情と文学観の差異が見てとれる次のような文で終わっている。

「葬式の前夜二三人で通夜をしていると、折々雨が降って四目垣の下のあたりの叢に頻りに蟋蟀が鳴いた。田山君と私とは虫の音が悲しいという歌をよんで互いに見せあって、二人で王朝時代の涙を零した。実際あの田山君とは先生の家で友達になったのである。今は非常に恐ろしい事を考えておられる様であるけれど、萩坪の門人としては、私は只毛だらけの手を行儀よく膝の上にのせていた田山君を知るばかりである。」

自然主義作家として頂点に立った花袋に友情を感じつつも、「今は非常に恐ろしい事」を考えていると手厳しい。一体何があったというのであろう。

三　龍土会へ　そして　それから

のちに「自然主義文学は龍土会の灰皿から生まれた」と言われる文学サロン龍土会の前身は、国男が養子入りした市ヶ谷加賀町にある柳田家での集まりである。明治三四年（一九〇一）五月二九日、柳田家で国男の養子披露の宴が催され、花袋や独歩ら友人達も招待された。柳田家が国男のために用意した建て増しされた八畳間が龍土会の出発点である。「土曜会」とか「例の会」と呼ばれた会も、集まってくる人数も多くなり、外の料理屋でもたれることとなる。龍土会の名前の由来は、会場を麻布新龍土町の龍土軒にしたことによる。龍土軒に移る前にもたれた会の様子が次のように伝えられている。幹事は、国男と花袋の二人である。

「此程より川上眉山、田山花袋、小栗風葉、柳川春葉、生田葵山、蒲原有明、松岡国男の諸子は、文学談話会とも謂うべき一の会合を催し居る由、去月（明治三十五年二月：筆者註）十六日第二回の会合が牛込清風亭に開れし筈なり」

こうして集まってくるメンバーに共通して言えることは、既成の文壇勢力から無縁であろうとしたことと、次々と入ってくる西欧文学の吸収に力を注いだことである。当時の柳田の読書日記『困蟻功程』（明治三五年（一九〇二）四月～七月）の冒頭には、柳田が自分に課した一週間の読書配分を次のように記している。

「月曜は　テッキスト。火曜は　財政、地租論。水曜は　テッキスト。木曜は　講義材料もしくは其他の原稿。金曜は　行政法規　私法。土曜は　経済原論。日曜は　歴史。」

柳田は、「他の者とは違うものをもっていることを示そう」（「私の哲学―村の信仰」）と読書と旅に多くの時間を費やし、花袋もまた、負けず劣らず丸善に通いつめ、情報通の役目を担うこととなる。当時の様子を花袋は、『東京の三十年』で次のように述べている。

「背の低い色の白い元気な小栗君。つづいて精悍な顔をした国木田君。最後に背の高いスッとした柳田君がすました態度で入って来た。（中略）柳田君が泉君贔屓で、その話をすると、小栗君はそれがいくらか癪に触るという風で（中略）それから話がツルゲネフからトルストイになる。モウパッサンになる。文壇の話になる。国木田君の鋭い皮肉と柳田君の激昂した調子と生田君の快活な笑声とが一間に賑やかに溢れ漲る。明るい瓦斯が青白い光線であたりを照している。
誰の顔にも若い血が漲り、『何か仕事をしなければならない』といふ熱情が限りなく　溢れている。」

若い文学仲間達が、自由闊達に議論し合ううちは「熱情」は新鮮なものであったが、会を重ね人が増えていく度に、集う者の思いの数だけ差異が生じていくこととなる。国男と花袋も例外ではなかった。

柳田はこの頃、法制局参事官で、日露戦争終結までは横須賀の捕獲審検所検察官を兼ねていた。検察官としての仕事振りは、今まであまり解明されていなかったが、当時の『官報』からその仕事内容が明らかになったので、拙論「『柳田国男全集』新年譜作成についての視点」（『柳田国男研究論集　1』、平成一四年（二〇〇二）一二月、柳田国男の会編刊）で紹介したので参照されたい。そして、審検所が閉鎖されたのち、柳田は、堰を切ったように旅にでることになる。そのひとつが、東北から北海道への二ヶ月にわたる出張旅行である。後に樺太庁長官となる床次竹二郎地方局長に随行した視察旅行であり、途中札幌滞在中に樺太行きを命じられ、九月一二日から一〇月二日まで、単身、領土になったばかりの樺太に入ることとなる。『故郷七十年』では、この時のことは不思議とたった三行でしか語られていない。

「三十九年には北海道を歩いた。そのついでに私だけ一行と分れて、新領有の樺太へ渡った。上半期に家内がチフスにかかって危なかったが、幸いによくなったので、ひとつ北海道へ行って来ないかとのすすめを受けたのであった。その時の日記はいま読んでみても大変面白い。」

それらの「面白い」話の数々は、誰もが聞きたかったことであったにちがいない。帰京後、柳田が得意げに語る場面を伝える資料が残されている。武林無想庵の『むさうあん物語』の龍土会の記述である。

「最近樺太へ視察にいってきた柳田国男が例のたくみな話術でネギに関する樺太の悲話を一席べんじ、一同を感動させたとき、話がおわるのを待ってました、といわんばかり葵山が、いかにも感激した調子で、ただ一言、──ネギ！と、絶叫した声が耳にのこっている。」

この話を題材に、花袋は「ネギ一束」を明治四〇年（一九〇七）六月の『中央公論』に発表した。それまで、自らを小説のモデルとして描かれ、旅での話をいくつも小説の題材として提供してきた柳田であったが、龍土会の変質もあって苛立ちを隠さなかった。正宗白鳥の『自然主義盛衰史』（昭和二九年（一九五四））によるとその時の様子は次のようであった。

日本橋蔵多屋で開かれた龍土会の忘年会の席上、柳田が「諸君、田山君が僕の話した樺太の事を小説に書いてゐるが、あれは間違いだらけです。」と興奮して話し、ついで に今まで黙認してきた花袋小説に登場する柳田モデルにまで不快感を露わにしたという。花袋はただ首を垂れて黙っていたというから決定的な出来事と考えていい。

柳田は、花袋が亡くなったあとの追悼文「花袋君の作と生き方」（『東京朝日新聞』昭和五年（一九三〇）五月一九日・二〇日・二一日）のなかで、この時のことを次のように述懐している。

「とにかく私の説き方が拙であり、またやや軽薄にも聞えたことだけは今からでも想像することが出来る。あの際モデルに使われて腹を立てた二三の人が、ほとんど申し合せた様にいった言葉は、事実は違っている真相はこうであった。それすら見抜くことも出来ないようでは、自然描写とやらも余り当てにはならぬ、といった様な悪まれ口であった。私は何の必要もないのに、思慮もなくそれに近いことをいったのである。君と二人で一しょに観た事でも、僕はこう解し君はああ感じている。態度さえ誠実ならたまの見損いはあったっていいといって、構わぬから出てみよと説くはずであったのが、却ておく病で引込んでいることを、責めるようにも聞えたかも知れない。何にしても三分の一ほどしか田山君を知らない者が、出過ぎた忠言を試みようとしたことが、却て同君の自然の進路を、累わしたことになっていたならば悲しいことだと思う。」

亡くなった友人の供養の言葉として、このように書かざるを得なかったことを考えると、当時の柳田の気持ちは、花袋に対して「当てにはならぬ」「非常に恐ろしい事」と決めつけるほどの厳しいものであったことは容易に推測できる。柳田が生理的にも嫌った『蒲団』が世に出たばかりの時のことである。

四　『遠野物語』と『蒲団』

柳田が、龍土会やイプセン会に、文学畑ではない官僚の友人や異色の芸術家達を引き込もうとしたのには、ある種のビジョンがあったと考えられる。『文章世界』に載せた一連のエッセイにその片鱗が表れている。その代表が、明治四〇年一〇月号に載せた「官吏の読む小説」である。

「一体日本は他国と違って、政治と文学との聯絡交渉が毫もない。ところがツルゲーネフなぞを読むでみると、露西亜の大学生なぞが出て来るが、彼等は勢いよく滔々と政治を論ずるかと見ると、またしめやかに文学の話に移ってゆく。何時もそうだ。（中略）何とか工夫して両者を接近せしめ度いものである。」

「文学は植木を弄ったり、養鶏したりするのに、比べると、衛生には叶わぬかも知れぬが、而かも一歩進んだ高尚な趣味である。だから多忙だといわれる役人の間にも鼓吹したい。また今の役人自身も、実は読書、文芸の趣味を吸込もうと念っている傾きはあるらしい。けれども奈可せむ、うまくはまるような書物がない！」

こうした柳田の思いとは逆に、小説も面白いものが少なくなり、龍土会も人数が増え、多彩になった割には、単なる酒の席でしかなくなっていくのである。花袋の『蒲団』はこのような時に刊行された。「老人や田舎者を描けば滅茶々々なものが出来上がる」とか、花袋に「いい加減に家庭などを書くのは止し」た方がいい、「あんな不愉快な汚らしいもの」（『故郷七十年』）と厳しい批評をするのも、こうした背景が言わしめたと考えていい。

さらに柳田の側から言えば、この時期は、「幽冥談」（明治三八年（一九〇六）九月）から明治四一年（一九〇八）の『後狩詞記』へと向かう『遠野物語』誕生への道筋のなかにあり、花袋が描いた『蒲団』とは異質な場所であったことは間違いない。

『蒲団』が読まれている割には、意外と知られていない国男との関係がある。その一節が主人公の時雄が酔って詩を吟ずる場面である。

「やがて不思議なだらだらした節で、十年も前にはやった幼稚な新体詩を歌い出した。

君が門辺をさまようは
巷の塵を吹き立つる
嵐のみとやおぼすらん。
その嵐よりいやあれに
その塵よりも乱れたる
恋のかばねを暁の

歌を半ばにして、細君の被けた蒲団を着たまま、すっくと立上がって、座敷の方へ小山の如く動いて行った。」

この「君が門辺」の詩は、若き柳田、松岡国男の新体詩「野の家」の一節である。現在では、明治三〇年（一八九七）前後の抒情詩人時代の花袋と国男の書簡から、「君」とは実在の初恋の女性、伊勢いね子であることが判明している。国男が、恋した少女の家の周りを彷徨いながら、この詩をつくったのではないかということも、岡谷公二の研究によって明らかにされている。そうした事情を熟知している花袋が、「十年も前にはやった幼稚な新体詩」と表現しているのである。しかも、いね子はもうこの世にはいない。その上、国男自身は、養子縁組みをしたばかりの身である。文学観の違いくらいのことであれば、まだ許せたに違いないが、自分の詩が使われたことを批判の理由にすることもできず、柳田の苛立ちは、一貫性が無いまま闇の中に消えたかのようである。

一貫性が無いというのは、次のようなことだ。花袋の『蒲団』を嫌っていた割には、往復書簡は、それ以前より多いし、柳田が、明治四一年五月一〇日の『読売新聞』に載せた「文芸雑談」に至っては、花袋を「何処までも延びて行く人」と評価するほどなのである。

柳田にとっての花袋は、言わなくてもいいはずの日常生活の感情を、深刻ぶって表現している「危険な」作家ではあっても、存在自体を否定するほどではなく、まぎれもなく青春を共にした友人であった。

しかし、『遠野物語』については、二人の間に接点は生じなかった。花袋の『遠野物語』評は、今までの鬱憤を晴らすかのようである。

「柳田君の「遠野物語」これもそうした一種の印象的な匂いがする。柳田君曰く「君には僕の心持は解るまい。」又曰く「君には批評する資格がない。」

粗野を気取った贅沢。そう言った風が到る処にある。私は其物語に就いては、更に心を動かさないが、其物語の背景を塗るのに、飽まで実際の観察を以てした処を面白いとも意味深いとも思った。読んで印象的、芸術的のにおいのするのは、其内容よりも寧ろ其材料の取扱方にある。明治時代の「老媼茶話」と云ったような処をねらって書いたところが面白くもあり可笑しくもある。道楽に過ぎたようにも思われる。「石神問答」という方は中々難かしい。これは、本当に私には批評する資格がなかった。」

日露戦争が終結して五年も経っていないこの時期、柳田には、国家と個人の関係が、田山には、小説として表現する個の問題が、主要な関心となっていた。言いかえれば、柳田は、近代を前代との比較のなかで捉え返そうとしていたのに対し、田山は、時代を先取りする文学の実験に苦闘していたと言える。

『遠野物語』も『蒲団』も、対局に位置しているかのように見えるが、柳田と田山の必然としての作品であり、お互い「何処までも延び」てきた結果であったことには間違いない。

五　自然主義文学と『遠野物語』についての両極の批評

ここまで論じたことの多くは、『柳田国男伝』（昭和六三年（一九八八）一一月、三一書房刊）の「第四章　青春」と、それ以前に発表した「独歩・藤村・花袋と柳田国男」

（『伝統と現代』第三四号、昭和五〇年（一九七五）七月）の拙稿をもとにしている。

わたしは、それぞれの論の結論として、次のように締めくくった。

「『遠野物語』が、文学青年柳田国男の到達地点であったことには違いない。

また、日本の文学が、新しい出発点にしなければならない書でもあった。その意味では、真の評価を得られることが少なかった『遠野物語』の不幸は、とりもなおさず、大正、昭和の日本文学のある種の貧困さを予見してもいたのである。」（『柳田国男伝』第四章第五節　三項）

「ここまできて、私は改めて、柳田学の充実した時期が、奇妙にも日本の文学の重要な転期と一致することを感じとってほくそ笑んでいる。そしてそれは、柳田の問題意識や関心が、その時代の文学の状況からの距離感が隔たるほど、強烈に燃焼したことの証左でもあると言えよう。」（「独歩・藤村・花袋と柳田国男」）

この気持ちは、今も変わっていない。とくに、前者については、村井紀の『南島イデオロギーの発生――柳田国男と植民地主義』（平成四年（一九九二）四月、福武書店刊）で次のような批判を受けたが、なお一層、その気持ちは確信に近いものとなっている。

「例えば小田氏が言う、「日本の文学が、新しい出発点にしなければならない書」というようなものではない。『遠野物語』に対するこうした言説は、柳田が自然主義文学の同伴者であった事実も無視し、さらにはそこからも離れたところも無視し、彼のみが「文学」を見いだしたかのように物語るが、そうではない。また、もしここに「文学」を見るとしても、それは具体的な「文学」をもたらすものではない。つまり『遠野物語』を「出発点」とする「文学」などありはしないし、またできない。」

わたしは、花袋が『蒲団』で試みた内面描写は、昭和に入って「私小説」として確立したが、そうした方向にしか行かなかったのは、『遠野物語』的なものを文学から排除してしまったからだと言っているのである。柳田個人の文学性を、ことさらに強調したものではない。また、村井が指摘したように、わたしの論は、桑原武夫を基盤としていたことは事実である。桑原だけではなく、相馬庸郎や山本健吉らの批評の流れの中にあったと言っていい。村井は、そうした流れに無批判的に乗ってしまうことの危険性を指摘したかったのだろうが、村井の論調は、肝心なところを保留しながら、結論のみを強調し、過去に生きている人を現在の価値観で断罪するかのようで清々しくない。

最近は、『田山花袋宛柳田国男書簡集』(平成三年(一九九一)一二月、館林市教育委員会文化振興課編集)などの研究も進み多くの発見をみている。この時の柳田と花袋との関係を基礎に、柳田の文芸論をトータルにみようとする井口時男の研究も注目される。井口は、自分でまとめた『柳田国男文芸論集』(平成一七年(二〇〇五)一〇月、講談社刊)の解説で次のように述べている。

「一方柳田は、花袋らの仕事によって言文一致体が近代小説の文体として定着したのちに、あえて文語体によって『遠野物語』を書いたのである。それなら、『遠野物語』は、近代文学が確立した時代に近代以前の文学の復権を、また、「文章」が破壊された時代に「文章」の復権をひそかに、主張する「文学作品」だったということもできるだろう。」

ケルト文化へのいいとこどりをした『指輪物語』や『ハリポッター』を豊かな文学と評価するつもりはないが、わが国においても、宮沢賢治や東北の民間伝承などと合体した『遠野物語』的なるものの面白い文学が花開く日もそう遠くはないと思うのである。

特集　明治時代と『遠野物語』

心霊データベースとしての『遠野物語』——神秘主義の視点から

一柳廣孝

一　同時代のなかの『遠野物語』

『遠野物語』を民俗学というフレームから解き放ち、同時代の多様なコンテクストからテクストを捉え直す試みが、近年さまざまな形でおこなわれている。「神秘主義」という視点から『遠野物語』を分析する試みもまた、その一環として考えられよう。このとき、しばしば引用されるのが田山花袋・柳田国男編校訂『近世奇談全集』（明治三六年（一九〇三）、博文館）序言の、つぎの一節である。

霊といい魂といい神という、皆これ神秘を奉ずる者の主体にして、わが小自然の上にかの大宇宙を視、わが現世相の上にかの未来相を現ずるものの謂なり。現実に執し、科学に執するものは、徒に花の蕊を数うるを知りて、その神に冥合する所以を知らず、星の所在を究むるを知りて、その人の身に関するところあるを知らず。況んや人の生の秘鑰をひらきて、かの真理の髣髴に接するに於いてをや。……〈中略〉……

されどこの平凡なる人の世に、猶その反響なきところに反響をもとめ、寂寞極れるところに意味を求むるもの無しとせんや。聞く、二十世紀の今日に当りて、泰西またモダン、ミスチシズムの大幟を掲げて、大にその無声の声、無調の調を聞かんとするものありと。吾人極東の一孤客といえども、曾て寂寞の郷に成長し、霊魂の高きに憧れ、運命の深きに感じたるの身、いかでかその驥尾に付して、わが心地をして、鏡の如く明かならしむるを願わざらんや。近世奇談全集一巻、これ吾人が其素志を致せしもの、敢て神秘の深奥に触れしもの多しというにあらざれど、亦わが国近世に於ける他界の思潮を尽したるものなりと信じて疑わず。

この序文が花袋、柳田いずれの執筆かは判然としないが、少なくともこの序文が同時代の西欧神秘思想を意識したものであることは事実であり、しかもここでは「その驥尾に付」する勢いを表明してさえいる。「神秘の深奥」、または「他界の思潮」に対する強い関心。横山茂雄は、柳田が言及していたイェーツやメーテルリンクがオカルティズムや心霊思想に傾倒していたことから、柳田にも同様の指向が内在していた可能性を暗示している。(1)

ただしこうした柳田の関心は、個人的なレベルの問題だけではなく、同時代の文脈を意識せずには語れないものである。この点について横山は、つぎの三つの文脈に注目している。まず、文壇における怪談の流行。つぎに、本邦怪異文芸の伝統。そして、欧米神秘思想の流入。(2)

明治四〇年代における怪談の流行については、『怪談会』（明治四二年（一九〇九）、柏舎書楼）の刊行、『新公論』（明治四四年（一九一一）四月）の妖怪特集号、『新小説』（明治四四年一二月）の妖怪百物語特集などをその成果として捉えることが多い。ただし、これらの「怪談」と『遠野物語』とは一線を画す。たとえば石井正己は、『遠野物語』に収録された話と同じ素材を用いて書かれた水野葉舟の「怪談」ものと『遠野物語』のそれとを比較検討した結果として、『遠野物語』が同時代の流行から離れ、孤高のテクストとなった最大の理由は「怪談」との決別にある、と指摘している。(3) 不思議な現象それ自体よりも、現象の原因に関心を抱くという姿勢の相違である。

また大塚英志は「「怪談の時代」にあって同時代の文学者が政治的出来事に背を向け「怪談」に逃避していくか、あるいはオカルティズムへと傾斜していく中で柳田国男はむしろ、政治的な言説としての「山人論」を立ち上げようとしている。それは同じ原『遠野物語』に触れながらオカルティズムを選択した葉舟と民俗学を立ち上げた柳田の差異と言い換えてもよい」と述べ、さらに「柳田は「文学」のレベルのみならず、政策のレベルでも「現実」を更新しようとするリアリストであり、両者に錯綜する形で根差したのが、柳田の民俗学であった」とする。当時文壇に広がっていた「怪談」とは、あくまで「私」の物語、「私」と世界との関わりの物語であり、それに対する柳田の冷静さは、「現実」と自分との関わりの図式をめぐる新たな世界像の構築にもとづいていたと、大塚は言う(4)。大塚の指摘は『遠野物語』の政治性、現実性を強調するものであり、一見「怪談」の集積にも見える『遠野物語』の独自な戦略について詳説する。

さて、江戸以来の怪異文芸の流れについては、東雅夫のつぎの指摘がある。「柳田は彼独自の方法論による新時代の百物語本を作り出そうとしていた」「他方（諸国）の怪異談に通暁した人物が、「夜分おりおり訪ね来たり」て、語り聞かせた話の数々を、自分は書き留めて上梓することにした……これは近世の百物語本作者が、その序文においてしばしば開陳する刊行の由来と、少なくとも形の上では瓜ふたつなのである(5)」。

怪談会をふまえた「座」の文芸は、現代に至るまで形を変えて継続している。これらの枠組みが「事実」であることを前提にした上で成立していることを意識すれば、現代にあって「実話怪談」と呼ばれているジャンルは、この系譜に位置づけられるだろう。この「事実」という枠組みが『遠野物語』にも採用されていることは、言うまでもない。

そして最後の点、欧米神秘思想の流入について。ここでいう神秘思想には、かなりの幅が存在する。メスメリズム、催眠術、スピリチュアリズム、サイキカル・リサーチ、神智学など、明治三十年代後半の「煩悶の時代」を契機に広がった、精神至上主義の流れを組む一連の思想潮流である。肉体に対する精神の優位を主張する時代のなかで、一連の神秘思想は、唯物論を基盤とする科学的思想に対するアンチテーゼとして、大きな意味をもった(6)。

なかでも科学による霊の探究、いわゆるサイキカル・リサーチに対する注目度は高かった。「煩悶の時代」のベストセラー、黒岩涙香『天人論』（明治三六年、朝報社）には、次の一節がある。「実に心霊の現象は人智に絶するほど玄妙なり。故に最近十年来、独、仏、英、米、等の学問の中心と称すべき所にして『心霊研究《サイキカルリサーチ》』の学会起らざる所は殆ど有ること無し、而して其の研究の結果として報告する所は、寡聞なる吾人の知り得たる範囲に於いては、悉く霊魂の実在と其の不滅とを客観的に証明せるに非ざるは莫し」「思うに、廿世紀の学問は『心霊』を以て第一の問題と為すなる可し、今既に学者の頭脳は之れに集中せんとする傾向あり」。

先にあげた『近世奇談全集』序言の「二十世紀の今日に当りて、泰西またモダン、ミスチシズムの大幟を掲げて、大にその無声の声、無調の調を聞かんとするものあり」は、涙香の言説と共鳴しており、また「曾て寂寞の郷に成長し、霊魂の高きに憧れ、運命の深きに感じたるの身、いかでかその驥尾に付して、わが心地をして、鏡の如く明かならしむるを願わざらんや」という編者の宣言も、涙香の言う「廿世紀の学問は『心霊』を以て第一の問題と為すなる可し」を踏まえての発言であるように見える。

ただし、柳田が西欧心霊学（スピリチュアリズム、サイキカル・リサーチ）に惹かれた痕跡は、残っていない。柳田のこだわりは、異なる方向に向いていたようだ。「怪談の研究」（明治四三年（一九一〇）三月、『中学世界』）で柳田は「怪談には二通りあると思う。話す人自身がこれは真個《ほんとう》の話だと思って話すのと、始めからこれは嘘と知りつつ話すのとこの二通りある。前者は罪が浅いが、後者は嘘と知りつつ真個らしく話すのだから罪が深い。のみならず嘘を作った怪談は聞いても面白くない」「私はこの頃世間でよく云う妖怪談にはさして興味を持たず、また不思議とも思っておらぬ。故に私は普通の妖怪でなく重《おも》に山男に就て研究し材料を集めている」と述べている。

ここで柳田がこだわっているのは「事実」性である。後に柳田は心霊研究家の岡田建文と親しく接し、彼の『動物界霊異誌』（昭和二年（一九二七）、郷土研究社）に書評を寄せているが、そこには「けしからぬ者は通例事実をよく知らぬ人の中に多い。前から先生の論法を予期して、そうだと直ぐいう者にはこれ程の証拠は無用である。同派引導と異派退治を一つの本で片づけるのは混乱に陥り易い。まず事実をもって未信者を動かし、証明は尋ねてくるまでお待ちなさるように」とある。[7] ここでのポイントは「事実」の収集である。

また、文壇で流行する怪異譚について、柳田は「怪異」の内実を「不思議」だと考えてはいないし、話の独自性、一回性にこだわっていない。たとえば柳田は「己が命の早使い」（明治四四年一二月、『新小説』）で「『遠野物語』に、ああ云った風の話を、極くうぶのままで出そうとした結果、鏡花君始め、何だ、幾らも型のある話じゃないか、と云うような顔色《かおつき》をした人が、段々あったけれども、負け惜みのようだが、自分は、あれを書いてる時から、あの話が遠野だけにしかない話だとは思っていなかった。寧ろ、西は九州の果にまで、類型のあるのを、珍重したくらいだった。けれども、それを列記したらば、本の面白みが減ると思って、木地を出す事にばかり苦心したのである」と述べている。

とはいえ、彼の関心が「事実」にあるとしても、その「事実」を支えるデータとして彼が「怪談」を収集していることは興味深い。そしてそれは、おそらく『遠野物語』が、当初はきわめて限定された読者に向かって書かれたことと関係しているはずだ。当初の『遠野物語』の読者とは、大塚英志が指摘するように「明治四十年前後の柳田周辺の文学サークル」のメンバーであり[8]、より絞り込んでいえば、水野葉舟と佐々木喜善ということになるだろう。

二　水野葉舟と心霊学

言うまでもなく『遠野物語』は、水野が柳田に佐々木を紹介することでテクストとなり得た訳だが、この三者が共有し得たフレームは、体験の「事実」性への眼差しだった。横山は言う。「佐々木の物語が具体的な日時や固有名詞が同定可能な実話、体験談、「現在の事実」のかたちをとっているがゆえに、柳田、そして水野は心を魅かれたのだ。動機こそ異にすれ、怪異譚をみずからの研究の核心を成す目撃記録、体験記録とみなす点において、両者は共通していた[9]」。

ここで横山が言う「動機」とは、水野の場合、心霊学的な問題系である。「水野葉舟の「幽霊研究」」（大正二年（一九一三）九月九日、『東京日日新聞』）によれば、彼は明治四二年前後から幽霊研究を始めたという。明治四三年から話題になっていた「千里眼」についても彼は言及し、新科学として研究すべきであると主張したのちに、今後も系統的に幽霊などの怪異について研究を発表し、外国の有名な書物の解説、研究を進めるため、年に四回著書を公にしたいと、その抱負を語っていた。事実水野は大正期にかけて、数多くの心霊関連の文章、翻訳書を発表している。[10]

水野は「遠野物語を読みて」（明治四三年一二月一八日、『読売新聞』）で「これと言う系統のついていない、種々な人の、種々な方面に対する記憶が、それが、しかも話す人の思い出すままに話して行ったものであるが、こう一冊になったものを読み了ると、その後に遠野一帯の生活が彷彿として横わっている。僕はこの書を読み了った時には、一種不思議な感じがした。僕はやはり、初めの通りに、フェヤリー・テールスを聞く気で読み始めていたのに、読み了ってしまった時には、山奥の或る部落の生活が頭に残っていた」と述べている。柳田の「事実」認識に沿った読後感だが、水野がこのあと「この書に連関して思い出した話」として書き留めているのは、クリスチャン・ネームを連想させる名前の話、はやり神の話、そして二つの怪談めいた話だった。

水野の眼差しから見た場合、『遠野物語』は心霊学的なデータベースの意味を有しはじめる。水野は心霊学から多くを学び、特にＳＰＲ（英国心霊研究協会）の「死の瞬間に現れる幻影」に関する研究を意識していた。その根本には、次のような水野の認識が存在する。「人間の五感と言うものは、宇宙の無際限の中にあって、極めて小さき範囲に限られているものである。耳にしろ、目にしろ……。凡てのものはこれを発達させさえすれば、更に広く、深き宇宙を見る事が出来るものである。同時に、人間が今、知り得ている事は極めて小さいものである。しかし吾々が生存している上から見れば、吾々は自分以外、以上の世界も知りたいではないか。それも出来るだけ正確明晰に、吾眼前の世界と同様に知りたいではないか。自分が、この怪談の研究はただここから入ろうとする或る一の道である。自分はただあまり現実に執着し、吾々の感覚に安住するにたえぬ。更に広き世界をも見たく思う[11]」。

不可視世界を認識したいというあくなき欲望。そこに至るためのルートとして、水野は怪談研究を位置づけている。では、彼の眼差しを通して『遠野物語』を読み返してみたとき、そこには何が見えてくるのだろうか。

三　心霊データベースとしての『遠野物語』

心霊学的なデータになり得る話は、『遠野物語』全一一九話中、一二話ある。以下、簡単に紹介する。

10 菊池弥之助が深夜、奥山で女の叫び声を聞いた。里へ戻ったら、同日同時刻に、妹が息子に殺されていた。

22 佐々木の曾祖母が亡くなった晩、裏口の方から足音が聞こえ、亡くなった老女が座敷の方へ歩いていったのを、祖母と母が見た。

23 同じ人の二七日の逮夜、門口の石に老女が腰掛けて、あちらを向いていた。その後ろ姿は、正しく亡くなった人だった。

77 田尻長三郎が葬式に出かけた帰路、男が軒の雨落の石を枕にして仰臥していた。見も知らぬ男で、死んでいるようだった。膝を立て口を開いていた。跨いで家に帰った。明くる朝行ってみたが、跡形もなかった。

78 山口の長蔵が夜遊びの帰り、主人の家の門の前で、浜の方から来た人と会った。畠地の方へ男はそれたが、そこには垣根があって移動できない。後で聞けば、同じ時間に新張村の某が、浜からの帰り道に馬から落ちて死んだという。

79 この長蔵の父が若い頃夜遊びに出て宵のうちに帰り、門口から家に入ったら、人影があった。近寄ると懐手のまま玄関から中に入った。上を見たら、その男が玄関の雲壁にくっついて、自分を見下ろしていた。

81 前川万吉が死ぬ二、三年前、夜遊びから帰って縁の角まで来たとき、何となく雲壁を見たら、これに付いて寝ている男があった。青ざめた顔色の男だった。

82 田尻丸吉が少年の頃、ある夜、便所に行こうと茶の間に入ったら、座敷との境に人が立っていた。そこへ手を伸ばして探ったら、板戸に突き当たった。そして手の上に重なるように、人の形があった。

86 豆腐屋の政の父は、大病で死のうとする頃、普請に出かけ地固めの堂突に参加し、暗くならない頃に皆と帰ったというが、その時刻が、ちょうど病人が息を引き取った時だった。

87 ある豪家の主人が命の境に臨んだ頃、菩提寺を訪ねて和尚と世間話をして帰った。この晩、主人は亡くなった。もちろん、外出できる状態ではなかった。和尚が出したお茶は、畳の敷合せに皆こぼしてあった。

88
何某が本宿から来る道で、かねて大病をしていた老人と出会った。老人は、寺へ話を聞きに行くと言う。常堅寺の和尚は、茶を進めてしばらく話した。門の外で老人は消えた。お茶は畳の間にこぼしてあった。老人はその日、亡くなった。

97
菊池松之丞は傷寒で、たびたび息がとまった。気がついたら田圃に出て、菩提寺に急いでいた。足に少し力を入れたら空中に浮かんで、心地よく進んだ。寺の門に近づいたら群集があった。何事かと門の中に入ったら、見渡す限り、紅の芥子の花が咲き誇っていた。花の間に、亡父が立っていた。「お前も来たのか」と言う。さらに進んだら、亡くした息子がいた。「とっちゃ、お前も来たか」と言う。「お前はここに居たのか」と近よろうとしたら「今来てはいけない」と言う。この時、門の辺りで自分の名前を呼ぶ者があった。うるさくてしょうがないのでいやいや引き返した。と思ったら、正気づいた。

99
北川福二は先年の大津波で妻子を失い、生き残った二人の子と屋敷跡に作った小屋で一年ほど過ごした。夏の初めの月夜、便所に起きたら、霧の中から二人の男女が現れた。女は亡き妻だった。後を追い、声をかけた。今は大津波で亡くなった男と夫婦になっていると言う。足下を見ているうちに、男女は足早に立ち去った。

100
漁夫の某が仲間と夜更けに小川のある所で妻に会う。しかし夜中にこんな所にいるはずがないと思い、魚切包丁で刺し殺す。後のことを仲間に頼んで家に帰ってみると、妻がいた。山道で何者かに脅され、殺される夢を見たという。さてはと思い元の場所に引き返してみたら、殺した女は狐になっていた。

以上一二の話について、柳田は10を「昔の人」、22、86〜88、97、99、100を「魂の行方」、23、77、81、82を「まぼろし」、78を「前兆」と分類している。石井正己監修『遠野物語辞典』（平成一五年（二〇〇三）、岩田書院）は

「魂の行方」について「「生者や死者の思い」がなんらかの形で肉体から遊離するという内容の話がほとんどであ」り「そのように遊離した「生者や死者の思い」を、ここでは魂としているようである」とし、また「まぼろし」については「人の姿をしているが、生身の人間ではなく、姿が突然現れたり消えたりするもの」と解説している。

一方、これらの話を心霊学的な問題系にしたがって分類すると、次のようになる。

A　死に瀕した親族との感応（10）
B　死の直後における死者の顕現（22、23、78）
C　霊と思われるモノとの遭遇（77、79、81、82）
D　死の直前に生者が離れた場所に顕現（86、87、88）
E　臨死体験（97）
F　死者との対話（99）
G　遊離魂（100）

明治後期の心霊学的世界にあって、これらのテーマは頻繁に取り上げられている。たとえばアディントン・ブルース原著、忽滑谷快天・門脇探玄訳『心霊之謎』（明治四四年、森江本店）では「人心の隠れたる部分より生ずる一種の能力」として「伝心術」を捉え、「伝心的通信が血族又は友情の連鎖を有する人々の間に最も屡行わるると同時に、単に其名を知れる人又は其姓名だも関知せざる人々の間にすら行わるること」を指摘している。

Aの例は、その意味では典型的な「伝心的通信」例となる。水野「テレパシー」（『怪談会』所収）は「怪談の中でも、人間が死ぬ断末魔の刹那に遠く離れている、親しい者へ、知らせるというのは、決して怪談というべき類では無かろうと思う。これは立派な精神作用で、矢張一種のテレパシーなのだ」と述べているが、これもまた『心霊之謎』の指摘に連なるものだろう。

また水野は「怪談」（明治四四年四月、『新公論』）のなかで「臨終の人が、離れた処に姿を表して見せたと言う話は、非常に多い。大抵の怪談と言えば、狐狸に干係《ママ》のある事か、でなければ、この話である。殊に現在、生きた人の口から親しく見た、聞いたと言って話される話の九分通は、この臨終の話である。自分の考えでは、或はこれは、現に生活している吾々の肉体の中のエネルギーの働きの一つではないかと思う事さえある」と言う。

このあと水野は、『遠野物語』におけるDの例、ことにお茶が畳の間にこぼしてあったという箇所に目を向け、「物質が、生きた人が動かすと同様に動かされてある」事をどう解釈すべきか、と疑問を投げかけながら、「これ等の話が、或る好事家の幻だけとは言われないだろう」と述べている。水野から見て『遠野物語』は貴重なデータベースであり、その後の水野の怪談収集に、一定の影響を与えたものと思われる。そして水野の言説の背景には、SPRをはじめとする心霊学的な言説が存在している。

その一方で『遠野物語』は、同時代の心霊学書にも影響を与えている。たとえば高橋五郎『霊怪の研究』（明治四四年、嵩山房）は「霊魂が生前死後に現わるるは、其例世の中に極めて多ければ、孰《いずれ》の例を挙ぐるも然のみ選ぶ所なし、大同小異なれば也」と、B、Dの例が非常に多いことを指摘したのち、『遠野物語』88話を引用しており、また「人と人との間に至りては、実に霊的関係の複雑なる真に絶妙なる者あり、霊魂既に存在するが故に、千態万状にして世に其意を通ずるや固より怪しむに足らず」と述べたのちに、『遠野物語』から97話を引用している。同書には他にも、78話が引用されている。『霊怪の研究』は、明らかに『遠野物語』を「現代」の超常現象のデータベースとみなしているのだ。

『遠野物語』を民俗学というフレームから解き放ったときに見えてくるのは、同時代の錯綜した文脈との接触、連合、切り離しの諸相である。また『遠野物語』のふるまいは、一方で同時代の文脈に影響を与え、相互干渉的な場を形成している。ここでは特に神秘主義の文脈に注目し、『遠野物語』の織り成している場を確認した。民俗的な霊魂観と結びつく「魂の行方」などの一連の話群は、心霊学的な文脈にあってはその補強剤として機能し、また受容されてもいたのである。

注

（1）「怪談の位相」、横山茂雄編、水野葉舟著『遠野物語の周辺』所収、二〇〇一年一一月、国書刊行会。

（2）（1）と同。
（3）『遠野物語の誕生』、二〇〇〇年八月、若草書房。
（4）『怪談前後――柳田民俗学と自然主義』、二〇〇七年一月、角川選書。
（5）『百物語の怪談史』、二〇〇七年七月、角川ソフィア文庫。
（6）当時の心霊学、メスメリズム、催眠術の流行については、一柳『〈こっくりさん〉と〈千里眼〉――日本近代と心霊学』（一九九四年八月、講談社選書メチエ）、同『催眠術の日本近代』（一九九七年一一月、青弓社）参照。
（7）「岡田蒼溟著『動物界霊異誌』」、一九二七年五月一三日、『東京朝日新聞』。
（8）（4）と同。
（9）「「怪談」の近代」、二〇〇五年一一月、『日本文学』。また柳田、佐々木、水野と『遠野物語』との関係については、姜竣『紙芝居と〈不気味なもの〉たちの近代』（二〇〇七年八月、青弓社）も参照。
（10）『遠野物語』の周辺』参照。
（11）「躍るお化・上」、一九一〇年一月、『日本勧業銀行月報』、『遠野物語の周辺』所収。

特集　明治時代と『遠野物語』

『遠野小誌』が見た郷土

石井正己

一　鈴木吉十郎という郷土研究者

明治四三年（一九一〇）に『遠野物語』が発刊されて、まもなく一世紀になる。思えば、遠野では、話し手の佐々木喜善（一八八六〜一九三三）はもとより、台湾人類学の泰斗伊能嘉矩《いのうかのり》（一八六七〜一九二五）をはじめとして、多くの郷土研究者が現れた。佐々木や伊能の業績は孤独な活動から生まれたわけではなく、多くの同志の感化を受けながら切りひらかれたのである。

日本の中でどこよりも早く、遠野で郷土研究が自覚されたのは、『遠野物語』の刺激が大きかったたちがいない。柳田国男自身は地元の人々に『遠野物語』を読まれることを恐れていたが、遠野町内の有志のもとには五、六冊が来ていたという。やがて昭和八年（一九三三）になると、遠野町郷土座談会・遠野物語朗読会は謄写版の『遠野物語』を印刷して、序文で『遠野物語』を「名著」と讃えるようになる。

こうした動きの渦中で、最も熱心に郷土研究と郷土教育に向き合ったのは、鈴木吉十郎（一八五八〜一九二二）と重男（一八八一〜一九三九）の親子であった。

吉十郎は附馬牛《つきもうし》南部家の家老の家に生まれ、鈴木家の養子となった。幼い頃から漢学者であった父の薫陶を受け、若い頃から郷校信成堂で教育に当たった後、岩手教員講習所で学び、卒業後は遠野各地の小学校に勤めた後、長年にわたって遠野町役場に勤めるが、その傍ら郷土研究や南部家研究を進めたのである。

その子重男も岩手師範学校を卒業後、大槌・土淵の小学校に勤めたが、父没後の大正一三年（一九二四）、収集した郷土資料をもとに、個人経営の遠野郷土館を開設した。一階は図書室、二回は標本室にしているので、今で言えば、図書館と博物館を併設した施設だった。しかし、昭和二年（一九二七）の火災で類焼し、すべての資料を焼失してしまい、その後は盛岡に出て、岩手県教育会で活躍している。

重男は佐々木と年齢も近く、佐々木の地元土淵小学校の校長を勤めたことから、親しい交流があった。自ら『土淵村今昔物語』などをまとめただけでなく、昭和一〇年（一九三五）発刊の『遠野物語　増補版』に入る「遠野物語拾遺」にも、多くの資料を提供している。重男は佐々木の仕事を支えた人間として評価されねばならないが、今、『遠野物語』発刊の時代を考えるに当たって重要なのは、父吉十郎の業績である。

昭和五二年（一九七七）発行の『遠野市史　第四巻』の「人物」の項では、「宇夫方寂怡《うぶかたせきい》、八戸宜民《はちのへよしたみ》らに刺激され、郷土史の研究に没頭し、『遠野小誌』、『遠野士族名簿』、『山奈宗真伝』などを著わした」とする。教員や吏員の仕事の傍ら、私生活は郷土研究に熱中したものと思われるが、こうしたライフ・スタイルは、吉十郎だけではなく、かつての郷土研究者の生き方であった。

宇夫方寂怡（一六八八～一七六八）は宇夫方広隆が家督を譲った後の名前である。江戸中期の遠野における碩学として知られ、『遠野古事記』『阿曾沼興廃記』『八戸家伝記』など多くの著書があり、偉大なる先人として敬慕したものと思われる。八戸宜民（一八五〇～一八九六）は郷里を同じくする先輩であり、遺稿『遠野史談』は、明治三六年（一九〇三）、吉十郎によって編纂・発行されている。

吉十郎の著書のうち、『遠野士族名簿』は明治三三年（一九〇〇）に自費出版されたもので、遠野旧臣の士族復籍を図った名簿である。『山奈宗真伝』は明治四四年（一九一一）、上閉伊郡農会から発行されたもので、殖産興業に尽くした山奈宗真（一六四七～一九〇九）の小伝である。それらの著書に比べて、これまでほとんど注目されてこなかったのが、明治四三年に発行された『遠野小誌』である。

この『遠野小誌』は四六版、九三頁の小冊子で、発行は八月一五日になっているので、六月一四日に発行された『遠野物語』から二カ月後に当たる。『遠野物語』の生まれた時代に、地元の郷土研究者が著した「郷土誌」が存在するのである。

印刷所は盛岡市の九皐堂だが、発行所の記載はなく、著者兼発行者が鈴木吉十郎なので、『遠野物語』と同じ自費出版だったことになる。売捌人として遠野町の伊藤豊吉の名があがっているので、販売されたことも知られる。定価は二五銭であり、『遠野物語』の半額に相当する。

「緒言」には「明治四十三年孟春」と見えるので、春の初めに原稿はできていたと思われる。それは、柳田が明治四二年（一九〇九）、『遠野物語』の草稿を書き終え、遠野を訪れた後、『石神問答』の往復書簡に没頭している時期に当たる。『遠野小誌』は二カ月遅れたが、同じ時期にそれぞれが刊行の準備を進めていたのである。柳田や佐々木と吉十郎がこの時期に関係があったということは確かめられない。まったく不思議な因縁としか言いようがないが、それぞれが時代の雰囲気を同じように感じていたことに拠るのだろう。

成城大学民俗学県有所の柳田文庫の蔵書には『遠野小誌』が含まれていて、これはサインから伊能が柳田に贈ったことが知られる。伊能は明治四二年八月、柳田が遠野を訪れた折に会っていて、その後も書簡の往復が続いていた。吉十郎が直接贈っていないということは、柳田との間に面識がなかったことをうかがわせるのではないか。同じ時期に、『遠野物語』と『遠野小誌』が書かれていることを知っていたのは、おそらく伊能だけだったにちがいない。そうだとすれば、この後に見る、伊能が寄せた「遠野小誌叙」は、一方で柳田が『遠野物語』を準備していることを意識しつつ書かれたと見るべき文章になる。

二　『遠野小誌』発刊の意図

『遠野小誌』は、目次と本文に先立って、男爵南部義信の書「深造」（明治四三年六月）、伊能嘉矩「遠野小誌叙」、「鍋倉城趾／鍋倉神社／竹仙」と「ゆるき松／雪重書」の絵、「遠野八景之内　六角牛山の秋月」と「遠野八景之内愛宕の夕照」の絵、「上閉伊郡西部一町十村の図」、「遠野町ヨリ各地里程」、「遠野町図」、編者識「緒言」（明治四三年孟春）を収めている。

伊能は吉十郎から見れば後輩に当たるが、依頼されて「遠野小誌叙」を寄せたのだろう。末尾には、「辱知　伊能嘉矩謹識」とある。「辱知」は知人であることの謙譲語である。末尾に年月は入っていないが、原稿または校正を見た上で、これを書いたのであろう。一方で、柳田の『遠野物語』発刊に向けた作業が続いていることを知っていたのであるから、地元からの発信であることを十分意識していたはずである。

この序文は、まず遠野の歴史を簡潔にまとめている。遠野窪地が湖水に起源を持つことに始まり、延暦二〇年（八〇一）の田村将軍の蝦夷討伐、大同初年（八〇六）の早池峰山の闢開、嘉祥年間（八四八〜八五一）の僧慈覚の巡遊による遠野七観音の設置、文治年間（一一八五〜一一九〇）の阿曾沼氏による遠野十二郷の統治、寛永年間（一六二四〜一六四四）の南部氏の移封までをたどったうえで、「遠野に於ける郷土史研究の価値、蓋《けだ》し多大なるものあるを見るべし」と結んでいる。

この列挙は伝説までも歴史化して考えている点で問題がなくはないが、その是非よりも重要なのは、遠野が「郷土史研究」において「価値」のある場所だという認識である。『遠野物語』も遠野という場所を切り取っていて、その点では『遠野小誌』の枠組みと一致するが、「郷土」という言葉はまったく見られなかった。それに比べて、この『遠野小誌』を位置づけるために、「郷土史研究」という言葉で認識している意味は大きい。

さらに重大なのは、それに続く一節である。

先輩鈴木君士夙《つと》に郷土史誌の研究に趣味を有し、殊に遠野の史誌に造詣深く、同郷の人其の沿革を審《つまびらか》にせんと欲する必ず君に質《ただ》し、他郷の士其の情形を悉《つく》さんと欲する先づ君に問ふ。君日者多年の実査蒐集《しうしふ》に拠りて得たりし資料に本づき、遠野小誌一篇を著はして世に公にす。余は将来遠野研究者が依りて以て指針に取るべきのみならず、地方観遊の人士も亦《また》之を以て問路の資と為すべきを信ぜんとすると共に、此著《いちじ》るしき貢献に対して敬重の念を払ふを禁ぜざるものあり。其の蕪辞の題叙を添ふる、豈《あに》之を栄とせざらんや。

ここでは、先の「郷土史研究」を「郷土史誌の研究」と言い換え、鈴木吉十郎の「郷土史誌の研究」は、同郷の人や他郷の士が遠野の「沿革」と「情形」を知るために重要な意味を持つことを指摘する。その成果である『遠野小誌』は、「日者多年の実査蒐集の拠りて得たりし資料」によって書かれたという。この「実査」は現地調査、「蒐集」は文献収集を意味する。「実査」という点では、柳田の遠野旅行と対応するが、「蒐集」という点では、聞き書きを主とする『遠野物語』とはずいぶん距離がある。

　さらに注目されるのは、『遠野小誌』の意義として、「遠野研究者」の「指針」になり、「地方観遊の人士」の「問路の資」となるという二点を挙げていることにある。「地方観遊の人士」の「問路の資」というのは、今で言えば、観光客の案内書ということになる。『遠野小誌』は、研究者の資料であるだけでなく、観光客の案内書にもなるというのである。この時期、東北本線が開通していたにしても、遠野で観光客の誘致がどれほど進んでいたかはわからない。しかし、口絵の「遠野町ヨリ各地里程」は交通網であり、「遠野八景」は新名所の創出であることを思えば、観光が意識されているように思われる。研究と観光の両面を同時に満たす書物を作るという戦略自体、時代を遥かに先取りしていたことに気がつく。

　これに対応するようにあるのが、吉十郎の「緒言」である。四項目からなるが、第一項に、「本編は主として上閉伊郡西部一町十村の地理沿革勝地旧跡等の梗概を記したるものにして、歴史上の考証に資すべき関係の、此地方の観蹟探勝の士の栞《しをり》と為さんとするにあり」と、発刊の目的を述べる。「観蹟探勝の士」は、伊能の「観遊の人士」に近いが、「歴史上の考証に資すべき」からは「研究者」も念頭にあるので、やはり両方を含んでいたのだろう。

　第二項に、「碑文及び文書等数多《あまた》あれども、自ら本編期する所の目的の外に渉《わた》るを以て、殊に最近の建設に係るもののみを掲げて、其の他を省略せり」と、掲載の方針に触れる。吉十郎は多くの「碑文及び文書」を収集していたはずであるが、それらは「本編を稿するに際し参考に資せし図書」に過ぎなかったのである。「最近の建設に係るもの」としては、例えば、「遠野町」の「栃洞溝」に八戸宜民撰の「栃洞溝碑銘」の碑文を引用したことがあげられる。しかし、この碑はすでになくなっていて、『遠野小誌』でしか知ることができない。

第三項には、「本編の稿を起すに方《あた》り、専ら実際の情況を直写して現在の位置に矛盾せざらんことを記するに力《つと》め、公務の余暇、或は上郷に徘徊して寺僧を訪ひ、或は下郷に逍遥して里老に質《ただ》し、傍ら古書を参照し金石を攻覈《こうかく》し、以て記事の杜撰《ずさん》を避くるに注意を払へり」と、叙述の方法を明かす。これは伊能の言う「実査」の実態であるが、「実際の情況を直写」することを心掛け、そのための時間を「公務の余暇」に充てたというのは、意外なほど『遠野物語』と柳田国男の関係に近い。

第四項には『遠野旧事記』以下、三三種の文献が挙げられているが、これは伊能の言う「蒐集」に相当する。『南部叢書』もなかった時期であるから、多くの文献は写本のままで見ていたはずである。『遠野小誌』は小さな本であるが、ここに至るまでの蓄積は並大抵のものではなく、伊能の言う「日者多年の実査蒐集に拠りて得たりし資料」をもとにまとめられたことは確かであったと思われる。

三　『遠野小誌』が書く明治の遠野

構成は、目次を見れば一目瞭然だが、まず「地誌」「沿革」があり、その後は「遠野町」「松崎村」「綾織村」「附馬牛村」「鱒沢村」「小友村」「青笹村」「上郷村」「土淵村」「宮守村」「達曾部村」の一町十カ村に分類する。こうした構成は、後の市町村史の原型になってゆくものであろう。それぞれの町村についての叙述の順序には規範が見られ、まず官公衙・町役場・小学校などの公共施設に触れ、その後には神社・仏閣・史跡、そして名勝・名物が続く。それぞれの項目の叙述は簡潔で、無駄がないのが特徴である。

一方、『遠野物語』の一話は、題目で「地勢」に分類していて、その点では『遠野小誌』に近い。しかし、『遠野物語』はその後を一町十カ村に分類することはなく、題目でもそうした分類を行うことはない。『遠野物語』には、「郷土史誌」を網羅しようなどという関心はまったくないことがわかる。

しかも、『遠野物語』の話の数々は、話し手である佐々木が暮らした土淵村に集中している。それに比べると、『遠野小誌』は全体を視野に入れつつも、やはり遠野町に中心があることも、また明白である。それは、次のような叙述によく表れている。

此地は遠野南部氏の旧領地にして、一万三千石の治所ありし所。鍋倉城趾及び旧臣四百余名の邸宅を存し、街路平坦にして商家櫛比《しっぴ》し、交通の道路数条あり。西は日詰、花巻、岩谷堂、南は高田、盛《さかり》、東は釜石、大槌等、里程概《おほむ》ね相同じきを以て、古来七七十里六丁を小道一里とすと称し、海陸往来の頻繁なること、近郷に比《たぐひ》なし。毎月一六の日を以て市を開く。人馬の雑踏殆ど往来を絶つことあり。

　これは、遠野町の歴史と商業を表している。それは確かに、『遠野物語』の「遠野町は即ち一郷の町場にして、南部家一万石の城下町なり」（一話）や、「以前は七七十里とて、七つの渓谷各《おのおの》七十里の奥より売買の貨物を聚《あつ》め、其市の日は馬千匹、人千人の賑はしさなりき」（二話）に近い。しかし、「鍋倉城趾及び旧臣四百余名の邸宅を存し、街路平坦にして商家櫛比し」にしても、「西は日詰、花巻、岩谷堂、南は高田、盛、東は釜石、大槌等、里程概ね相同じきを以て」にしても、遥かに具体的である。それは、口絵にある「上閉伊郡西部一町十村の図」、「遠野町ヨリ各地里程」、「遠野町図」と見事に対応している。

　町の様子についての叙述は、「遠野尋常高等小学校」ひとつにもよく表れている。沿革を述べた後、「生徒年々増加して、数回増築せしも尚教室狭隘《けふあい》を告げ、本年大に敷地を拡《ひろ》め、学校園を設け、運動場を広くし、更に二棟を増築し、現在敷地二千四百二十一坪、建物四百三十坪、教員男八名女九名、生徒合計九百名あり」と結ぶ。「本年」「現在」という言葉に見られるように、明治四三年の現実に焦点を当てている。この点では『遠野物語』と一致する。しかし、『遠野物語』の関心がこうした生徒の増加や学校の増築にないこともまた明確である。

　他にも、近代化が進む様子は、例えば、「遠野機業場」の、「字坂の下丁にあり。旧信成堂の建物なりしが、明治四十二年五月遠野町費を以て設立す。須山足踏器械十余台を備へて、日々反物を織出す」や、「製糸場」の、「字坂の下丁にあり。明治三十四年鱒沢村より移せり。其建物は東西六間半、南北十五間、水力と蒸気力とを用ひて車輪を廻転し、工女四十名にて製糸す」に見られる。中央で進む機織と製糸という工業化にも深く関わって、産業振興を図っ

ていたのである。口絵の「鍋倉城趾／鍋倉神社」（上の図を参照）には、「遠野尋常高等小学校」や「遠野機業場」「製糸場」も描かれている。しかし、こうした明治四三年の現実もまた『遠野物語』に見られないことは、改めて述べるまでもない。

遠野町の叙述は、やがて、次のような「劇場」「遊廓」といった盛り場の繁栄に及ぶ。

劇場　遠野町に古来劇場なし。演劇を催すことあれば、寺院或は野外に仮舞台を構ひて興行するのみ。故に風雨に遭ふときは順延するを常となす。嘗《かつ》て一日市《ひといち》に仮劇場ありて多年の間興行せしが、構造固《もと》より適せざるを以て、其筋の允《ゆる》さゞる所となれり。明治四十一年六月、劇場二ケ所一時に成る。一は砂場丁にあり、多賀座といひ、一は新屋敷丁にあり、吉野座といふ。其構造略々《ほぼ》相似たり。桟敷を数段に区分し、内外の結構観るべし。

遊廓　字裏町に設く。大小の妓楼数戸、寿楼、福田楼、幸寿楼、旭楼、大橋楼等其名著《あら》はる。固より之を盛都の花街、四時不夜の城を粧《よそほ》ふに比すべからざるも、紅灯緑酒の間、長夜の豪快を買ふもの少しとせず。而して福泉亭、紫明館等の旗亭は近年の新築にして、楼上特に広闊多衆の宴会場に適すべし。其他廓内に三上亭、○安等の割烹店及び蕎麦屋けいらん屋等亦多し。廓外には新勢亭、梅川亭ありて頗る盛んなり。

「明治四十一年六月、劇場二ケ所一時に成る」にしても、「福泉亭、紫明館等の旗亭は近年の新築にして」も、やはり新しい遠野を叙述している。この他にも、「旅館」には、「字一日市町には村千代、高善の二旅館あり。近年の建築なるを以て館内清潔なり」とある。柳田が宿泊した高善旅館に触れるが、やはり重要なのは「近年の建築」という点にあることは、もはや述べるまでもないだろう。

　もちろん、神社・仏閣などに関する叙述は多く、「郷社鍋倉神社」には白井種徳の「謁鍋倉神社記」、「大慈寺」には「陸軍騎兵軍曹新里伝八郎碑銘」（明治三七年（一九〇四）五月）をそのまま引用している。そうした記録も、やはり明治になってからのものである。吉十郎の関心は、やはり新しくなってゆく遠野にあったのである。

　だが、昭和二八年（一九五三）にの『遠野町誌』では、「明治卅年——明治末年」の遠野町をまったく別に見ている。そこでは、遠野中学校の建設が財政負担を招き、日露戦争の勃発、東北地方の凶作があり、明治四三年八月に大洪水があったことを述べ、また一方では養蚕業振興や電話架設などを進めたことに触れて、「希望と急迫の交錯の中に明治は暮れ」と結んでいる。『遠野小誌』がこうした事実に触れていないことからすれば、吉十郎はどちらかと言えば、遠野の困窮は書かずに、その繁栄ぶりを強調したことがわかる。『遠野物語』だけでなく、『遠野小誌』にしても、その叙述には明らかな偏向があったのである。

四　『遠野小誌』と『遠野物語』の接点

　すでに見てきたように、『遠野小誌』の関心は遠野の町場にあったので、佐々木喜善の暮らした土淵村に中心を置く『遠野物語』との接点は思いの外少ない。しかし、どちらも書名に付けた「遠野」は遠野郷一町十カ村を指すので、時々両者の叙述が重なってくる場合がある。例えば、「土淵村」の「笛吹嶺」は次のように説明されている。

笛吹嶺　本村の東栗橋村の堺にあり。東海岸に往来する道路に当り、頗る峻嶮《しゅんけん》なり。山中風烈しく、為めに枝を鳴らす声、笛を吹くが如きに因《ちな》みて土名出づといふ。冬季雪中の往来困難なり。嶺上に小祠あり、死助《しすけ》権現と称す。

激しい風が枝を鳴らす音が笛を吹くように聞こえるので、笛吹嶺という土名が生まれたという地名起源譚である。『遠野物語』には、青笹村にいた継子の少年が馬放しに行き、四方から火をつけられて笛を吹きながら死んだという話が見えるが（拾遺二話）、それとは異なる。『上閉伊今昔物語』には、盲人や爺さんが遭難した話が見えるので（一四話、二〇六話・二〇七話）、笛吹峠という地名の起源譚はいくつもあったことになる。

笛吹嶺の嶺上に小祠があって、死助権現と称したことにも触れるが、「冬季雪中の往来困難なり」とあっても、そこに「死助」と呼ばれる権現が祀られた由来は、必ずしも明確ではない。『遠野物語』には、何の隼人という猟師に白い鹿が撃たれて逃げ、遂に死んだ場所を「死助」と言い、その鹿を死助権現として祀ったことが見えるが（三二話）、そうしたことは一切見えない。つまり、同じ「笛吹嶺」「死助権現」を説明していても、『遠野小誌』と『遠野物語』には接点がないことになる。

また、「和山嶺」は、次のようである。

和山嶺　本村の東北にある大槌道路にして、人馬の往来繁し。山甚《はなはだ》嶮ならずと雖《いへ》ども風烈しく、冬時積雪の候に至れば、道路雪に埋めらるゝを以て、丈余の木杭を数多《あまた》建てゝ目標となし、之を境木と呼ぶ。然れども風雪の為めに其杭も全く埋没し、遂に方途を失し、時として無惨の死を遂ぐるものあり。明治三十年の頃、村内新田乙蔵なる老父此処《ここ》に住みて助小屋と称し、旅客の凍餒《とうたい》を救ひしことあり。

『遠野物語』には、山男山女を恐れて、笛吹峠とは別の路を境木峠《さかいげとうげ》に開き、和山を馬次場としたことが見え（五話）、境木峠と和山峠の間で、駄賃馬を追う者が狼に逢ったことも見つかる（三七話）。一方、『遠野小誌』は、道路が雪で埋もれるので、木杭をたくさん立てたことに拠るという境木の地名起源譚をあげ、それでも「時として無惨の死を遂ぐるものあり」というが、具体的な話を引くことはない。

おそらく遭難がしばしばあったことを踏まえて、乙蔵が「助小屋」を経営した意義を説くのである。乙蔵は、『遠野物語』にも、遠野郷の昔の話をよく知る老人であり（一二話）、数十年の間、山の中に独りで住み、峠の上に小屋を掛けて甘酒を売って暮らしていたことが見える（一三話）。しかし、小屋を掛けたのは「旅客の凍餒を救」うためだというのとは異なり、そのために駄賃の徒に親しまれたことを強調するが、家族から離れて孤独死したことに触れて、この老人の境涯に同情を寄せている。しかも、『遠野物語』は「数十年の間」と曖昧だったが、『遠野小誌』は「明治三十年の頃」としていて、遠野の近代史にしっかり位置づけている。

『遠野小誌』には、新田乙蔵のような固有名詞が出ることは稀で、その点でも人名をかなり詳しく書いた『遠野物語』とは異なる。もう一人は「阿部屋敷」のところに見え、次のようになっている。

阿部屋敷　字土淵にあり。土地平坦にして耕地と相交る。周囲に壕の趾あり。天喜康平の頃、阿倍の一族拠りし処といひ伝ふ。地主阿部与兵衛の家に刀剣、轡《くつわ》、鐙《あぶみ》、槍等の古物あり。

『遠野物語』にも、「土淵村には阿倍氏と云ふ家ありて貞任が末なりと云ふ。昔は栄えたる家なり。今も屋敷の周囲には堀ありて水を通ず。刀剣馬具あまたあり。当主は阿倍与右衛門、今も村にては二三等の物持にて、村会議員なり。阿倍の子孫は此外にも多し」とあり、その後には八幡太郎義家と阿倍貞任の矢戦について述べている（六八話）。阿部屋敷は、今では観光名所になったカッパ淵の隣に当たる。すでに早くから、この家の素性を語る証拠品が広く取り沙汰されていたことがわかるが、『遠野物語』が叙述したような伝説に関する関心は見られない。

こうして、『遠野物語』と同じ時期に書かれた『遠野小誌』を置いてみることで、これまで単独にその価値が賞賛されてきた『遠野物語』の位相が明らかになるであろう。『遠野小誌』が「郷土誌」を志向して、研究と観光に寄与することをねらったのに比べれば、『遠野物語』の場合は一人の話し手の語る話に丹念に耳を傾けてまとめた様子が見えてくる。もちろん、それによって、『遠野物語』が貶められるどころか、話し手の佐々木と書き手の柳田の独特な関心の持ち方は、これまでよりいっそう明確になるはずである。

『遠野物語』は、序文で、その内容を「目前の出来事」「現在の事実」と規定したことがよく知られている。そうした関心は、実は『遠野小誌』にもあって、明治時代後半になって急速に進んだ遠野の近代化をまさに、「目前の出来事」「現在の事実」として書こうとしているのである。

もちろん、『遠野物語』が土淵村に重点を置いたのに比べて、『遠野小誌』が遠野町を重視しつつも、他の十カ村まで網羅しようとした違いは大きい。しかし、そうした範囲の違い以上に、明治四三年の遠野をどう見ようとしたかという認識の根本的な隔たりのほうが遥かに重要ではないか。同じ場所を書いても、接点が僅かしか見られないのは、そうしたことに由来するはずである。

こうして『遠野物語』と『遠野小誌』を並べて置いてみることによって、明治時代の遠野を立体的に把握する視野が生まれてくるだろう。それは、地元の研究者と中央の研究者の違いと関わりながら、後に展開される郷土研究や民俗学の役割と限界を考えてゆく出発点にもなるはずである。

さらには、戦後発行された『遠野町誌』がこの時代をまったく違う歴史認識でとらえていたことは、すでに触れた。編集に当たった遠野郷土研究会の編纂委員は、三浦栄、昆盛男、高室武八郎、正一喜平、田面木貞夫、山本精一、谷地実、伊藤英造、及川勝穂である。彼らはみな、戦後を代表する地元の郷土研究者であった。そこには、『遠野物語』や『遠野小誌』を包括しようとする認識が確かに存在しているが、歴史叙述を総合的にとらえる作業はまだ始まっていない。『遠野物語』の持つ位相を明確に知るためにも、『遠野小誌』は貴重であり、また『遠野町誌』も忘れることができない。

〔参考文献〕

・遠野郷土研究会編『遠野町誌』遠野町役場、一九五三年
・遠野市史編修委員会編『遠野市史　第四巻』遠野市、一九七七年
・石井正己『図説遠野物語の世界』河出書房新社、二〇〇〇年
・石井正己『遠野物語の誕生』若草書房、二〇〇〇年、筑摩書房、二〇〇五年
・石井正己『柳田国男と遠野物語』三弥井書店、二〇〇三年
・石井正己編・遠野高校社会科研究会著『上閉伊今昔物語』遠野物語研究所、二〇〇八年
・石井正己『『遠野物語』を読み解く』平凡社、二〇〇九年

特集　明治時代と『遠野物語』

『遠野物語』から「郷土誌」へ

佐藤健二

一　はじめに

明治四三年（一九一〇）に刊行された『遠野物語』は、いうまでもなく遠野郷とよばれた陸中（今の岩手県）の現実の町村と深く結びついた作品である。

しかし、これがいわゆる民俗学でいう「郷土誌」であるかといわれると、いささかためらう向きもあるだろう。「口承文芸」の作品として、あるいは伝説や昔語りの集成として評価するほうが、自然だと考えられているからである。

にもかかわらず、ここで論じようとするのは、『遠野物語』の背後にある、その方法の郷土誌性である。

このような見方の意義を正確に提示するためには、前提となる用意が要る。われわれの常識にすでに刻みこまれてしまった「郷土」のイメージの、切断とまではいわないが、精密な再調整が必要だ。郷土芸能の研究者であった新井恒易は、戦後の社会科創設期に「郷土科学」の復権を論じた一冊のなかで、郷土の研究といえば「郷土の特殊を基礎とする懐旧的、歴史趣味的な研究でもあるかの印象」〔『新教育と郷土の科学』西荻書店、一九四八年：二頁〕がつきまとうと指摘した。

「郷土」をただ「故郷」や「地方」や「田舎」のいいかえとして使う国語辞典風の慣習はもちろん、地理学でいう「地誌」や、地方史研究の枠組みからの「地方誌」や「市町村誌」の存在にひきずられてしまえば、理解を誤る。そうではなく、柳田国男が「郷土」ということばに、いかなる方法性をこめたかが、探られなければならない。

厄介なことに、柳田自身が昭和七年（一九三二）の『郷土科学講座』の発刊の時期に、このことばの混迷の深まりを指摘している。「郷土を輪郭として我々の心の上に、鮮明に写し取っておかなければならぬ現代の智識が、何と何とを含み、又如何様に分類されてよいかは、人によってそれぞれの注文も有つて、容易に其範囲を定め難い」〔全集二八：四一四頁〕。すでに背負わされた混乱と無限定の自覚のなかから「方法の改造」〔同前：四一五頁〕を立ち上げようとしたところに、郷土研究の戦略があった。

方法としての郷土への期待

「郷土誌」ということばを、柳田国男がいつから、どこで使い始めたのか。そこをじっくりと調べたテクスト研究があるかどうか、寡聞にして知らない。

一方で「郷土誌」という記録報告形式の重視は、学問としての「民俗学」を強く意識してからではないかと、漠然とながら想定されている。その想定は、一九三〇年代の会活動の誕生を告げる『日本民俗学研究』や、テクストとしての『民間伝承論』の刊行に、民俗学の確立期をみる見解に引き寄せられて、なるほど『遠野物語』が生み出された明治末の時空からは、だいぶ離れているという判断がみちびきだされる。もちろん単行本でいえば大正一一年（一九二二）発行の『郷土誌論』の存在は無視できない。しかし、これにしてもすでに『遠野物語』から一二年が経ち、昭和はじめの郷土教育の降盛からみても、時期的には先駆的とされる断絶がはさまっていて、かえって充分に離れているという状況を印象づけかねない。世の中での「郷土誌」や「郷土読本」への注目は、昭和初期から高まっていった。再版時に『郷土研究十講』と改題された昭和三年（一九二八）発行の『青年と学問』（三版ではふたたび元の題名にもどされるが）や、方法論の書物として評価される昭和一〇年（一九三五）発行の『郷土生活の研究法』などと重なりあう時期の現象である。

しかしながら、その距離は、ある意味では見かけだけのものである。

ごくごく単純な時期にしても、一歩踏みこんでみると印象が変わる。たとえば『郷土誌論』に収録される四つの主要論文が書かれたのは、大正三年（一九一四）からの二年間で、その論考が載せられた『郷土研究』は、柳田自身が主宰編集者として深く関わった最初の研究雑誌であった。タイトルに高く「郷土」を掲げたこの雑誌を、柳田が創刊した大正二年（一九一三）三月は、『遠野物語』が刊行された明治四三年六月と、三年とは離れていない。一九三〇年代の『郷土生活の研究法』への展開は、二五年すなわち四半世紀をかけて予想外に遠いところまでたどりついたというものではなく、少なくとも思想家としての柳田のなかでは、意外な相同性と回帰性と同時性とを有していた、と私は考える。

だから本稿が論ずるべきは、一見「民俗学」以前の作品に見える『遠野物語』と『郷土誌論』および『郷土生活の研究法』をつなぐ、ある一貫性である。私の年来の主張のくりかえしになるが、そこには柳田が「郷土」ということばに託した、自らの感覚や思考を取り囲んでいるものを明らかにする、方法への期待がある。

以下、三つの論点から、この作品としての物語を支えている地層を、試錐（ボーリング）してみたい。

二　旅する官吏としての「聞き書き」

第一の論点は、旅人としての耳である。『遠野物語』前後の、官吏としての「旅」は郷土へのまなざしを浮かびあがらせる、重要な補助線である。

年譜が「官吏としての最初の旅行」と書いたのは、明治三四年（一九〇一）の群馬県下の製糸会社の視察旅行であった。ほぼ、『遠野物語』刊行の一〇年ほど前になる。それ以降、柳田国男は農政にかかわる官僚として、日本各地を熱心に旅している。もちろん「私は十七八の年から旅行が好きで、今までに随分色々の処をあるいて居る」［「旅行と歴史」全集四：四三頁］といっているので、旅の嗜好は少年期からのものである。しかし、産業組合という政策的な仕組みの導入期にあって、各地の農村をめぐる普及啓蒙の視察講演は、それぞれの「郷土」を観察見聞する、またとない機会であっただろう。

よく知られているように、柳田国男は「旅」においても、学問と同じく方法的であることを求めた。「旅行と歴史」は大正一三年（一九二四）に栃木県の中学校で行われた講演だが、そこで読書と旅行とを重ねて、次のようにいう。

「無暗やたらに何でもかでも、そこらにある本を読み散らして居ても、それ相応には役に立つか知らぬが、実は学問の意味を解し、一定の方針を立てて読書する人だけが、之によつて生涯を正しく導き得ると同じ様に、この旅行といふものの意味をよく知つて、短かい一日二日の旅でも心に留めて見てあるく人が、時即ち人生をいちばんよく使つた理想的の旅人といふことになるのである。」〔「旅行と歴史」全集四：四五頁〕

こう述べたからといって、明治末期の柳田自身の旅が理想的なものであったかは、保証のかぎりではない。明治三九年（一九〇六）に『近事画報』で語った「旅行の趣味」という一文では、一ヶ月も前に行くことがわかっていながら、地理書も調べず、地図にも当たらずにでかけたために、見残しばかりが多かったという「後悔」をしばしば味わったと書いている〔「旅行の趣味」全集二三：四三九頁〕。だから反省から生み出された教訓だろう。ただ見落とせないのは、おなじ談話筆記において、「旅でもしようと云ふならば成べく愛嬌を有つて機会さへあれば按摩でも船頭でも成たけ話を仕掛けて見るが宜からうと思ふ」〔同前：四四一頁〕と勧めている点である。この官吏の旅は、身近なところで出会う土地のインフォーマントに問いかける、フィールドワークのような積極性と自覚とをもっていたのである。

と同時に、旅がもうひとつの「文学」を感じさせる読書でもあった、という点も補っておくべきだろう。明治四一年（一九〇八）の『文章世界』に載ったエッセーは、当時の「自然主義の作家」が陥った困難が、個人の閉じた欲望とりわけ「肉欲」の「写真《しゃじつ》」に囲いこまれてしまったことを批判して次のようにいう。

「私などの経験では、余程傑《すぐ》れた小説を読んだよりも、旅行などして人生の生きた或事実を観てゐる時の方が余程感が深い。」〔「読者より見たる自然派小説」全集二三：五七四頁〕

旅において「話を聞く」ということ

実際、定本年譜に採られた旅の記録には、「話を聞く」という記載が多い。『遠野物語』の刊行前後までの旅に伴う地方生活見聞の言及を整理してみよう。

明治三九年（一九〇六）
八月～九月　東北・北海道・樺太旅行。「盛岡・小岩井農場を視察、夜按摩から天狗の話を聞く」。樺太では「生活の歓喜は寒い国ほど強いという印象をもつ」。

明治四〇年（一九〇七）
五月　新潟・山形・秋田・福島。「各地の信用組合、農事試験場、学校などを視察しながら、地方の話を聞く」。
九月　信州旅行。「御代田の宿で土地の話を聞く」。
明治四一年（一九〇八）
五月～八月　九州旅行。「熊本の弁護士広瀬某から日向奈須の話を聞き、興味を抱く」。五木「役場で村の旧図を見、畠と畑と異なるものであることを知る」。
椎葉村「一週間滞在して、狩の故実の話を聞く」。
一一月「水野葉舟がはじめて岩手県遠野の佐々木喜善をつれてくる。佐々木の話をそのまま書きとめ」る。

明治四二年（一九〇九）
五月　木曾・飛騨・北陸路。「旅中の風景から各地方の文化のちがいを知る。特に北陸路では日露戦争の戦死者の為に立派な石碑を立てる風をみて、墓制の変遷を思う」。
八月　東北旅行。「はじめて遠野を訪れる」。「伊能嘉矩を訪問、『遠野旧事記』という記録をみる」。

明治四三年（一九一〇）
六月　『遠野物語』刊行。

明治四四年（一九一一）
七月　美濃・越前旅行。「岐阜県北濃村から草鞋で福井に抜ける。石徹白の巡査に案内をたのむ」。「大垣の警察署長から賤民の話を聞く」。

すこし補足しておくと、明治三九年の旅の一部は、そのときの日記が晩年になってから『心』という雑誌に「明治三十九年樺太紀行」〔全集三二巻：二五六-二六八頁〕と題して掲載された。同時代の報告としては、一種の産業組合論である「樺太の漁業」〔全集二三巻：四六二-四六八頁〕という『読売新聞』連載と、おそらく早稲田大学関係の講演記録であろう「樺太雑感」〔同前：四八〇-四八二頁〕とが残されている。明治四〇年（一九〇七）の各地での講演は、ほとんど産業組合に関するものだが、旅で見てきた事例を積極的に織りこんでいる点が面白い。新全集の第二三巻は『新潟県農会報』や『中央農事報』などに載せられた講演筆記を収集し掲載しているので、その一端がわかる。

明治四一年の九州旅行が、『後狩詞記』の一冊を生み出すことは、あらためて指摘するまでもないだろう。これもまた、一面では農商務省の官吏としての旅の延長であった。熊本での講演は「農民の危機」として、鹿児島では「産業組合」として、その梗概が新聞に紹介される一方、柳田独特の地方観察が「肥筑の民風」「天草の産業」「九州の水利事業」として、同時代の『斯民』に掲載されている。〔同前：五七七-六一七頁〕。

明治四二年（一九〇九）の旅では、「神隠し」の話題に触れている〔「怪談の研究」全集二三：六九一頁〕が、それは『北国紀行』に載せられた日記の「夜は按摩に附近の口碑などを多く語らしむ。鏡花の小説の淵源する所あるを解す。又その言葉にも少なからぬ興味を催す」〔全集一八：四四頁〕とあるのに対応し、ここにも按摩が出てくる。なかには「越中稲光」に住まう「老女の按摩」のように「よくあの辺のことを知る。睡き耳に色々の話をして聴かす。町は皆戸数にて記憶す。さながら統計家の学風なり」〔同前：八五頁〕というような人物から「天狗」の話などを聞き出している。もちろん柳田が話を聞いているのは按摩に限らない。助役や警察署長、村長、書記、技師、軍人など、じつに幅広い。

こうした旅の積み重ねのなかで、明治四一年の暮れ近くの佐々木喜善との出会いがあるわけで、それは孤立した偶然のできごとではない。柳田は、旅の途中以上の熱心さをもって「話を聞く」ことになったにちがいない。物語の構想それ自体を、すぐに産業組合をめぐる政策志向と重ねあわせることは乱暴であるにせよ、一方において積み重なってきた地方の民風への関心とは切り離せないと思う。石井正己『遠野物語の誕生』〔若草書房、二〇〇〇年〕が丹念に論じているように、作家志望であった佐々木喜善は自分が話したことをかえって「お化話」と認識していて、むしろ「郷土」という輪郭をもってその知識を意識しているのは、これをただちに「遠野物語」と名づけた柳田の聞く耳のほうであった。

『遠野物語』のなかの「山人」以外

ところで、この年譜の記載は、やがて生まれる、ある解釈の分岐をも暗示している。

『遠野物語』公刊後の明治四四年（一九一一）の美濃・越前旅行にある「大垣の警察署長から賤民の話を聞く」とあるのは、サンカのことであった。ふりかえってみると、そのあたりからは、「木地屋」や「越前万歳」「イタカ」や「サンカ」を主題化した論考が増えることに気づく〔全集二四巻：二一-七九頁〕。そうした漂泊者への関心は、やがて『郷土研究』の長編連載「巫女考」〔同前：一五〇-二一四頁〕へと、つながっていく。『遠野物語』が山人の共同幻想や怪異の民間伝承を中心に解釈されていく理由のひとつは、ここにある。

しかしながら、その山人重視には錯誤と言ってしまうと強すぎるけれども、決定的な偏りがあると私は思う。そして柳田自身もまたこの時点では、その分岐に自覚的であったとはいいにくい。山人の不思議がクローズアップされた分だけ、日常と非日常とをふくむ「郷土」という身体をくるむ空間のありようが背景化し、「心意現象」だけが前面化してしまう。だが同じ時期において、柳田が「郷土」を構成している「有形現象」や「言語芸術」への関心をもっていなかったとはいえない。『定本柳田国男集』の編集が、『山の人生』を『遠野物語』と組ませて主題別の一冊に収めてしまったことも関連してくるが、もういちど、物語の聞き取りと書き起こしが、『石神問答』の探求者によってなされたという側面だけでなく、『時代ト農政』の著者によってなされているという側面に光をあててみたい。

たとえば、明治四三年に『斯民』に寄せた「屋根の話」〔全集二三巻：六八四-六八七頁〕をはじめ、翌年から『法学新報』に連載した「地方見聞集」〔全集二四巻：八六-九二頁〕は、「池掛リ」という用水技術の工夫や、「屋根」を葺く材料と様式とをとりあげて、その地方観察がむしろ社会学的で、農政学的なまなざしの連続のうえにあることを感じさせる。道の形態から生活の交通を問う「新道、旧道」や、接客の慣習を方言から読む「キロリと主客の座席」〔同前：一二四―一三一頁〕は、形式こそ「地方見聞集」とは直接にはつながらないが、どこか連載の意識があったのではないかと思う。同様の視点は、研究雑誌の『郷土研究』においても失われていない。これまで「巫女考」や「山人外伝資料」「毛坊主考」といった初期雄編の影に隠れて論じられることが少なかったが「宅地の経済上の意義」〔同前：二一七―二一八頁〕や「屋敷地割の二様式」〔同前：二六五―二六七頁〕などの小編の意義を、浮かびあがらせる必要があると私は考えている。

『遠野物語』を口承文芸の一作品に囲いこみ、伝説昔語りの領域にとどめて、その語りの内容から「山人」や「怪異」「先住民」等の主題ばかりをことさらに引き出す読みは、やはり窮屈である。「古代」へのロマン主義が見えかくれするそうした視点からは、官吏としての旅が育んだ、「郷土」と向かいあう研究者の姿勢と、観察の学問の広い基礎がどこか切り捨てられてしまうからである。むしろ幻想をもひとつの意識の形式として含む、いわば生活者の身体としての「郷土」の発見と位置づけるとき、菊池照雄『山深き遠野の里の物語せよ』〔梟社、一九八九年〕や石井正己『遠野物語の誕生』〔前掲〕が論じてきた、物語られた話の「現代性」を、さらに明確に主題化しうると思う。

三 「山に埋もれたる人生」の発掘

第二の論点は、その現代性である。補助線になるのは、すこし意外だが「犯罪」であり、「事件」という逸脱である。さらに『遠野物語』に見えかくれする「死」や「老い」も、近代の郷土の課題であったわけで、山人中心の読解枠組みをすこしずらすと、そうした現代性が浮かびあがる。

「文学」という概念が、この物語の刊行された当時にいかなる形の観念であったかは私の専門外だが、この文章を収める容器に、「文学」という言語芸術の様式を用意しておいてよいと考える。しかし、その文学はたぶん「口承文学」ではない。同時代の文学界の流行とは異なるもうひとつの「自然主義」であり、柳田自身がアナトオル・フランスを評したことばを借りるなら、「親切な傍観者」〔「翻訳は批較」全集三〇：一九四頁〕の手になる、一種の記録文学のようなものかもしれない。

山番の子殺しの口述調書を読む

あらためて『遠野物語』を読み、関連する柳田の年譜を並べてみて、印象を深くした論点がある。それは、『山の人生』の冒頭の「一　山に埋もれたる人生ある事」に採用された、子殺しの話との内容的、時期的なつながりである。

定本年譜は、明治三九年三月一三日の頃に「この日美濃郡上の深山で子供を殺した山番の老人の特赦がある（のちに『山の人生』の冒頭の分となる）」と記している。佐々木喜善の話との出会いの、二年ほど前にあたる。この子殺しの老人のエピソードは、親子心中に生き残って子どもを謀殺した罪に問われ、一二年の労役に服したあと消息を絶った女の物語と並んで、じつは『遠野物語』の発見の、前奏曲の位置におくことができる。

すでにご存知のかたにはくりかえしになるが、この二つの話はいずれも、柳田国男が内閣の法制局で、特赦事業のために読んだ予審の口述調書を通じて、知ることとなった「殺人犯」の人生である。『読書空間の近代』〔弘文堂、一九八七年〕という私の最初の著書で、このエピソードに読みこんで論じたのは、まとめてしまえば以下の三点であった。

①口述調書という、語られまた書かれた記録の見過ごされた重要性
②自然主義「文学」対柳田「民俗学」という対比対立が擬似的で不毛であること
③「弱い」存在となってしまった生活者の生死を支える「規範の小宇宙」の発見

そこでの主張を簡単になぞるなら、次のようになろう。「我々が空想で描いてみる世界よりも、隠れた現実の方が遥かに物深い」〔「山の人生」全集三：四八八頁〕という一文は、田山花袋の「小説に現れた自然主義」など「まるで高の知れたものである」〔「故郷七十年」全集二一：一三五頁〕という回想とあいまって、「文学」対「柳田民俗学」の対

立図式を踏まえた解釈がなされてきた。しかし、その枠組みそのものが、解かなくてもよい疑似問題である。文学創作と現実観察との単純で平板な対比には意味がなく、近代の裁判システムが生み出した〈書かれたもの〉としての「口述調書」の資料性を発見したところにこそ、柳田の方法意識の独創があった、と私は考えるからだ。もちろん、行政警察の徹底した取り調べの実践こそが、調査尋問の望ましい方法だなどという脳天気な評価に私は与しない。その記録をただ目前の違法行為を立証し、罪として裁くためにだけ証言として使うのではない、聞き書きもしくは告白として、その心情に寄り添い、状況に内在してみる読みかたがありうることを、読者の想像力において確保した。そこにこそ、評価すべき転換がある。

近代国家の法規範からは「殺人」として裁かれてしまう「事件」のなかに、与えられた毎日を生き、そこでいつの日か死んでいく人間を支える、小宇宙のような固有性をもつ規範の複雑な現れがある。柳田のまなざしは、まさに近代の国家や社会に基礎を置く法規範からは理解しにくい、いわば「小さき者」の人生の「規範の小宇宙」の発見と、そのありかたの解読に向けられていた。そして、おそらくはやがて「郷土」と重ねあわせられていく、そうした小宇宙を、そのリアリティの内側からたどるために、声としてのことばに刻みこまれた力を駆使していく。

こうした戦略は「内縁」や「私生」を逸脱として生み出してしまった民法的な家族観を、民俗学の構想から批判した「聟入考」〔全集一七：六二五‐六六八頁〕の論理構造とも、じつは重なっている。昭和四年（一九二九）に発表された「聟入考」は、その前後に深く交流していた有賀喜左衛門の回想によれば、当時の国史学に対して厳しくオルターナティブな立場を突きつけた、記念碑的な論考であった。

あらためて「明治三十九年樺太紀行」に目を通したが、「殺人犯」の語句が何度かくりかえされている。「この村長も殺人犯なり」「此家の前の持主は独乙種の露人マルテンといふ殺人犯なり。六十八にて妻もここにてもらひたる殺人犯なり」等々。老人の特赦と同じ、明治三九年の文章であることを考えるとことさらに暗示的である。この強いことばの使用は、土地の異常性を象徴する表現としてではない。むしろ中央からの追放者、あるいは殺人者の烙印を背負う外来者であってもまた、そこにおいて得た生活があり、自らを支える物語があることを再確認しているような印象を受けた。『遠野物語』刊行の約一年前の富山への旅において、女囚人の監獄に行き、「其中には老尼などもありて凄絶なり、昨年の夏、慾の為に人を殺した若い女なども、機を織る者の群に居たといふが、よく顔を見ずにすぎたり」［『北国紀行』全集一八：四六頁］と書いているのも、同種の人生への好奇心を感じる。

郷土に埋もれたる人生

『山の人生』は、「主旨がどうもわからない」と言われてもしかたがないと柳田国男自身が認める一冊だが、予審調書で知ったさまざまな人生の話の面白さを知らせたい、という動機が連載の基礎であった。その率直な回想［全集二一：一五三頁］を基本に解釈すべきであろう。

そのとき「山に埋もれたる人生」の、「山」とはどこか。

これを現実の山間地とだけ考えるのは、充分ではない。とりわけ、冒頭の不幸な人生の二つの記録は、山間の地というだけに還元できない近代の暗黒の奥行きを暗示している。それゆえ私は、他の章が説く「神隠し」や「鬼」「妖怪」の話題の多さにもかかわらず、『山の人生』の企図は、山人の存在やその不思議だけに集約されるものではなかったように思う。どちらかといえば、山人論という限定されたテーマを引き出す以前の、怪異をめぐる「資料の新供給」［全集三：四八五頁］、すなわち論議の素材となる知識の共有に、さらに根本的な主題と目的があったと考えられる。不思議だというだけで、科学の対象から退けてしまわないことが、そこで強調される。

そのうえで、ある「人生」を罪として裁いてしまう近代「法」とのきしみのなかで、人々が生きている「郷土」を物語の空間として発見していくことに、もうひとつの力点があったと考える。冒頭のエピソードには、とりわけそうしたメッセージ性が強い。それを『遠野物語』との出会いにさきがけて柳田が知り、文学の同志である田山花袋に話したくてしかたがないほどに、熱中し重視していたことは意味深い。

あえていうならば描き出されていない「郷土」もまた、未知で奥深いという点で、多くの人びとの人生が埋もれている「山」に等しかった。その物語の空間を、内側から満たしているものをとらえる努力こそが、『遠野物語』と『郷土誌論』とを貫く方法意識だったのである。

不幸なる現実

そうした関心から読むと、『遠野物語』には思いのほか、「死」と「老い」と「出郷」とがいりまじった、不幸の物語が少なくないことに気づく。

しかも、『遠野物語』が採用した事件の語りは、「此」の接続法で、ゆるやかな網の目のようにつながって現在にまでいたる、ある厚みをともなっている。ここが『山の人生』の冒頭に引用された悲劇との、明らかなる分岐点である。子殺しの山番の老人の孤立した孤独とは異なる村暮しの広がりが、それぞれに固有名詞をもつ群像の語りかた自体にはらまれている。それは、場としての「郷土」へのひ、と、つ、の接近のしかただったのではなかろうか。

『遠野物語』の語りの宇宙は、番号で区切られてはいるものの、けっして一話がそれぞれだけで独立しているわけではない。たとえば二は女神の伝説、三は佐々木嘉兵衛の山人の話であるが、その印象的な黒髪の話題は、そのまま次の四につながっていく。五の山道の変化が山男山女への恐れにもとづくという話を挟んで、六は長者の娘の神かくしで、七の民家の娘が同じく失踪の主題をくりかえし、八の有名な「寒戸の婆」につながる。このエピソードでは、その「草履を脱ぎ置きたるまま」去った出郷者の老いた姿として、「神隠し」で郷土を離れた者にもまた、年老いた現実があることが語られる。

次の九から菊池弥之助の話が始まり、ここから一〇、一一と「此男」「此女」と、話としては番号で区分しているものの、語られた内実は焦点を移動させながら、「此」でつながっていく印象が強い。このあたりの配置は、民話をひとつひとつ数えて集めただけの集成とは異なる、ある関係性を内蔵した語りと想像の宇宙を立ち上げている。同じ構造は、一二の新田乙蔵の話を一三が「此老人」と受けている箇所や、一八の山口孫左衛門の「凶変」の話が、一九、二〇、二一とつながっていくところでもくりかえされる。

しかも語られる老人のいずれもが、どこかで不幸なあるいは奇妙なできごとのあとの時間の無情な経過に耐え、残された孤独を耐え忍んでいるようにみえる。それは、あるいは近代が背負うにいたった、村という生活共同態の現在の現実を、静かに映しだしているとも思える。乙蔵の子どもはすべて北海道に移り、この老人はただ一人旧里に老いて『遠野物語』刊行の前年に亡くなり、孫左衛門家の全員食中毒の凶事に生き残った当時七歳の女の子も「年老いて子無く、近き頃病みて失せたり」と聞く。こうした「老い」のかたちは、冒頭の神隠しにあった「寒戸の婆」のあわれとも響きあっている。

ありのまま、感じたるままを

もういちど、同時代の文学に対する、柳田の違和感をなぞっておこう。『遠野物語』発行の約八ヶ月前の『無名通信』の記事で、柳田は次のように書く。

「自然主義もいゝ、だらうけれども、素人写真の習ひたてに友人や兄弟ばかりを写してゐては仕方がない。も少し想像の力を養つて、大に新らしい領域へ入つて行《ゆ》かなければ不可《いけない》と思ふ。」［「新旧両時代の文芸」全集二三：六四六頁］

この「文学」に対する批判と新しい領域創造への注文とは、そのほぼ一年前の『文章世界』の次のような感想と対応し、そのうえに継ぎ足されたものだと思う。

「若い作家は、やはり青年ばかりを描いてゐる。狭い空気の中に跼蹐《きよくせき》して現代の青年のファンタジーばかりを現はさうとしてゐる。だから作の上に於《お》て、老《ろう》人《じん》と交通する所は毫もない。いや偶《たま》に老人《ろうじん》や田舎者を描けば滅茶滅茶《めちゃ〱》なものが出来上がる。一人として完全なものは無い。丁度写真でいへば駆出しの下手な写真師だ。写真がブル〳〵と震へて写つてゐる。」［「官吏の読む小説」全集二三：五四〇頁］

この写真の力のメタファーは、『民間伝承論』の「我々の重出立証法は即ち重ね撮り写真の方法にも等しい」［全集八：六二頁］という、比較を重視した新しい方法の説明とも呼応して、方法的課題の一貫性を印象づける。

この時期に文芸雑誌に寄稿した文章が、「事実」や「写生」を積極的に論じていることも、考えあわせるべき論点である。柳田は、いわゆる「事実」が外界に客観的に存在するものではなく、文体すなわち「文章の構造」〔「言文の距離」全集二三：六四七頁〕、あるいは書かれたものの様式において、ジュディス・バトラーの構築主義風にいえば「遂行的《パフォーマティブ》に」生み出されるものであることに注目している。

であればこそ、「写生」は、ただ事実の記述を主とする「記事文」だけでなく、理や義や策を論ずる「論文」においても、頼るべき方法である。そのことを論じて、「記事文が外界のことを有りの儘に写生する」と同じように「論文は頭の中の思想を有りの儘に写生する」という点で、「心内と外界との区別」〔「写生と論文」全集二三：四八三頁〕こそあれ、写生の実践であることには違いがないと主張する。その論法は、おそらく老人の「ファンタジー」にも、自然主義が積極的に入っていくべき前掲引用の新しい文芸の「領域」にも、応用しうる一般性をもつ。われわれは明治四〇年に書かれた「写生と論文」のなかの「自分の気をよく養つて、その上は唯だ、見た事、聞いた事、思ふ事、感じた事を、有りの儘にさへ書けばよい」〔同前：同頁〕という文章が、『遠野物語』序文の「一字一句をも加減せず感じたるまゝを書きたり」〔全集二：九頁〕という立場表明と、深く呼応していることに気づくのである。

四　『郷土研究』をめぐる南方熊楠との応酬

第三の論点は郷土研究、すなわち「郷土」を「研究」することである。「郷土誌」はいかなる意味で郷土研究なのか、そして『遠野物語』の試みは、いかなる意味で郷土研究だといえるのか、いえないのか。南方熊楠との応酬は、その意義を浮かびあがらせる補助線である。

山人論の封印

ここでやや慎重にではあるが、確認しておかなければならないのは、柳田自身に生じた「山人」論の敬遠であり、一種の封印である。

谷川健一が「山人と平地人」という論考で早くに光をあてた、「山人＝先住民」説は、「山人外伝資料」においてもっとも熱心に現れ、『山の人生』ではいささか後退していく［『古代史と民俗学』ジャパン・パブリッシャーズ、一九七七年：一一八－一二二頁］。谷川はこれを、山人＝異民族　対　平地人＝常民＝日本人という対立のなかでとらえ、そこに沖縄研究への展開をからめることで、「ある挫折と転向」を読みこんだ。おおよそ一〇年以上を隔てて、この図式の敷衍と拡大解釈のうえに、「南島イデオロギー」批判の、論者自身が「半信半疑のうちに書き進んだ」［村井紀『南島イデオロギーの発生』福武書店、一九九二年：二五二頁］という主張が現れて「植民地主義批判」として話題にされるが、いまはその論点の一九九〇年代の興亡は取り上げない。確認しておきたいのは、「山人外伝資料」はもちろん、この時期に書かれた山人論に関わる主題を含む論考の多くが、柳田の書物づくりの観点から見ると、結果として「封印」といってよい扱いに留められた事実である。

たとえば「巫女考」も「毛坊主考」も、「山人外伝資料」以上に力を入れて連載された論考だが、結局独立した一冊としては刊行されなかった。『郷土研究』に載せられた妖怪や怪異を取り上げた小編が、『遠野物語』以前の「天狗の話」のような談話を含め、さらに一九三〇年代に『民間伝承』に連載された「妖怪名彙」などを併せて『妖怪談義』の一冊にまとめられたのは、柳田自身が八二歳を迎えた、昭和三一年（一九五六）であった。［佐藤健二「『妖怪談義』の地層」『山桃』第三号、二〇〇二年］。『山の人生』にしても、朝日新聞社の論説を書く編集局顧問として、新興のグラフ雑誌『アサヒグラフ』に定期的にコラムを執筆するという関係がなかったら、あの時期には書かれなかっただろう。しかも単行本にするにあたって、六倍となる量を書き足して新たな文章にし、山人論の最後の時期の講演手控えである「山人考」だけを付載して、すでに書かれていた「山人外伝資料」等を再録するという形式を選ばなかった。新全集の解題で赤坂憲雄が「山人＝先住異族末裔説」に踏み込んで「柳田自身の執筆の可能性の高さ」［全集三：八三二頁］を空想した「投げ込み広告」の直截的な「テーゼ」は、ほぼ確実に柳田自身が書いたものではない。そして『遠野物語』にしてから、還暦の記念や佐々木喜善の死などのきっかけを重ねて、一九三五年に増補版として出されるものの、「再版覚書」が「道楽仕事」「真価以上に珍重せられた」「蹉跌」といつもの序文にも増して韜晦した背後には、「遠野より更に物深き所には又無数の山神山人の伝説あるべし。願はくは之を語りて平地人を戦慄せしめよ」〔全集二：九頁〕と檄した立場を、ふりかえってみると「山人」論の方向に立ち入りすぎたと解する躊躇が、含まれてはいなかったか。「再版覚書」が「山女」「山男」「山人」に一言も触れていないのは、かすかながらその傍証たりうる。

それらを理解するにあたって、「隠蔽」という意図的・陰謀的で、精神分析的な「抑圧」メカニズムを動員した総括は、過剰で的を射ていない。どちらかといえば、ゆるやかで半意識的な「封印」であったと思う。

「巫女考」批判と雑誌という広場の擁護

もちろん、重要なのは「隠蔽」か「封印」かの用語の選択ではなく、なぜそうした扱いが生まれたのかである。この「封印」を位置づけるうえで重要なのは、植民地主義イデオロギーと性急に結びつけられた山人の実在か幻想か、あるいは民俗の同一性か異質性かといった論点ではない。

もっと具体的かつ直接的に、「巫女考」をやり玉にあげた、南方熊楠の『郷土研究』誌批判である。

「郷土誌」の意義を含む「郷土研究」を、その学問の問いの文体を深く意識し、柳田が方法に結晶化させたのは、南方の批判に対する反批判を通じてであった。この点はすでに別な論考において、「一国民俗学」論の再検討ともからめあわせ、どう位置づけるべきかを指摘したことがある〔「民俗学と郷土の思想」小森陽一他編『編成されるナショナリズム』近代日本の文化史5、岩波書店、二〇〇二年：五一－八一頁〕。私自身のオリジナルな読み込みはそちらに譲り、基本的な理解に必要な情報だけをくりかえしておく。

①柳田国男は、記事の掲載をめぐる南方熊楠の批判の書簡を、雑誌の特質や使命を考えてもらうための素材として使う。「「郷土研究」の記者に与ふる書」というタイトルをつけ、第二巻第五号（一九一四年七月）から第七号（一九一四年九月）まで三回に分けて掲載したのが、それである。その完結の三回目の記事後に「記者申す」という形で、柳田自身の反論を載せる。この論争めいた応酬はよく知られ、

『柳田国男南方熊楠往復書簡』〔平凡社、一九八五年〕では、書簡のレベルでのやりとりまで押さえることができる。しかし、④で述べるような『郷土誌論』の形成とは、あまり結びつけて論じられてこなかった。

②南方の書簡が含む批判は、例によって多岐にわたるが、比較的整理されているといってよい。強調されているのは、『郷土研究』がその名の通りの地方経済や政治制度の研究誌になっておらず、説話学や「人種学 Ethnology」「記載人種学 Ethnography」としての民俗学の雑誌になってしまっている点である。もし「地方制度経済の学」を目指すならば、柳田自らが「巫女考」の連載など中止して、地方経済を論じた模範的な論文を中心に掲載する編集方針をとるべきだ、と迫った。ある意味で、南方の批判は、農政学対民俗学の区別のうえに、『郷土研究』という雑誌の実情批判として成り立っている。

③これに対する柳田の反論は戦略的であって、大きく二点にまとめることができる。

第一は、郷土研究はたしかに「ルーラルエコノミー」もしくは「ルリオグラフィー」だといえる。しかしこれを「地方経済」の学ととらえ、その名称を選んでしまうと、政治の善悪を批判する地方改良運動や町村是制定の政策論議などと混同され、現在の郷土研究の課題が、その前提となる「状況の記述闡明」〔全集二四：四六四頁〕にあるという認識が不鮮明になる。だからむしろ「農村生活誌」の研究と訳すべきで、そう見れば、これまでいっこうにかえりみられなかった生活問題を取り上げている「巫女考」などは、その構築すべき領域のまっただ中にある、と柳田は主張した。

第二に、編集方針を「地方経済」に限定して輪郭を明確にせよという要求に対して、雑誌が知識の共有と交流の広場であり、また郷土研究が新しい領域の開拓であるからこそできない、と応じた。「適当なる引受人に一部を割譲し得る迄の間は、所詮郷土の研究は其全体を此雑誌が遣らなければなりませぬ」〔同前：四六四頁〕。郷土研究はまだ未熟であり、それゆえにこそ場としての雑誌に、ディシプリンの無用なる障壁をつくるわけにはいかない、と。

すなわち、柳田は南方が主張する学問の対象と方法の確立、すなわちディシプリンの区分の明確化と理解しうる批判を、観察と知識の交流と共有の場としての雑誌の擁護へとずらし、運動としての郷土研究の可能性を押し出すことで反批判していく。

④にもかかわらず、あるいは、であればこそというべきであろうか、柳田は『郷土研究』という雑誌において、この学問が目指すものを明確にし、共有しようと努力していく。

そのひとつが、方法論の執筆であった。南方の批判の完結と同一の号の巻頭に「郷土誌編纂者の用意」という菅沼可児彦というペンネームでの論考を載せ、⑴年号数字の確定に無理な苦労はせず、⑵固有名詞の詮議にあまり重きをおかず、⑶材料を書かれたもの以外へと拡げ、⑷比較研究に大きな力をさくという、「郷土誌」の個性的な方法的基準を掲げたのは、じつに意図的であった。菅沼名での方法論の論考は、このあとの二年間に三つが公表され、『郷土誌論』の主要論文となると同時に、一九三〇年代の方法論の二つの書物の骨格をも用意していくことになる。さらに、「社告」が変えられ、寄稿者への呼びかけが具体的で明確になっていく［同前：四七二頁、四八一頁］ことも無視できない。それだけ南方の批判を、乗り越えるべき課題として誠実に受け取ったのだと思う。

もちろん念のために付け加えるならば、南方熊楠の批判を受けてから、郷土研究を支える理屈が生み出されたわけではない。すでに明治四五年（一九一二）の「塚と森の話」のなかに、「謬れる地方誌編纂の方針」［同前：九八頁］や「地方誌編纂者に対する希望」［同前：一二三頁］など「地方誌」への厳しい注文が出ている。また、この論考自体がすでに何度か登場した『斯民』という報徳会の教化啓蒙雑誌に発表され、意味不鮮明になってしまった「塚」という存在を前にしての、多面的で方法模索的な研究実践の全体を紹介する事例となっている。

そのことを踏まえるならば、南方の批判は、『遠野物語』のあと「山人」論に踏みこんでバランスをやや失っていた、柳田の郷土研究をもとの位置に戻す役割を果たしたともいえる。

五　小括――もうひとつの『遠野物語』

あらためて、再び『遠野物語』の扉を開く。

最初に置かれた「一」は、遠野郷の地理的な概況と、そこに入っていく道筋の説明にはじまる。そして「二」もまた、「遠野の町は南北の川の落合に在り。以前は七七十里とて七つの渓谷各七十里より売買の貨物を聚め、其市の日は馬千匹、人千人の賑はしさなりき」と、それが「山奥には珍らしき繁華の地」であったとの事実を出発点にすえている。そうした現実の空間や生活の記述のうえに、語られた話題が積み重ねられていくのは、「昔々あるところに」の始まりがもつ非限定の抽象性や一般性と、よほど異なっている。むしろ、人類学や社会学のいわゆるモノグラフあるいはエスノグラフィーの、定石ともいうべき始まりかたを連想させる。

ここで論じてきたように、いま書かれた形で残っている『遠野物語』自体を「郷土誌」とは直接には評価しがたいにせよ、この物語は、「郷土研究」をへて「民俗学」への組織化されていく、方法としての「郷土」〔佐藤健二「郷土」小松和彦・関一敏編『新しい民俗学へ』せりか書房、二〇〇二年：三一一-三二一頁〕の力の下支えなしには成立しなかったと、私は思う。

その地層ともいうべきものの厚みをもういちど見直し、もうひとつの『遠野物語』の形を構想し共有していくことは、現代に生きるわれわれの課題である。

〔付〕本論考での柳田国男のテクストの引用は、すべて現在刊行中の『柳田国男全集』筑摩書房、一九九七年―からのものとし、巻数および頁数で略記した。

特別寄稿

精神医学と『遠野物語』

小田　晋

一　人間の生き方と精神医学、柳田国男と「神隠し」

私は中学生の頃から柳田国男先生の書かれたものを読んで、その世界にあこがれていました。『遠野物語』もずいぶん早い頃から読みました。河童淵の話やサムトの婆の話など、何度も繰り返し読みました。遠野に来たのは二度目でありまして、五年ほど前に一度寄せていただいたことがあります。その時には、ああ、ここが河童淵だ、ああ、あそこに見えるのがサムトの集落だと、いちいち感激しながらお話を伺ったのです。

人間はただ普通の生活をしているという生き方に耐えられなくなることがあります。そういう時に、日常の生活の枠組みに真っ正面からぶち当たって破壊すれば「犯罪」です。妄想の城を造って立て籠もれば「狂気」です。それから、あの世に目をやれば「神秘主義」や「宗教」になります。人間は日常的ではない世界の中にも足を片一方入れて生きていますが、精神科の医者はそういったごく普通でない生き方を見て生きている商売です。

しかし、ごく普通じゃない生き方を含めて、人間の生き方というものを真正面から取り上げて研究するということは、これまであまりなかったのです。私たちがやっている精神医学の立場から言っても、精神障害になった人や知恵遅れの人の言うことなんて、まったく相手にしなかった。いずれそのうちに脳に異常が見つかったら病気を治してやるので、それまで辛抱して待っていろということでした。患者さんを病院に閉じこめて、まともに相手にしないのが、私が大学で教わった頃の精神医学だったのです。

患者さんや知恵遅れの人たちにも人権はあるんだし、彼らの言っていることには耳を傾けなければいけないと考えるようになったのは、精神医学ではむしろ最近のことです。そのときに、学問の世界で、こういうものを昔から取り上げていたのは、日本では柳田先生の書かれたもの以外にないということに気がつきました。

日本人の普段の考え方を研究するのは常民の心理の研究ですけれども、その裏にある狂気に陥った人が信仰したということも、『遠野物語』や『山の人生』の中に出てきます。われわれはこの世の中に自分の目で見、耳で聞き、鼻で匂って生きているわけですから、生きていることの実感をそのまま素直に取り上げて記録するというやり方は、精神科の医者にとって、とっても勉強になることだったのです。

柳田先生というのは、とっても慕わしい、尊敬すべき偉い先生なんですけれども、そういう日本人の裏の心の世界に興味を持つようになったのは、少年の頃、いわゆる神隠しというものを体験していらっしゃることがあります。自分で、ぼーっとしているうちに、どっか知らないところへ行ってしまうという体験を、昔は「神隠し」と言いました。こういう神隠しの状態は、実は「解離性障害」というのであります。

この解離性障害は、最近、「横綱の朝青龍が解離性障害になった」と報道されて有名になりました。そのように診断したのは、相撲協会から派遣された精神科の医者だということになっているんですが、どうも私は、初めからおかしい、ただふてくされているだけだと思っていたのです。

解離性昏迷状態というのは精神的にショックなことがあった後起きることが多く、内心わかっていることがあっても、周りで起きていることに一切反応しないという状態になるはずなんです。ところが彼は、ホテルに行って診察を受けた後、どてんと横になってぐうぐう寝はじめた。ああいうのを狸寝入り（笑い）というのです。診断書が出たことを親方が伝えたら、彼はむっくり起き上がって、飛行機に乗ってモンゴルに帰っちゃった。

本当の解離性昏迷の状態になっていたら、そんなことになるはずがない。どう考えても、解離性昏迷という診断はウソに決まっているんです。日本中の精神科の医者は陰でそういう悪口を言っています（笑い）。けれども、相手が武力のある人ですし、自分の顔を出して言うのも憚られるから、そう言わないだけなんです。

相撲協会は雇い主ですから、偽診断書を出して地方巡業を欠席したのは契約違反だというので、処分したわけです。しかし、彼は、モンゴルの大統領から依頼されてサッカーをやったのに、それを処分をしたのはけしからんと考えて、納得していないのです。こういうのは解離性昏迷の状態とは言いません。

昔も今もそうですが、子供がふらっとどこかへ出かけて行って、しばらくして見つかって、「お前どこへ行ってたの」と聞くと、「どこへ行っていたのかわからない」というのは解離性障害という状態です。二、三日どこかへ行っていて、その間のことを覚えていないというのは解離性遁走という状態です。柳田先生はそうなっていたと思うのです。

いわゆる神隠しにはもう一つありまして、最近このほうが多いんですけれども、いわゆる「性的嗜好障害」です。最近の事件では、異常性愛の男が二十歳過ぎた女性に、「おれはプロダクションのプロデューサーなので、モデルになれ」と言って自分の車に押し込め、強引にウィークリー・マンションに連れて行った。

そこを目撃されて、警察官が出かけて行って、「鍵を開けろ」と言っても絶対開けないので、窓から入って見たら、女性を柱に縛り付け、自分はその傍で自殺していました。不思議なことに、その前の日に行方不明になって捜索願いが出ていた別の女性のルイヴィトンのバッグなんかまであったそうです。その女性は姿を消していますので、たぶん殺されたんじゃないかと思われています。これだって神隠しです。

こういうことをするのは、性的嗜好障害者で性的サディストと性的マゾヒズムというのを一人で持っているような男です。性的マゾヒズムやサディズムというのは一種の中毒みたいなもので、一遍やったら病みつきになって止められない。酒鬼薔《さかきば》薇聖斗《らせいと》や宮崎勤はやっぱり同じようなことをやっていますので、そうだったと思うんです。

日本で神隠しと言われた事件では、もう一二年ぐらい前ですけれども、新潟県柏崎市で九歳ぐらいの少女を自動車のトランクに押し込んで、自分の部屋に連れてって一〇年間ぐらい監禁していた男がいます。この男は逮捕されてから、「目の前に黄色い渦がわいて、その中から聞こえてくる声に命令された」と言いましたが、精神鑑定で仮病だと鑑定され、懲役一二年になりました。連れ去られて一〇年間監禁された少女というのは、文字どおり神隠しにあったのです。

二　『遠野物語』の「神隠し」とヒンズー文化圏

柳田先生は神隠しの既往を持っていらっしゃるところに、佐々木喜善さんがたくさんそうした話をして聞かせた。当時の遠野郷では、こういう話が人々に興味を持たれて語り継がれていたことのしるしです。『遠野物語』にはこういう話があります。

山々の奥には山人住めり。栃内《トチナイ》村和野《ワノ》の佐々木嘉兵衛と云ふ人は今も七十余にて生存せり。此翁若かりし頃猟をして山奥に入りしに、遥かなる岩の上に美しき女一人ありて、長き黒髪を梳《クシケヅ》りて居たり。顔の色極めて白し。不敵の男なれば直に銃《ツヽ》を差し向けて打ち放せしに、弾《タマ》に応じて倒れたり。其処に馳け付けて見れば、身のたけ高き女にて、解きたる黒髪は又そのたけよりも長かりき。後の験《シルシ》にせばやと思ひて其髪をいさゝか切り取り、之を綰《ワガ》ねて懐《フトコロ》に入れ、やがて家路に向ひしに、道の程にて耐《タ》へ難く睡眠を催しければ、暫く物陰に立寄りてまどろみたり。其間夢《ユメ》と現《ウツヽ》との境のやうなる時に、是も丈《タケ》の高き男一人近よりて懐中に手を差し入れ、かの綰ねたる黒髪を取り返し立去ると見れば忽ち睡は覚めたり。山男なるべしと云へり。（三話）

こういう夢と現との境の間に見えるというのは幻覚でしょうけれども、これを「入眠時幻覚」と言って、日本では昔からこの入眠時幻覚の時に、いろいろな不思議なことを体験すると固く信じていました。日常だったら神隠しではなくて、金縛り体験というのですが、これが入眠時幻覚です。

それからこういう話があります。

遠野郷にては豪農のことを今でも長者と云ふ。青笹村大字糠前《ヌカノマヘ》の長者の娘、ふと物に取り隠されて年久しくなりしに、同じ村の何某と云ふ猟師、或日山に入りて一人の女に遭《ア》ふ。怖ろしくなりて之を撃たんとせしに、何をぢでは無いか、ぶつなと云ふ。驚きてよく見れば彼の長者がまな娘なり。何故にこんな処には居るぞと問へば、或物に取られて今は其妻となれり。子もあまた生《ウ》みたれど、すべて夫《ヲツト》が食ひ尽して一人此の如く在り。おのれは此地に一生涯を送ることなるべし。人にも言ふな。御身も危ふければ疾《ト》く帰れと云ふまゝに、其在所をも問ひ明らめずして遁げ還れりと云ふ。

（六話）

この「取られて」というのは、誘拐されたという意味だと思います。その「或物」というのは超自然的存在か、あるいは山人か、どっちかということは、柳田先生も佐々木さんもはっきりしないような書き方や語り方をしています。

この後に出てくるのが最も印象の深い話です。

黄昏《タソガレ》に女や子共の家の外に出て居る者はよく神隠しにあふことは他《ヨソ》の国々と同じ。松崎村の寒戸《サムト》と云ふ所の民家にて、若き娘梨の樹の下に草履《ザウリ》を脱《ヌ》ぎ置きたるまゝ行方を知らずなり、三十年あまり過ぎたりしに、或日親類知音の人々其家に集りてありし処へ、極めて老いさらぼひて其女帰り来れり。如何にして帰つて来たかと問へば、人々に逢ひたかりし故帰りしなり、さらば又行かんとて、再び跡を留めず行き失せたり。其日は風の烈しく吹く日なりき。されば遠野郷の人は、今でも風の騒がしき日には、けふはサムトの婆《バヾ》が帰つて来さうな日なりと云ふ。（八話）

柳田先生は、佐々木喜善が語ったとおり速記したわけではありません。柳田先生の持っていらっしゃった文学的なセンスというのが、『遠野物語』の中にはっきり出ています。

実は、伝えられているサムトの婆の話には、その日一回だけ帰ってきたのではなく、山で採れた物を持って、何回も集落にやってきては交易していたという話まであります。これを、「みんなに会いたいから帰ってきた。さらばまた行く」と言って、すっと消えてしまい、「風の吹く晩にはサムトの婆が来そうな日だ」と言ったということで、どれくらい印象深い話になったか。だれも忘れることのできない話になったのは、柳田先生の文学的なセンスをよく示しているものだと思います。

その前の山男の話もそうですけれども、平地に住む農民の人たちがときどきふっと山に入って行くことがあることを、柳田先生は書いていらっしゃるんです。『遠野物語』と同じように印象の深い、『山の人生』の中でこういう説明をしています。

人には尚是といふ理由が無くて、ふら〳〵と山に入つて行く癖のやうなものがあつた。少なくとも今日の学問と推理だけでは、説明することの出来ぬ人間の消滅、殊には此世の執著の多さうな若い人たちが、突如として山野に紛れ込んでしまつて、何をして居るかも知れなくなることがあつた。自分がこの小さな書物で説いて見たいと思ふのは、主として斯うした方面の出来事である。是が遠い近いいろいろの民族の中にも折々は経験せられる現象であるのか。はた又日本人にばかり特に、且つ頻繁に繰返されねばならぬ事情があつたのか。それすらも現在は尚明瞭で無いのである。

（「凡人遁世のこと」）

若い人がふっと蒸発して、名前を変えて、別の所で生活するようなことは、現在でもあるわけであります。非常に多くの行方不明者が死亡してしまって、身元不明のまま葬られるというケースがあるわけなんです。

私が精神科の医者になった今から四〇年くらい前、栃木県の農村部の病院に勤めていて、そういう患者さんをちょいちょい診ました。その頃は精神分裂病、今は統合失調症といいますが、大抵は勤め先や家庭にいられないようになります。自分は周りの人から迫害されているという妄想にとりつかれ、こっちへ来いという声が聞こえて、ふらっと家を出て行く。栃木県の農村部ですと山へ入って行き、炭焼き小屋などで一人で生活しているのを発見されて、髪はぼうぼう、体は垢だらけの状態で病院に連れて来られる。「山の人たちは親切だよ。出会うとおにぎりをくれたりする」なんて言ったりしていました。

こういうふうに自分の家からふらっと出かけて行って、山の中に入って行く患者さんがときどきいて、私は「サムトの婆症候群」と呼んでいます（笑い）。実は、そういう人というのは、日本ばかりではなく、世界中にいるんです。

私は一九六七年から八年にかけて、ネパールへ文化人類学や民俗学の先生方と一緒に行きました。医療人類学と言いまして、近代医学の存在しない場所では、精神病者や普通の病人がどう扱われているかということを研究しに行ったのです。

その時、こんな話を聞きました。ネパールやインドのヒンズー文化圏では、乞食のことをマハトマ・ジーと言います。ヒンズー語で聖爺さまという意味です。大抵白い髭をして、白い着物を着て、杖を突いて、袋を持って放浪しています。人に会う時には、日本の乞食のように手を突き出して、「バブー」って言います。そうするとお金を上げるほうが手を合わせますから、威厳があるのです。

インドでは、人生には四つの段階があると考えました。初めは学生期と言って、師匠について学ぶ少年時代。青年時代から成人期は家住期と言って、子どもを作る時。その後は林住期と言って、隠居して森の中で一人ぽつんとする。そして、最後の遊行期は一人で放浪の旅に出て、野たれ死にする。お釈迦様も旅の途中、菩提樹の下で野たれ死にしていらっしゃるのですから、それがいい死に方だと思われていたのです。

村の保健所の先生に頼まれて、私たちはそのマハトマ・ジーに会って、「なんでマハトマ・ジーになったのだ」と聞いたら、「自分はヒマラヤの山の中にいたけれども、あるとき声が聞こえてきて、里のほうに呼び下ろされた。ピパルの木が風にそよぐように、自分も風に押されて下がってきた」と言うんです。日本だったら山に入りますが、インドではヒマラヤですから即座に餓死するほかはないので、里へ下りてくるのです。

三　アメリカと日本におけるホームレスの構造

これは日本ばかりではなくて、アメリカのニューヨークやワシントン、サンフランシスコなど大きな町には、大抵ホームレスの集落があります。アメリカのホームレスというのは、一九二〇年代、大不況の時に増えたのです。その後、ニュー・ディール政策が行われてほとんどゼロになったのに、一九七〇年代頃からまた増えはじめています。

アメリカでは、その頃から精神医療政策が変わりました。患者さんを病院に置いておくのは金も無駄だし、嫌がるものを入院させておくのは人権蹂躙だというので、両方がドッキングして精神病院を大半廃止して、患者さんを町の中に放り出したんです。初めは寮みたいな所に住んでいるんですが、医学的な管理をしないと病気が悪くなり、町の中にさまよい出てしまいます。そういう人たちがホームレスの中核になって、その周りに失業者や麻薬中毒者が増えてきて、大群ができあがるんです。

日本にもホームレスはたくさんいます。一昨日から、テレビは他にやることがないみたいに、台風九号のニュースばかりやっていましたけれど（笑い）、東京の多摩川の河川敷には、ホームレスの人たちが青テントで住んでいた。急に増水したので、ホームレスといえども放っておけませんので、ヘリコプターで二十何人吊り上げて助けました。それで、日本にもホームレスが増えていることがよくわかったのです。

このホームレスの中には、いわゆる神隠しということで、行方不明になった人が結構いると思うんです。ホームレスは大抵住民登録していないので、生活保護も受けることができません。彼らが元いた家族から見れば神隠しにあったようなものですが、最近は男が稼がないと、こんなのは要らないというので、ろくに探しもしません。日本であおいう人が増えてきたのは、やはり一九八〇年代以後です。

ホームレスは、髭は伸び放題、風呂に入らないので臭い。下を向いて独り言をぶつぶつぶつぶつ言っている人たちは、統合失調症の人が多いのです。統合失調症の患者さんが慢性になると、周りの人と関係を持てなくなりますし、周りから悪口を言われているような気がして、「おれのことを馬鹿にするな」と怒鳴ったりするものですから、そこにいられなくなる。

初めは医者に通ったり、病院に入院したりしているのですけれども、退院した後、統合失調症の場合、ずっと病院に通って薬をきちんと飲まないと再発して、ぶつくさぶつくさ言ってホームレスになっちゃうんです。最近は、「本人が嫌がるものを入れるのは人権蹂躙だ」と新聞も言いますので、病院に入れることができず、そのままホームレスに止まってしまうのです。

その周りには、アルコール症や薬物依存の人や、非社会的人格障害と言って、性格的に働くのが嫌だという人たちがいるんです。それからその側に、昔から仙人と言われている自由を求めている人たちがいるわけです。こういう人たちは精神障害と言えるかどうか疑問なんですが、そこには社会的原因というのがあります。こうした人が平成になってから増えてきて、失業者が増えたのです。

図

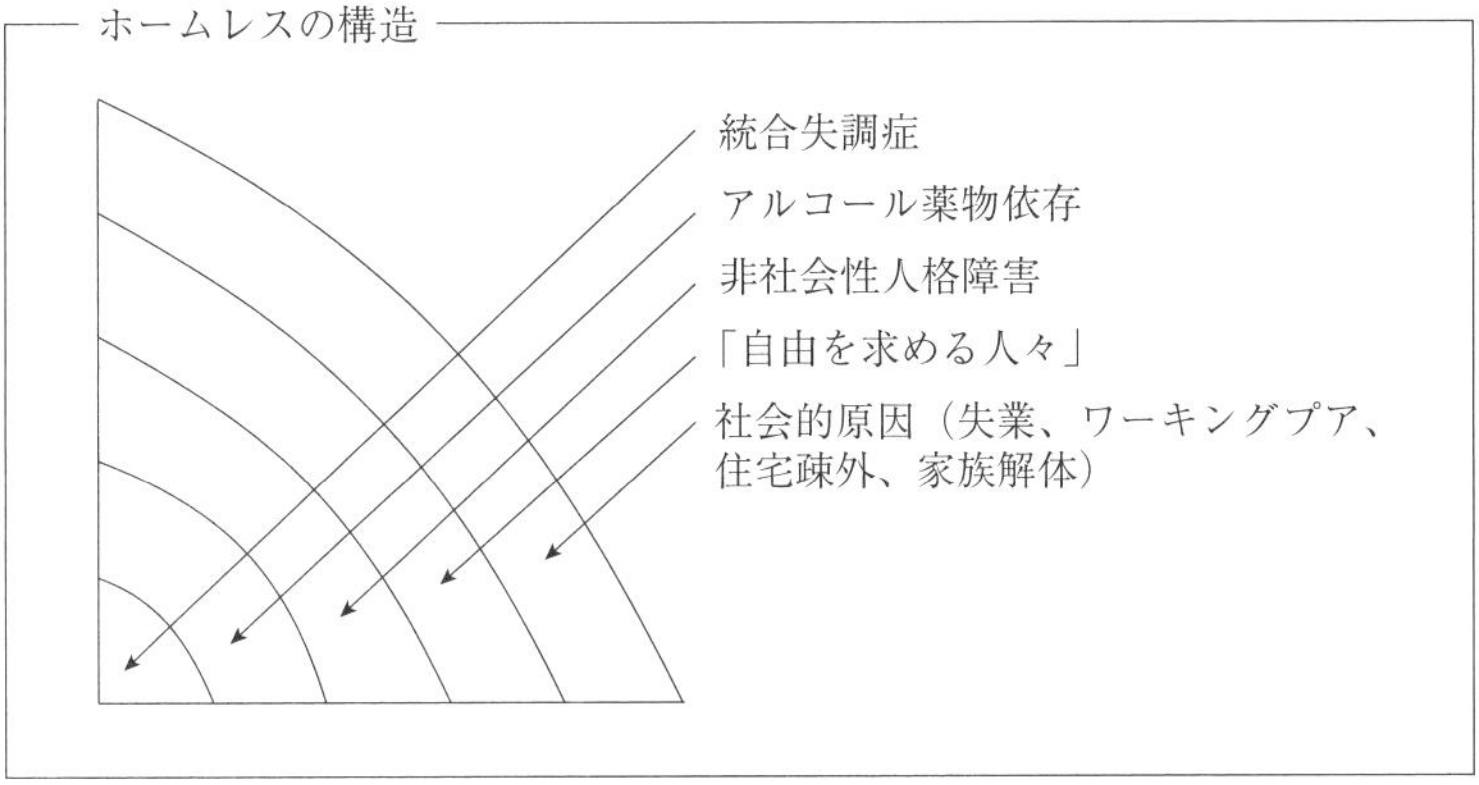

それからワーキング・プアと言って、働いてはいるけれども、部屋を借りる収入がない人たちがいます。多くはホームレスですから、ネット・カフェへ行けば一晩過ごせますので、ネット難民、カフェ難民になります。大抵の場合、家族とも連絡をしていませんから、家族から言えば神隠しにあったようなものです。警察はまず捜してくれませんので、そのままになっています。

もう一つ、住宅政策の変換というのがあります。昔、夫が徴兵に取られている間に借家が店立てを食って、女房や子どもに行き先がなくなったら、誰も戦争をする気がなくなってしまうので、借地借家法を変えて、店子に店立てを加えることは絶対に不可能だということにしたのです。ところが、小泉改革になってから経済合理性を尊重して、店立てを加えることが簡単にできるように借地借家法を変えたんです。それで、部屋代を払わないからというので、追い立てを加えられる人間が増えてきたのです。

それからもう一つは、家族が解体して、最近は離婚が非常に増えている。男が働かなくなると、大抵奥さんが出て行ってしまいます。男のほうはしようがないので、そのままにしているんですけれども、掃除も洗濯もしないし、稼ぎもしないから、ホームレスになってしまうということになるわけです。

男のほうは、女房を追い出すことが非常に簡単になっています。最近は人権が大事だというので、夫がぷいと家を出て行って、五年間たったら離婚が成立しちゃうというふうに民法が変えられたのです。それで追い出される奥さんが増えています。あれはひどい話で、女性の行動の自由を守ると言いながら、実は多くの女性が浮気な亭主から首になり、自殺未遂なんかして鬱病になって、私たちの外来に来ています。

そういうことで、家族が破綻すると住所がなくなって、住民登録がなくなったら、もう生活保護を受けることもできないので、ホームレスが非常に増えています。日本にも、そういう人たちというのが、特に平成になって小泉さんという人が総理大臣になり、支配するようになってからどんどん増えてきているんです（前頁の図を参照）。

四　日本人の心性の二重構造と柳田国男の先見性

だけれど、日本人に昔からそういう傾向がなかったかといったら、実はそういうふうになっていく人は昔からいたんです。日本民俗学がそういうことを研究しています。和歌森太郎先生という人が書いているんですけれど、日本常民の心性には、ハレの生活とケの生活と二重構造があるとおっしゃいます。

日常のケの生活というのは、よく知り合った人たちの素面の顔の突き合わせがあって、労働の日々が暦の示すところによって流れていく。柳田先生が『木綿以前の事』の中で書いていらっしゃるんですけれど、日本常民は、ケの日には酒を飲むこともしないし、芸能もあまりしない。朝歌を歌うといって、午前中歌を歌うことさえ禁じたんです。日本人の宗教まで含めて現実的であります。その担い手は平地の農耕民です。

それに対して、非日常のハレの日には、みんなで集団的に白酒《しろき》・黒酒《くろき》という米の酒を飲んで酔っぱらって、その日には、特に神楽なんかの芸能を通じて祖先神と出会う。この辺でも早池峰神楽というのがあります。そういう時には、一時的ですけれども、一種の異常心理を体験するために、みんな酔っぱらってひっくり返ってしまうほど飲んだ。そういう担い手は、山から遠野郷に下りてくる芸能の山民です。

それから、今言ったように、どうかして村にいられないということになって、旅をする人たちの中に紛れるということがあったのです。日本語では、気が狂う、狂気に陥るということをタブレルというのが古い言い方なのです。『岩波古語辞典』でも「狂《たぶ》れたる醜《しこ》つ翁」という『万葉集』の歌を引用していますけれど、気の触れた醜い爺というのは差別用語ですけれど、タブレルという状態があります。

このタブレルという言葉は、すぐに「戯れ」という言葉を連想します。ハレの時だけ許されるようなこと、たとえば酒を飲む、踊り狂う、先祖や霊と出会う、働かない、無礼講ということで上下の列の区別もなくなるという状態になる。それから、タマフレというのがある。タマに触れる、モノに取り憑かれるということですが、モノというのが魂です。それからてんかんの場合は倒れます。そう言ったものを狂気と言ったんであります。

日本の中世を代表する芸能であるお能の中には、「遊狂物」「狂乱物」という演目があって、シテという主人公になって出てきます。『丹後物狂』『花筐《はながたみ》』『隅田川』というのはみなそうです。あることでショックを受けて精神に錯乱をきたした人物が元の村里にいられなくなって、ふらふらと旅に出て行くのです。

たとえば『隅田川』ならば、子どもを誘拐された母親が気が触れて狂女になって、子どもを追っかけて、京都から東海道を下って隅田川の岸までやってきます。渡し船に乗ろうとすると、船頭は「面白く狂って見せなさい」と言うので、彼女はそこで何かが取り憑いた状態、憑依状態になって舞います。これは解離性人格障害という状態になって舞うのです。

そう言われて、向こう岸まで送ってもらうと、向こう岸に新しい墓ができていて、自分の息子が埋められた話を聞く。その墓の前で泣き伏していたら、息子の幽霊が出てくるのです。これは観世流と宝生流で違いがあって、声なき声の場合と子方が出てくる場合と両方ありますが、そうやって子どもに出会うというのがあります。

『丹後物狂』は、教育パパみたいな親父がいて、子どもを山のお寺に入れて勉強させ、呼び戻して口頭試問をするんです。学問の進み具合を尋ねると、「倶舎論《くしゃろん》のうち、七巻はまだ覚えていません」と言うので、学問以外のことを聞くと、下人が「簓《ささら》八撥《やつばち》はどれも一段と器用です」と言います。今だったら、「エレキギターまで弾きます」ってなことを言ったので、親父は怒り、息子はショックを受けて身投げします。

親父もそのショックでお袋と一緒に気が狂って、村から出て流浪をしていると、ある所で偉いお坊さんが説法をしているというので、行くのです。けれども、「狂人だから、説法を聞くことは許されまい」と言われ、「狂人にも思慮分別がある」という理屈を言って拝聴する。ところが説法を聞き始めたら、急にまた気が触れて、「阿弥陀　なまみだ」と言って踊り狂いはじめる。ふと気がついたら、説法している坊さんは自分の息子で、救われて高僧になっていた。そこで病気が治って、連れだって国へ帰るという話になっているのです。

大抵気が狂った人間というのは、元の社会にいることができなくなり、旅の人々の群れに入るか、あるいは山に入って行くか、そういう生活をしているけれども、やっぱり元の生活に帰ろうという動機を彼らは持っている。日本のお能の「狂乱物」の中にも、『遠野物語』や『山の人生』に出てくるのと共通したところがあります。

そうして『遠野物語』や、特に「狂乱物」に出てくる日本の中世の狂人たちというのは、狂人だといって差別はされますけれども、「気違いも思う筋目」ということがあって、言っていることを聞いてはもらえていた。柳田先生は、ここで素晴らしいことをおっしゃっていらっしゃるのは、「たとへ狂人の言動であつても、人間のわざである以上、なんらかの理由はあるべきである」とお書きになっている。

柳田先生が『遠野物語』や『山の人生』をお書きになった明治から大正にかけての日本の精神科の医者たちは、そういうことは全然意識していなかった。精神病というのは脳病なんだから、脳の病気の原因がわかるまでは手のつけようがないから、ただ病院に押し込めているより方法がない、というような考え方を持っていたし、今でもそういう考え方を持っている人が日本人の中には少なくないと思う。

そういうのは差別であって、患者さんの言うことでもまともに聞いて、彼らとまともな心のつながりを持つようにしなければ、治療なんかできるもんじゃない。そうした認識は、ようやく一九九〇年代頃から日本の精神科の医者がみな共有するようになった。しかし、柳田先生は、その頃からそういうふうにお書きになっていたということを認識せざるを得ないわけなのであります。

五　狂気の価値、ヤマハハとオシラサマの話

精神障害になるということはマイナスばかりではなく、狂気の価値というものもあるのだと言わなければならない。病跡学という学問は精神医学の一つの部門ですけれども、心の病気になったために芸術的な創造ができるきっかけになったという人は少なくないと思う。彼らは社会での適応はうまくいかなかったけれども、芸術的・宗教的な創造ができるようになった。私たち精神科の医者はそういう人たちの話を研究しています。

岩手県だったらば、たとえば宮沢賢治という人は、私の最も好きな作家で詩人ですけれども、福島章《あきら》という精神科医が躁鬱病だったという診断をしています。それから石川啄木という人も、やはり性格の異常というのがあったと思います。もちろんゴッホという絵描きもそうですし、モーパッサンという小説家もそうです。

そういう点だったら、『遠野物語』の中にこういう話があります。

山の神の乗り移りたりとて占を為す人は所々に在り。附馬牛《ツクモウシ》村にも在り。本業は木挽《コビキ》なり。柏崎の孫太郎もこれなり。

以前は発狂して喪心したりしに、ある日山に入りて山の神より其術を得たりし後は、不思議に人の心中を読むこと驚くばかりなり。その占ひの法は世間の者とは全く異なり、何の書物をも見ず、頼みに来たる人と世間話を為し、その中にふと立ちて常居《ジャウキ》の中《ナカ》をあちこちとあるき出すと思ふ程に、其人の顔は少しも見ずして心に浮びたることを云ふなり。当らずと云ふこと無し。例へばお前のウチの板敷を取り離し、土を掘りて見よ。古き鏡又は刀の折れあるべし。それを取り出さねば近き中に死人ありとか家が焼くるとか言ふなり。帰りて掘りて見るに必ずあり。かゝる例は指を屈するに勝へず。（一〇八話）

木挽の孫太郎が発狂して喪心したというのは、精神病になって意識がなくなる状態になったことを言い、その後急に超能力を持つようになったのです。精神病になった後、超能力を持つようになった人は、日本でも仏教の行者さんの中に学ぶところがあります。占い師なんかだったら、やっぱり超能力を持っている人はたくさんいるわけです。狂気に陥ることによって超能力を得るという考え方が、『遠野物語』の話者たちにはあったわけです。

そういう話は、先ほど話しましたネパールに行った時にも聞きました。ネパール政府から要求されて、ネパールの人たちを診察するために、ピパルの木の下で店を開いて診療をやっていました。そこに、ある人がやって来て、「病気を診てくれ」と言うので、「なんで？」って言ったら、「私はてんかんなんで、発作を治してくれ」と言うのです。

周りのみんながげらげら笑うので、どうしたのかと思ったら、ダーミー（呪医）なんです。「なんで拝み屋になったんだ？」っと言ったら、「僕は子どもの時にてんかんの発作をよく起こしていた。そのとき幻覚が起きて、白い神様が出てきてくるくる踊る。拝み屋に行ったら、『お前は見所がある。ダーミーになれ』と言われ、ダーミーになった」と言うのです。「じゃあ、てんかんが治っちゃったら、営業が成り立たんじゃないか」って言ったら、「もうてんかんの発作なんてなくても、占いはできる。病気は邪魔だから治してくれ」と言うのです。私は処方を書いてやって、「一生懸命稼ぎなさい。これを持ってインドに行って、医者に安い薬を処方してもらいなさい」と言って、帰ってもらったのです。

このように、狂気に陥ることで超能力を持つというのは、『遠野物語』にも出てきます。その際、柳田先生はほとんど判断を下していらっしゃいません。そんなことはばかばかしい迷信だとはお書きになっていない。その態度のほうが正しいと思います。超能力というものは、たしかにある種の人々には存在するのであって、精神的な病気がきっかけで、そういうことは起き得ると考えています。

たとえば、『遠野物語』には、そういう超能力と常民がどういうふうに触れあうかということが描かれています。芳公馬鹿の話（九六話）というのがありまして、馬鹿というのは差別用語で、これは知的障害の芳公という男なんですけれど、彼は知的障害であるがゆえに一種の超能力や予知能力を持っていたという話なんです。

それから狂気の価値ということですが、狂気というのは日常の世界とは違った別の世界と日常の世界との間をつなぐ一つのきっかけになり、精神障害者は、場合によってはそういう値打ちがあるということを、精神科医や心理学者は信じない。柳田先生の頃、福来友吉という心理学者がいたんですが、この人は超能力の研究を始めたために東京帝国大学を首になって、日本ではそういう研究はタブーだということになった。

私は大学院に行っていたとき、ある新興宗教の信者の精神障害について研究をしまして、島崎敏樹という先生が、「それで博士論文を書け」って言ってくれて、博士論文を書かせていただいたのです。

もう一つは、精神分析の立場から言いますと、カール・グスタフ・ユングという精神分析の先生が書いていらっしゃることですが、人間の心の奥底の中には大地母神の考えがあって、それは母親と共通する。母親というものは、われわれを生み出してくれる最も懐かしいものであると同時に、場合によってはわれわれを食べてしまう存在として映ることがある。そういうことを言うんであります。

今、母親殺しの事件がよく報道されますけれど、そういう日本人の男の精神鑑定をすると、統合失調症になっているケースが結構多いのです。自分のことを世話してくれる母親が非常に気味の悪いものになって、北鮮のスパイや柔道の有段者に見えたり、目がぎらぎらした怪物に見えたりして殺してしまう。人間の心の奥底には、自分を生み出して育てた母親は、ありがたいものであると同時に気味の悪いものであると考える傾向があって、それが精神病になると心の表のほうに出てくることがあるのかも知れません。

『遠野物語』や『山の人生』の中に、ヤマハハの話というのが出ています。山の中に行ったら気味の悪いお婆さんがいて、このお婆さんに出会うと食われてしまうという話になるんです。このヤマハハというのは、カール・グスタフ・ユングの言うところの、人間の心の奥底にあるグレートマザーのイメージと重なり合っているのだと思います。

宗教的に言いますと、オシラサマの起源説話というのがあります。


昔ある処に貧しき百姓あり。妻は無くて美しき娘あり。又一匹の馬を養ふ。娘此馬を愛して夜《ヨル》になれば厩舎《ウマヤ》に行きて寝《イ》ね、終に馬と夫婦に成れり。或夜父は此事を知りて、其次の日に娘には知らせず、馬を連《ツ》れ出して桑の木につり下げて殺したり。その夜娘は馬の居らぬより父に尋ねて此事を知り、驚き悲しみて桑の木の下に行き、死したる馬の首に縋りて泣きゐたりしを、父は之を悪《ニク》みて斧を以て後《ウシロ》より馬の首を切り落せしに、忽ち娘は其首に乗りたるまゝ天に昇り去れり。オシラサマと云ふは此時より成りたる神なり。（六九話）

これは本当に不思議な話です。この娘というのは馬とセックスの関係にあったわけですから、いわゆる動物性愛であります。

この動物性愛が逆転してサディズムになったのは、酒鬼薔薇聖斗や宮崎勤が一連の犯行の前に猫殺しをやっていることで知られます。猫は小さいし、柔らかいし、暖かいし、甘えるし、幼女を連想させるので、性愛の対象になり得る。こういう性愛の対象を完全に破壊し、支配しようというのがサディズムですから、まず猫殺しから始めるわけです。

しかし、『遠野物語』の場合、動物性愛の傾向が宗教の起源に突出してしまっている。人間の持っている犯罪と狂気と信仰というのは、根っこのところでつながっている。恐ろしいけれども、このオシラサマの起源説話は人間性の真実を知らせてくれます。

さらにこの話の続きには、こういうのがあります。

此話をしたる老女は熱心なる念仏者なれど、世の常の念仏者とは様《サマ》かはり、一種邪宗らしき信仰あり。信者に道を伝ふることはあれども、互に厳重なる秘密を守り、其作法に就きては親にも子にも聊かたりとも知らしめず。又寺とも僧とも少しも関係はなくて、在家《ザイケ》の者のみの集《アツマ》りなり。其人の数も多からず。辷石《ハネイシ》たにえと云ふ婦人などは同じ仲間なり。阿弥陀仏の斎日《サイニチ》には、夜中人の静まるを待ちて会合し、隠れたる室にて祈禱す。魔法まじなひを善くする故に、郷党に対して一種の権威あり。（七一話）

これは一種のカルトでありまして、秘密宗教であります。浄土真宗では、この隠れ念仏というのを異端視して、擯斥の対象にいたします。けれども、こういう形のカルト的な新宗教の存在まで、『遠野物語』には記述されています。

六　臨死体験と幻覚、『遠野物語』の価値

それから最近よく知られていることに臨死体験というのがあり、死ぬ前の人間の体験には共通したところがあるということが言われます。なぜ共通したところがあるのかという点では、死後の世界が存在するという考えと、死ぬ前には脳の中が酸素欠乏の状態になるので、幻覚が出てくるという考えの、両説があるんであります。

もちろん、『遠野物語』の中では判断を下しているわけではありません。こういう時に簡単に判断を下さず、人間はそういうことを体験するものだということだけを忠実に書く態度を、最近、精神科の医者は現象学的態度と言います。柳田先生は、まさに現象学的態度というのをとっていらっしゃるのです。

柳田先生がお書きになっている臨死体験というのは、こういうものです。

飯豊《イイデ》の菊池松之丞と云ふ人傷寒を病み、度々息を引きつめし時、自分は田圃に出で丶菩提寺なるキセイ院へ急ぎ行かんとす。足に少し力を入れたるに、図らず空中に飛上り、凡そ人の頭ほどの所を次第に前下《マヘサガ》りに行き、又少し力を入るれば昇ること始の如し。何とも言はれず快し。寺の門に近づくに人群集せり。何故ならんと訝りつ丶門を入れば、紅《クレナヰ》の芥子《ケシ》の花咲満ち、見渡す限も知らず。いよ〳〵心地よし。この花の間に亡《ナ》くなりし父立てり。お前も来たのかと云ふ。これに何か返事をしながら猶行くに、以前失ひたる男の子居りて、トツチヤお前も来たかと云ふ。お前はこ丶に居たのかと言ひつ丶近よらんとすれば、今来てはいけないと云ふ。此時門の辺にて騒しく我名を喚ぶ者ありて、うるさきこと限なけれど、拠なければ心も重くいや〳〵ながら引返したりと思へば正気付きたり。親族の者寄り集ひ水など打ちそ丶ぎて喚生《ヨビイ》かしたるなり。（九七話）

傷寒というのは腸チフスといわれているような病気ですが、これは臨死体験です。

私は死にかかったことはないのでありますが、私の母親は晩年、脳血管障害になった上に、肺炎になって死にかかったことがあります。その時はなんとか治していただいたのですが、その後で、「綺麗な青い水があってね、橋がかかっていて、橋の向こうにカトリックの尼さんがいて、手押し車を押している。『この車に乗れ』と言う時に乗らなかったよ。あの車に乗ったら死んでたかもね」と言うんです。

エジプトの『死者の書』でも、死というのを一種の旅と考えて、舟に乗ったり、車に乗ったりして、そこに川の流れなど水というものが出てきます。死というものが一種の旅として了解され、異界の人から自分が招かれるという体験をしているという点で、臨死体験のパターンにあんまりよく当てはまっているので、驚きました。

私の母がどうしてこういう体験をしたか、私はわかります。私たちは父親が死にまして、一九四四年頃、大阪で非常に心細い生活をしていた頃、叔父が作ってくれた手押し車を押して、二里ぐらい離れた山奥の農家へ出かけて行って、ごく少しのタマネギやジャガイモ、サツマイモ、そんなのを分けてもらうために、ことこと母親と一緒に歩いていったことを覚えています。その頃、私の家の前にカトリックの修道院があって、尼さんが毎日、鐘が鳴るのとともに通っていたのを覚えています。母親もあの頃の心細い思い出が頭に残っていたから、それが出てきたのでしょう。

そういうことはあるのでありまして、こういう臨死体験というのは非常に重要なものなんです。今、死ぬ人たちは大抵病院に入れられ、手には点滴、口には人工呼吸器、鼻にはゾンデ、頭には脳波計をつけられて、こういうのを「マカロニ症候群」というのでありますけれど（笑い）、体中管だらけになって死んでいくんです。

昔、仏教の和尚さんたちは、死んでいく前の幻覚を利用したのです。たとえば藤原道長という、紫式部の雇い主だった平安朝の貴族がいます。もともと糖尿病だったところに菌血症にかかり、高熱を発して死ぬんです。手に五色に染めた蓮の糸を持たせ、その糸の先を阿弥陀仏の手に結び、浄土へ連れていくんだという幻覚を持たせるんですけれど、私はこういう死に方のほうがマカロニ症候群よりずっとましだと思います。

臨死体験なんてばかばかしいと思ってしまわないで、人間が体験することはそれなりに意味があり、それが人間の生活なんだと考えて、いちいち価値観的な判断をしないで記述してくれたのが、柳田先生の態度です。われわれは、一緒に生きていくために、周りにいる日本人の生活を記録した態度というのを忘れないようにしようと思います。

私など精神科の医者から見ましたら、柳田先生が『遠野物語』をお書きになったことの意義はやはり大きい。

人間の心の中で起きていることにはみんな意味がある。狂気と夢にも意味があるのだ。そして狂気と夢と現実の世界との間を行ったり来たりする往復運動の中で、日本人は心のバランスをとってきたんだということ。狂気に陥った時にも、やっぱり生き方があるということです。

そして、狂気の価値というものもあるんだ。狂気というものが、ごく当たり前の常識的な世界では体験できない体験をわれわれにさせてくれることができるということです。

それから、この世とあの世との存在です。われわれはこの世の中に生きているだけではなくて、死んだ人々との間に通路があって往復運動ができるんだ。そう考えることで、この世を生きていく上においても、もう少し心の深い生き方をすることができる。そのようなことがわかります。

昔、私の飼っていた猫というのが、時には夢に出てくるのであります。出てはふっと消えてしまうのですけれど、またあの猫に会いにいくことができるだろうと思って、迎えを楽しみにしているわけであります。

付記　二〇〇七年九月八日、遠野市立博物館で行われた記念講演をもとにするが、五分の三ほどの分量に絞ったため、言葉の調子が失われているところがある。（石井）

特別寄稿　環境民俗学から見た『遠野物語』

野本　寛一

一　『遠野物語』と遠野

現実の遠野という地域の環境や民俗世界と、『遠野物語』『遠野物語拾遺』に記述された環境・民俗はもとより同じものではない。両者は深くかかわるものではあるが、二者の間に懸隔をもたらしている種々の要素がある。時の流れもその一つではあるが、他にもある。

佐々木喜善は明治一九年（一八八六）、土淵村に生まれたが生後間もなく母の実家に養子として入り、そこで成長した。『遠野物語』『遠野物語拾遺』に収められている諸伝承は、喜善が少年期から青年期にかけて見聞し、先人たちから聴聞したもので、そこには、明治およびそれ以前の遠野地方の伝承世界がある。それらには、喜善という個性的な感性・心性のフィルターがかかっている。喜善の感性・心性・関心によって掬いあげられたものに対して、当然、捨象されたものがなかったわけではないはずだ。次に、滾々《こんこん》として湧き出る喜善の語りを聞きとり、書き記す柳田國男の感性・個性・関心の羅針儀の針の集中する方向に第二のフィルターがあったことはまちがいない。『遠野物語』『遠野物語拾遺』における「山」の比重は高い。柳田は明治四一年（一九〇八）七月、九州の椎葉村を訪れ、後に『後狩詞記』を著している。佐々木喜善に邂逅し、遠野の話を聞き始めたのはその年の一一月のことであった。「山」への傾斜の要因に椎葉村への旅が影響していたことはまちがいなかろう。

『遠野物語』『遠野物語拾遺』において、「農」「農耕環境」に関する関心は高いとは言えない。石井正己氏もここに注目し、

『遠野物語』が稲の問題に触れるのは、実に僅かでしかありません」として、その少ない例について解説している。[1]また、赤坂憲雄氏は次のように述べる。[2]「山の神の信仰の時間的な深さと拡がりにたいして、田の神をめぐる信仰が浅く狭いものであったということである。『遠野物語』を通じて、田・米・餅については四十例ほど、畑・畠については十五例ほどの関連する記述が見られる。しかし、この量的な比重の偏りは遠野における稲作／畑作の現実的なありようを反映していない。『巖手県管轄地誌』によれば、一八七七（明治十）年に前後する時期に、遠野全域（戸数三五八三戸）では税地として田が一五四三町歩あまり、畑が四二六五町歩あまりと報告されている。喜善の生家のあった戸数三十戸の山口村の場合には、田が約一三町歩にたいして、畑が約五三町歩であった（『遠野市史』第四巻による）。稲作／畑作の分布に濃淡はあれ、明治期の遠野地方はいまだ稲作主体の農業には移行していない。」――昭和五六年（一九八一）三月二七日、川井村江繋から立丸峠を越えて遠野へ入ったことがあった。西内の畑の真中に、コンセイ様と呼ばれる石の男根が祀られているのを見かけた。畑作の豊穣を祈る信仰の一つの形であろう。この地方の畑作の重さが偲ばれた。

『遠野物語』『遠野物語拾遺』は、たしかに農耕や農耕環境への眼ざしは比較的稀薄である。また、動物や狩猟にかかわる文章を覗いても「カモシカ」は登場しない。しかし、遠野市駒木の鳥屋部松男さん（大正九年生まれ）は次のように語る。当地ではカモシカのことをアオジシと呼ぶ。アオジシは昔から多く棲息し、禁猟になる前には、アオジシの肉はイロリの上などに吊っておき、正月の御馳走にし、冬季の食料にした。毛皮は防寒諸用具、背皮などにした。川井村江繋から遠野の琴畑に嫁いできた琴畑きよさん（大正一〇年生まれ）はシダミ（ナラ類の実）のタンニン除去の方法、粟粥をシダミにかけたり、キナ粉をシダミにかけたりして食べる食法、シダミ酒などを伝承していた。こうしたことも『遠野物語』には見えない。また、鮎貝の菊地一三さん（明治三九年生まれ）は、一〇歳の頃までは猿ヶ石川、その支流小友川に鱒が溯上していたと語り、「柳の芽が出ると鱒が来る。」という自然暦を伝えている。柄六尺、カエシのある四本ヤスで獲ったのだが、草刈りに出かけた人が浅瀬で鎌を使って獲った鱒の半分をもらったことがあったと語る。しかし、『遠野物語』に鱒は登場しない。イナサと呼ばれる、冷害をもたらす風と稲作の深刻な関係も見当らない。遠野市上附馬牛の藤田栄さん（昭和三年生まれ）によると、イナサは最近使われるようになった言葉で、当地では八月中旬、稲の出穂期に低温を運び、青立ちをもたらす風のことをガシカゼ（餓死風）と称したという。『遠野物語』では、生業・生活誌的側面や環境記述は稀薄である。『遠野物語』『遠野物語拾遺』はいわゆる「民俗誌」ではない。「ないものねだり」はしない方がよい。『遠野物語』は、精霊・心霊・死霊・ヌシなどが生動する古層の民俗世界の深さ、アニミズムに通じる世界、民俗神などその叙述・記録において類例を見ない完成度を示し、ゆるぎない存在感を示している。常に大きな光芒を放ち続ける。佐々木喜善・柳田國男の協業によってここに定着された二〇世紀以前からの伝承世界は、どうしても二一世紀に手渡さなければならないのである。ここで扱う、環境や環境要素・自然観などは『遠野物語』『遠野物語拾遺』に登場するものであり、それを基点とする。文中では『遠野物語』の事例番号を（　）、『遠野物語拾遺』の事例を（拾　）と表記する場合がある。

二　山の産出力と包容力

遠野の中心部は盆地であり、その周辺には数々の山々がある。早池峰山（一九一四メートル）、早池峰は、「逸霊嶺《はやちね》」の意で、高千穂＝「高霊秀《たかちほ》」、や、ちはやぶる＝「霊逸振る」、などに通じ、強い霊力を示す山名である。六角牛山（一二九四・三メートル）、石上山（一〇三八・一メートル）、耳切山（八七四・九メートル）、大黒森（一〇九七・〇メートル）、権現山（九七〇・二メートル）、物見山（九一七・一メートル）など高山は多い。これらの山々を中心とした遠野盆地周辺の山々、それをふまえた、『遠野物語』『遠野物語拾遺』の「山」はどのように描かれているのであろうか。

表1　山の生業要素

山の生業要素（『遠野物語』『遠野物語拾遺』）

- Ⅰ　採集
  - 1　食素材　茸（一〇・三三・三五・九一）・蕗（六三）・山芋（五三・拾六五）
  - 2　生活素材　地竹（三〇）・マダ（シナ）樹皮（拾一〇〇・拾一三八）・萱（三三・四二・拾一一六・拾二一三）
  - 3　農耕・畜産素材　刈敷（拾一三三）・萩（九〇・拾一〇五）・笹（四）
- Ⅱ　狩猟
  - 1　鹿狩（三二・四六・拾一二〇）
  - 2　雉子狩（六〇）
  - 3　熊狩（四三・拾二一〇・二一二）
  - 4　対象不明（三・七・二八・拾一〇六・拾一八五など）
- Ⅲ　渓流漁撈—岩魚（拾一二一・拾一七一・拾一八三）
- Ⅳ　換金生業・労務—1　枕木出し（七五）2　木流し（拾一一九）3　燐寸軸木素材出し（七五）4　炭焼き（三四・拾二〇七）5　鉱業（四四・七六・拾五）
- Ⅴ　焼畑—荒畦畳み（拾二一一・拾二一二）

1・山の生業要素

『遠野物語』『遠野物語拾遺』に描かれた山と、現実の遠野の山、そこを舞台とした民俗がすべて一致するわけではないし、物語にすべての民俗が網羅されているわけではない。表1は、『遠野物語』『遠野物語拾遺』に登場する、「山」にかかわる生業要素を整理したものである。現実の、遠野の山の民俗からすれば欠落しているものが多いにせよ、これを見ると、山を舞台とした生業要素の概略は理解できる。狩猟・採集・渓流漁撈といった始原性の強い生業要素に加えて、一般的に始原性が強いと言われる焼畑も見られる。こうした、骨格に加えて、換金生業・山の労務も加わり、遠野の人びとが多大な山の恵みに浴していたことがわかる。生業要素に主軸を置かない『遠野物語』『遠野物語拾遺』から、これだけの内容がたちのぼってくるのはみごとである。この骨格の細部や襞に、厖大な生業民俗の世界が広がっていたと理解すればよいのである。

鹿の棲息域・個体数は時代によって変動が見られるのだが、『遠野物語』『遠野物語拾遺』が成立する直前まで、この地域には鹿の数が多く、鹿狩が盛んだったことがわかる。オキ・シカオキと呼ばれる鹿笛を使っての笛鹿《ふえじか》猟が盛んだったこと、オシラサマと鹿肉の関係など興味深い内容がある。（六〇）には、雉子のトヤ待ち猟のこと、雉子と狐の関係が描かれており、興味深い。近代的な山の賃金労務として、遠野でも鉄道の枕木出しが盛んだったことが記されている。鉄道敷設はこの国の近代化の証であった。伸びる鉄路に比例して国内の山々から栗林が消えていった。伐採された栗の跡が杉の植林に蔽われるというのが一般的な形だった。遠野を歩くと山々に杉のみならず、落葉松の植林地を見かける。燃料が焚木・薪・炭から化石系燃料や電気系燃料に変るとコナラ・ミズナラの循環伐採の必要がなくなる。コナラ・ミズナラなどは、シイタケの原木としての需要があったのだが、外国産シイタケの市場進出、猿害などによりシイタケ栽培にもかげりが出始めた。遠野の山々の林相変化は、馬の放牧地の拡大や、『遠野物語』に見える「枕木出し」から始まったのである。そしてまた、イエイエから馬が消えてから山の林相も激変した。前記上附馬牛根岸の藤田栄さんは次のように語る。根岸・片岸・上柳・小林の馬料用共有地が荒川ぞいの駒形神社の奥に二〇〇町歩あった。さらに、大黒森山（一〇九七メートル）山頂近くまで馬の放牧場があり、面積は二〇〇〇町歩、馬は五〇〇〜一〇〇〇頭ほど放牧されていた。馬が消えてから、採草地や牧地は植林地や荒山になったのだという。

2・共存の民俗思想

『遠野物語』『遠野物語拾遺』には様々な動物が登場するのだが、その主たる棲息地は山である。熊（四三・拾二一〇・拾二一一・拾二二二）、鹿（三九・四六・拾一二〇など）白鹿（三二一・六一）、狐（二一一・六〇・一〇〇・一〇一など）、狸（拾一八六）、猿の経立ち（三六・四四・四五・四六・四七）、猪（拾二一五）、狢（拾一八七）、狼・御犬（三七・三九・四〇・四一・拾七一・拾七三など）――以上のように多彩である。あるものは狩猟対象、またあるものは、化けたり、だましたりする狐・狸・そして人畜を害する狼だったりする。『遠野物語』『遠野物語拾遺』に登場する動物については石井正己氏監修の『遠野物語辞典』(3)に整理・解説されており、狐や蛇の伝承構造については三浦佑之氏の克明な分析・整理があるので(4)詳細はそれらに譲り、ここでは「狼」即ちニホンオオカミについて若干ふれる。

狼・対立と親和

狼はわが国の食物連鎖の頂点に立つ野獣だった。山犬・御犬とも呼ばれ、『万葉集』にも「大口の真神」として歌われている。肉食獣の狼が、鹿を捕食し（三九）、家畜である馬を襲う話（三八・四一・拾七三）が収められている。さらに、（四二・拾二一三）では狼のために人が命を落としている。このように獰猛な側面、人と対立する側面が描かれているのに対し、狼を神使とする三峰信仰の話が（拾七一）にある。狼は盗人を発見する霊力を持つというのだ。（拾七三）は、三峰の狼の扱いを誤って馬を喰われるという話である。全国的には、狼が焼畑作物や山田の稲を荒らす猪・鹿を捕食するという生態をふまえ、神使としての絵姿神札などを焼畑や山田に祀った例が見られる(5)。狼に盗難除けや盗人発見の効験を見るのは右の生態民俗の延長線上のことだと言えよう。（三九）には、犬落としの鹿を狼がものかげから見守るという伝承、（四〇）には草の長さが三寸あれば姿を隠すことができるなど狼の霊性伝承が語られる。右の例をみると、狼が、人にとって「両刃の剣」として認識されていたことがわかる。三峰信仰に象徴される親和的側面とともに、「狼の産見舞い」にも親和的側面を見ることができる。柳田國男も「狼と鍛冶屋の姥」(6)の中でその例を示している。

狼に対する親和的側面を示す象徴的民俗行事、小正月の「狼の餅」が（拾二七九）に見える。「蔵や納屋の鼠には嫁子餅と言って二つの餅を供える。また、狼の餅と言うのは藁苞《わらつと》に餅の切れを包んで山の麓の木の枝などに結び附けておく。是は狼にやる餅で、ほかに狐の餅ということもするのである。」――「狼の餅」「狐の餅」は近畿地方に伝承されていた「寒施行」「狐施行」に通じるところがある。

『遠野物語』『遠野物語拾遺』の狼・山犬伝承を見ると、そこには、人畜に危害を与える恐怖の対象である狼を徹底的に排除することなく、対立・葛藤を含みつつも「共存」してきた事実を窺い知ることができる。鹿もまた、稲・畑作物・焼畑作物などを荒らすのだが、白鹿聖視伝承（三二・六一）を見るとここにも共存の心意が見られる。猿・猿の経立ちなどの害をも含め、山の動物どもが人びとに害を与えたとしても、『遠野物語』の世界からは、総じて、それらと共存してゆこうという姿勢が読みとれる。

菱川晶子氏の「東北地方における狼の民俗儀礼――岩手県下閉伊郡大槌町の「オイノ祭り」を中心に――」という論考がある。(7) 中で、『盛岡藩雑書』に記録された野馬に対する数多の狼害や藩の狼対策などが整理されており、同時に、遠野に隣接する大槌町に伝承されるオイノ（狼）祭りなどの報告がなされている。そして氏は、「自分達の領域に狼が入らないように祈願していたその儀礼が、オイノ祭りであった。」と述べている。

狼・その消滅の光景

ニホンオオカミは明治時代に絶滅したと言われ、明治三八年（一九〇五）を以って姿を消したという説がある。(8) しかし、今なおその残存を信じる者もいる。鹿の極度な増殖が見られ、それによる植生・生態系の破壊を抑止するために狼を導入復活させよと主張する極端な論者もいるという。ニホンオオカミの残像は今日までかすかな命脈を保っているのだ。

『遠野物語』四一話にはニホンオオカミ消滅のシーンが象徴的に描かれ、凄絶である。「和野の佐々木嘉兵衛、或年境木越の大谷地へ狩にゆきたり。死助の方より走れる原なり。秋の暮のことにて木の葉は散り尽し山もあらは也。向ふの峰より何百とも知れぬ狼此方《こちら》へ群れて走り来るを見て恐ろしさに堪へず、樹の梢に上りてありしに、其樹の下を夥《おびただ》しき足音して走り過ぎ北の方へ行けり。その頃より遠野郷には狼甚だ少なくなれりとのことなり。」――たしかに落葉広葉樹が葉を落とし尽くす季節でなければ消えゆく狼群の疾走の姿は見えない。唸り声もなく、樹上の人に犬梯子《いぬばしご》を掛ける余裕もなく、ただ、すさまじい足音を立てて走り去る狼群――。

桑原藤泰が文化九年（一八一二）、壬申の弥生、大井川流域の山中に入った体験、観察、聞きとりを記した「大井河源紀行」が『波摩都豆羅』に収載されている(9)。中に次の記述がある。「此笹間の谷は狼のすみかにて此奥の尻高の山里のものはむかし狼の為に喰殺し尽されたりといへり。」、『駿河志料』(10)の「尻高」の項には「此地往時は人家ありて一村落なりしが退転す。臼平より一里許、渓の奥にて、豺狼の栖なり。四方嶮岨にして、人跡絶たる幽谷の地、笹間の谷の限りなり。」とある。静岡県島田市笹間上の故種本睦さん（明治三四年生まれ）は次のように語っていた。「明治一〇年のある夜、尻高の奥の山無双連山《むそれやま》（一〇八三《メートル》）の中のすべての山犬（狼）が大井川支流笹間川の河原に降り、鳴きながら河原を下って一晩のうちに消え去った。」――水しぶきをあげながら疾風のように去ったというのである。遠隔二地域に伝えられる類似の伝承、ここにはニホンオオカミ消滅の象徴的なイメージがある。

3・原初の山人像と山の包容力

『遠野物語』『遠野物語拾遺』を読み進めると、山中で様々な怪異者に遭遇する話に出合う。山は実に多様な「異質なるもの」を包容する場であることが知れるのである。『遠野物語』を一つの基点として「山人」が語られてきた。柳田・熊楠の往復書簡から始まり、多くの研究者によって様々な分析がなされてきた。それも、赤坂憲雄氏の『山の精神史――柳田國男の発生』、その他における成果(11)によって一つの到達点に至ったと言ってよかろう。ここでは「山人論」の追跡や復誦はしない。ここで山人にふれるのは、山が現実的に担ってきた、時に托されてきたその包容力と、原初の山人像の探索のためである。表2は、総てを網羅したものではないが、『遠野物語』『遠野物語拾遺』から山人および、その周辺的なるものを要約整

表２　原初渾沌の山人像

系統	番号	認定表記	身体的特徴				装着物	遭遇場所	相渉内容	関係	結末
			体格	顔色	眼	その他					
山の神系	89	山の神	長身	赤	耀			愛宕山下			逃帰
	91	山の神（男と女）		赭				続石奥	制止無視、切刃を使う・蹴られる。	対立	死
	102	山の神	長身	赤	耀			淋しき道		対立	煩う
	107	山の神（異人）	長身	朱				河原	木の葉（？）をもらう。占術会得。	親和	
天狗系	29	大男（異人３人）	長身		恐ろし			前薬師頂上	会話・麓まで送られる。	親和	
	62	大なる僧形	長身					山中	赤い衣で羽ばたく所作・中空を飛ぶ。銃を撃つ。		
	90	大なる男	長身	真赤				天狗森の麓	飛びかかると飛ばされ失神。早池峰で手足を抜かれる。	対立	死
	拾98	天狗	長身	赤				鉛の温泉	会話・共浴・共食・共飲・衣をもらう。	親和	
山人系	3	山人＝美しき女 山人＝山男	長身	白		長い黒髪		山奥	女を狙撃・髪を切り取る 髪を取り返される。		睡気
	4	若き女の稚児を負ひたる				長い黒髪	縞の着物 藤蔓で児を背負う。	根子立			煩い、後に死
	28	大なる坊主	長身					早池峰中腹	餅を与え、後に焼白石を喰わせる。		大なる坊主死
	34	女				髪長く二つ分け		離森	炭焼き小屋の内をうかがう。		
	93	崖の上より覗くもの		赭	耀			笛吹峠	人語にて子供の死を予告		
	拾100	大男	長身					六角牛山	会話・マダ（シナ）皮むきの手伝い。餅を与える。	親和	
	拾101	大男	長身					山へ行く途中	会話・餅を与え田打ちをしてもらう。	親和	
	拾105	大男	長身				木綿のムジリ・藤蔓の鞄（蛇入り）	西内山			
	拾106	男					麻のムジリ・藤蔓の鞄	大出山	会話		
	拾121	翁と娘		赤				早池峰タイマグラ			
妖怪系	拾96	１つ眼１本足						貞任山		対立	旗屋の縫が退治
	拾171	大入道						村の入口	岩魚釣りの帰り小坊主が大入道と化す。		逃帰
	拾184	青入道						早池峰	知恵比べで矮小化させる。		正体は小さな青蜘蛛

理したものである。瞥見してわかる通り、ここには、山の神的なるもの・天狗を思わせるもの・山人的なるもの・妖怪的なるものが渾沌とした状態で混在する。加うるに、表には入れなかったものの、（拾一〇九）のごとき、山男に攫われて山中にある女の存在が見える。（八）のサムトの婆、（七）の女も同じくである。表2の中でも（四）の「若き女の稚児を負ひたる」、（三四）の女などはこの系統と思われる。発狂者の山入りもある。山は、右に見てきた怪異者・哀れなるものなど、すべてを渾沌と包容してきたのである。因みにこれらは、柳田が述べ、赤坂氏が峻別した「山民」ではない。

表2を通覧してわかることがある。山の怪異者は渾沌としながらも、長身・赤顔・眼光炯々たるものを共通点と見なさんとする傾向がある。さらに注目されることは、山の怪異者と、遭遇した里びとの間に明らかに親和関係が示されているものが多々見られることである。それは、山の神系・天狗系・山人系のいずれにも見られる（一〇七・二九・拾九八・拾一〇一）。会話や交流があるのだ。対して、表2に、対立や、死、煩いを示しているものがあるが、それは単純ではない。（九一）は山の神の制止の所作を無視することによって、対立・死に至っており、（一〇二）は、小正月に伝承される禁忌を破ることによって対立・煩いが生じ、（九〇）も、人が攻撃を仕掛けることによって対立から死に至っているのである。（拾一七一）は、後にふれるが、岩魚の獲りすぎが問題になるのである。（九〇）（三三）は相手が格別対立的な態度を示さないのに里人の方から銃を撃っているのだが決定的な仕打ちを受けてはいない。また（二八）も、相手が顕著な悪意を示さないのに人の側から焼白石を喰わせ、大なる坊主を死に至らしめている。その他の例は、相渉もなく、特定の関係も生じていない。こうした内容を踏まえてみると、山に潜む怪異的なる者は、必ずしも里人と敵対する存在に限られたものではなく、節度を持って接すれば、親和的に共存することが可能だという読みとりができよう。

表2に見られる山の神は山人との混淆もあり、山の神の普遍像とは言い難いが、『遠野物語拾遺』には山の神の他の属性に関する叙述もある。（拾九五）「山に行って見ると、時折二股にわかれて生い立った木が、互に捻れからまって成長して居

るのを見かけることがある。是は山の神が詰（十二月）の十二日に、自分の領分の樹の数を算用するときの記号に、終りの木をちょっと断《こ》うして捻って置くのだそうな。だからこの詰の十二日だけは里の人は山に入ることを禁じて居る。若し間違えて山の木に、算え込まれたら大変だからという。」――ここには、木の管理者・山の管理者・木を生み育てる者としての山の神の神能が象徴的に語られている。類似の伝承は、数える日（山の神祭りの日）の設定は地方によって異なるものの、東北から九州に及ぶ広域で伝承されている。その大方は、木を生み、育む山の神は女性だとしているのである。『遠野物語拾遺』でも（拾九七）では早池峰の神は女神だとし、（拾一三七・拾一三八）に登場する、「産を助ける山の神」も女性だと考えられる。多様な恵みを生み出す山の力を前提としての山の神は女性だとする認識がここにはある。「狼の産見舞い」については先にふれたが、「山の神の出産」を助ける話もあり[12]、狼の多産・安産と、山の神の出産・生産力との脈絡も見られる。（拾一三七・拾一三八）はこうした文脈の中で読み込む必要があろう。（拾九五）、山の神が木を数える日は山へ入ってはいけないというのは、山の神が自分の生み出した樹々を管理し、山の力の充実につとめる日には、人は物忌みをして家に籠《こも》り、樹々の生長を祈るべきだという古層の民俗思想の現れである。

山は人びとに様々な恵みを与え、多くの動物を棲息させる。両刃の剣たる狼までも棲息させてきた。そして、山人とその周辺の怪異的なるもの、通常人との差異を持つものなどあらゆるものを包容してきた。『遠野物語』『遠野物語拾遺』の山は「渾沌の山」である。

三　森と塚――禁忌伝承と環境保全

『遠野物語』『遠野物語拾遺』には森や塚について述べたものが散見する。これらの中には、「環境民俗」について考える際の新しい示唆を与えてくれるものがある。

入らずの森・救荒の森

（拾一二四）「村々には諸所に子供等が怖れて近寄らぬ場所がある。土淵村の竜ノ森もその一つである。此処には柵に結われた、大層古い栃の樹が数本あって、根元には鉄の鏃が無数に土に突き立てられて居る。此森は昼でも暗くて薄気味が悪い。中を一筋の小川が流れて居て、昔村の者、此川で岩魚に似た赤い魚を捕り、神様の祟りを受けたと言い伝えられて居る。此森に棲むものは蛇の類なども一切殺してはならぬと謂い、草花の様なものも決して採ってはならなかった。人もなるべく通らぬようにするが、余儀ない場合には栃の樹の方に向って拝み、神様の御機嫌に障らぬ様にせねばならぬ。……」――竜ノ森は「入らずの森」であり、禁足地である。もとより禁伐の森である。文中に「神様」とあることから、この森が神の森として意識されてきたことはわかるのであるが、「入らずの森」の効用の一つは、祟りを伝承することによって、結果的に植生や樹種の保存ができることである。とりわけ、森を構成する樹種が栃・楢類などの、大量の木の実を恵んでくれる木である場合、「入らず」という禁忌と祟りという恐怖によって木の実を恵む巨樹の乱伐を抑止し、飢饉などに備えていたことが考えられる。現在、土淵や山口では栃の実の食習はないが、岩手県における栃の実の食習分布を考えると、竜ノ森の栃の実が救荒食料になっていたことはまちがいない。八方手を尽くして竜の森を探してみたのだが、今やその姿はなく、今となっては幻の森となった。

蛇塚の発生

（拾一八二）「上郷村佐比内河原の鈴木某という男が片沢という所へ朝草刈りに行った。刈り終って家に帰って、馬に草を遣ろうとして見ると、刈草の中に胴ばかりの蛇がうごめいて居た。次の朝もまた片沢へ行くと、馬沓程もある胴の無い蛇の頭が眼を皿の様にして睨んで居た。これはきっと昨日の蛇と同じ蛇だろうと思い、大いに畏れて、以後此沢には決して入らぬし、祠も建てて祀るから、どうか祟らないでけろと言って帰った。それで祟りもなかったが、何代か後の喜代人という者が此言い伝えを馬鹿にして片沢へ草刈りに入ったところが、頭ばかりの蛇が草の間に藁打槌の様になって居た。それを見て帰ると、病みついて死んだと伝えられて居り、今もこの片沢には草刈りに入らない。」――右の叙述からすると、蛇の切断は草刈作業中に、意図的でなく、たまたま行われてしまったと考えてよかろう。鈴木某は祠を建てて蛇の霊を鎮め、かつ、片沢を禁足地として伝えた。その禁忌を破った子孫が死んだので、その地は再度禁足地とされ今日に至っている。山形県南陽市宮内に熊野神社が鎮座する。同社大祭前の夜祭りは七月二四日で、この日午後三時から舞楽殿で「稚児舞」があり、中に「蛇取舞」がある。上杉時代、開拓の際毒蛇を退治したことによると伝えている。土地開発、新田開発に際しては毒蛇のみならず、様々な蛇、百足、虫類などが意図的にも、あるいは知らず知らずのうちにも殺される。こうして命を失った生きものどもの霊は放置すべきものではない。蛇取舞の所作は蛇の霊を鎮めるようにも見えた。同じ米沢盆地の東置賜郡高畠町小郡山に祭祀遺跡と思われる環状配石遺構がある。東西二三・七メートル、南北二〇・九メートルの配石中央に高さ八〇センチほどの石があり、上に石祀が祀られている。ここに祀られていた伊豆神社は安久津八幡社に合祀されたという。原始時代の祭祀実態は不明であるが、現在、この遺構は「蛇壇」と呼ばれている。猫に噛み殺された大蛇の死骸をここに埋めたのだという形に変容してはいるが、開発に伴って犠牲になった蛇と無縁ではなさそうである。『遠野物語』（二〇）の蛇塚の背後にも鎌や鍬の犠牲になった蛇の霊を鎮めた民俗心意が横たわっているように思われる。（拾一八二）はじつに様々な示唆を与えてくれる。

四　樹の精霊と種《しゅ》の保全

『遠野物語拾遺』（拾二一）に次の話がある。

　金沢村の字長谷は、土淵村栃内の琴畑と、背中合せになった部落である。その長谷に曲栃《まがりとち》という家があり、其家の後に滝明神という祠があって、その境内に昔大きな栃の木があった。或時大槌浜の人たちが船にしようと思って此木を所望して伐りにかかったが、いくら伐っても翌日行って見ると、切屑が元木に附いて居てどうしても伐り倒すことは出来なかった。皆が困りきって居るところへ、ちょうど来合せた旅の乞食があった。そういう事はよく古木にはあるものだが、それは焼伐りにすれば難無く伐り倒すことが出来るものだと教えてくれた。それで漸くのことで此栃の木を伐り倒して、金沢川に流し下すと、流れて川下の壷桐の淵まで行って、倒《さか》さに落ち沈んで再び浮き揚がらず、其儘《そのまま》その淵のぬしになってしまったそうな。この曲栃の家には美しい一人の娘があった。いつも夕方になると家の後の大栃の樹の下に行き、幹にもたれて居り居りしたものであったが、其木が大槌の人に買われて行くということを聞いてから、斫《き》らせたくないと謂って毎日毎夜泣いていた。それがとうとう金沢川へ、伐って流し下すのを見ると、気狂《きちがい》の様になって泣きながら其木の後に附いて往き、いきなり壷桐の淵に飛込んで沈んで居る木に抱き附いて死んでしまった。そうして娘の亡骸は終に浮び出でなかった。天気のよい日には今でも水の底に、羽の生えたような大木の姿が見えるということである。

――やや長いが、この話には二つの要素がある。その一つは、仮に名付ければ「木っ端もどり伝説」とでも言えよう。一旦伐り倒したり、伐り倒しの途中だったりした木の木っ端が倒木とともに一夜のうちにもとにもどってしまうという伝説素である。『遠野物語拾遺』（拾二〇）もこれで、樹種は杉である。いま一つは、異類・異種婚姻譚につながるもので、（拾二一）の場合は、曲栃の娘が、栃の巨樹の精に魅入られるという展開がそれで、「木霊婿入り」につながっている。「木霊婿」に対して「木霊嫁入り」を伝える地もある。木っ端もどり伝説は全国各地に点在し、様々な展開を示しており、樹種も様々である。例えば、静岡県＝杉、和歌山県＝楠、兵庫県＝柳、高知県＝檜などの例がある。「木っ端もどり伝説」や「木霊婚姻」の語られる木は、いずれも巨樹や、いわれのある樹木である。「木っ端もどり」は木の精の叫びにほかならない。「木霊婚姻譚」ももともとより木の精が生動する物語だ。山形県内に点在する「草木供養塔」は、仏教以前のアニミズムの系譜を引くものだと考えられる。『遠野物語拾遺』（拾二〇）（拾二一）もともとよりアニミズムの糸をひいている。『遠野物語拾遺』（拾七〇）

「化け栗」「枕栗」も精強き樹木である。静岡県の大井川右岸最上流部のムラ田代の猟師滝浪作代さん（明治三九年生まれ）は、山中で、多くの実を落とすコナラ・ミズナラの巨木のことを「ドヂモリ」と呼んだ。ナラ類の実のつき方で、その年の冬眠前の熊の行動を予測した。ドヂモリとは「土地守り」のことで、その土地のヌシを意味する。実を恵み、種を継続させる親木となり、熊を寄せ、山中の指標木として複合的に重い役割を果して来た木である。滝浪さんは、ドヂモリは、伐って河川流送した場合、浮いて流れることなく、必ず水底に沈むと語っていた。『遠野物語拾遺』（拾二一）との共通性には驚くばかりである。曲栃の栃の木も食料として多くの実を恵んでいたのである。精強き木、「木っ端もどり伝説」「木霊婚姻譚」を以って語り継ぐほどの巨樹は、環境保全・種の保全のために伐るべきではないというメッセージを読みとることができる。

五　原「魚王行乞譚」——資源保全の匂い

柳田國男に「魚王行乞譚」「物言ふ魚」という論考がある。[13] 筆者はこの両論に収載されているものと同系の伝説を収集し、それらを環境民俗学的視点から分析してきた。渓流魚や淡水魚の過剰な漁獲を、資源保全・種の保全の視点から抑止する伝説だと見てきたのである。[14] こうした視点で『遠野物語』『遠野物語拾遺』を読み直してみると気になる話が浮上してくる。（拾一七二）「この権蔵は川狩りの巧者で、夏になると本職の鍛冶には身が入らず、魚釣りに夢中であった。或時山川へ岩魚釣りに行き、ハキゴ一杯釣って、山路を戻って来た。村の入口の塚のある辺まで来ると、草叢の中に小坊主が立っているので、誰であろうと思って見ると、するすると大きくなって雲を通すような大入道となった。驚いて家に逃げ帰ったそうな。」——（拾一八三）「土淵村字栃内琴畑の者が、川魚釣りに行って小烏瀬川の奥の淵で釣糸を垂れて居ると、時々蜘蛛の巣が顔にかかるので、其都度顔から取って傍の切株に掛けて置いた。其日はいつもに無く、よく岩魚がついたが、もう日暮れになったので、惜しいけれども帰ろうと思って居る折柄、突然傍にあったこの根株が根こそげ、ばいらと淵の中に落ち込んだので吃驚した。家に帰ってからハキゴの中を見ると、今まで魚と思って居たのは皆柳の葉であったそうな。」――この二つの奇怪な伝説に共通する点は、ⓐ山中の渓流で岩魚を釣ること ⓑハキゴ一杯、それに準ずる岩魚の大漁 ⓒ（拾一七一）では大入道との遭遇、（拾一八三）では岩魚が柳の葉と化していることなどの怪奇現象、といった点である。淵や滝壷のヌシの化身の登場や、水神とヌシとの会話、ヌシや水神の漁者への呼びかけなどといった「魚王行乞譚」「物言ふ魚」系の主要な構成要を欠落させてはいるものの、右の二つの伝説のⓒに注目する時、これらの背後に、必要以上の渓流魚を大量に漁獲し、結果的に資源を枯渇させ、種を絶滅させることを抑止せんとする民俗の環境思想が底流していることが知れる。静岡県の安倍川水系の漁撈怪異伝説の中に、大漁のアマゴがすべて木の葉だったという話が二例ある。（拾一八三）に蜘蛛の糸と木の根株がかかわっており、（拾一八四）にも淡水漁撈との関係で蜘蛛の糸と木の根株が登場するのだが、蜘蛛の糸と根株については別に論ずる。

六　二一世紀の承受

『遠野物語』『遠野物語拾遺』の「山」は多彩な生業の場として人びとに様々な恵みを与えてくれた。そこには多くの生き物が棲息し、人びとはそれらと「共存」してきた。人畜を殺傷する狼に対してさえも徹底排除の論理は適用せず、「共存」の民俗思想によって、一方では親和の姿勢を示してきた。その狼も『遠野物語』の時代にこの国から姿を消した。獰猛な狼の消滅は当面の人の安住にとって価値であったことはまぎれもないのだが、「種の絶滅」の象徴としては考えてみるべき問題が多い。狼のみならず、開発、生業形態や生活様式の変化などによってこの国が朱鷺《とき》や鸛《こうのとり》を失い、その再生に多大な努力をはらっていることは広く知られる。今また雷鳥も個体数の減少が深刻だという。海では海藻類の死滅が進んでいる。地球環境の劣化が進み、多くの生き物の絶滅が危惧される現今、「生物多様性」の重みが地球規模で問われている。『遠野物語』が内包する「共存の民俗思想」は二一世紀初頭、じっくりと見つめ直さなければならない。「共存」は決して容易なことではない。

原初の山人およびその周辺なる存在を広く包容してきた山、種々の生きものを棲息させてきた山々は総じて懐が深く、未知なる部分を残存させていた。二〇世紀、われわれは『遠野物語』の「山」のごとき世界をすべて白日のもとに曝す道をひた走ってきた。山には無垢なる部分、多様性を受けとめる包容力を残しておかなければならないのだ。

（拾一二四）の「竜ノ森の話」、（拾一八二）の「蛇の話」、（拾九五）の「山の神が木を数える日の話」などには「禁忌」が語られており、それを破った結末についても述べられている。『遠野物語』の時代、人びとは様々な禁忌を伝承し、それを守ることによって環境を保全してきた。「木っ端もどり伝説」や、原「魚王行乞譚」には、アニミズムの世界から立ちのぼる環境保全・資源保全のメッセージがある。始原渾沌の世界、アニミズムの世界を賛美し、すべてをそこに戻そうなどというのではない。われわれが『遠野物語』から二一世紀に継承すべきものは、自然への畏怖・畏敬・禁忌伝承や伝説の中で先人たちが伝え、守ってきた節度である。共存の民俗思想もまた重い。

注

（1）石井正己「『遠野物語』と植物」（『遠野物語』ゼミナール二〇〇二講義記録『植物のフォークロア』遠野物語研究所・二〇〇三）。
（2）赤坂憲雄『遠野／物語考』（宝島社・一九九四）。
（3）石井正己監修『遠野物語辞典』（岩田書院・二〇〇三）。
（4）三浦佑之「イヌ・オオカミ・キツネなどのフォークロア」（『遠野物語』ゼミナール二〇〇一講義記録『動物のフォークロア』遠野物語研究所・二〇〇二）。

（5）野本寛一『焼畑民俗文化論』（雄山閣・一九八四）・『生態と民俗・人と動植物の相渉譜』（講談社学術文庫・二〇〇八）。
（6）柳田國男「狼と鍛冶屋の姥」一九三一（『柳田國男全集』6・筑摩書房・一九九八）。
（7）菱川晶子「東北地方における狼の民俗儀礼――岩手県上閉伊郡大槌町の「オイノ祭り」を中心に――」（『国立歴史民俗博物館研究報告』第一三六集・二〇〇七）。
（8）中村禎里「狼」（『日本民俗大辞典』吉川弘文館・一九九九）。
（9）桑原藤泰「大井河源紀行」文化九年（一八一二）（志豆波多会『駿河叢書』第三編『波摩郡豆羅』所収・一九三三）。
（10）中村高平『駿河志料』文久元年（一八六一）ごろ（歴史図書社・一九六九）。
（11）赤坂憲雄『山の精神史――柳田國男の発生』（小学館・一九九一）、「柳田國男の山人論」（『遠野物語』ゼミナール一九九八講義記録『山人の発見とその世界観』遠野物語研究所・一九九九）。
（12）柳田國男「山の神を女性とする例多き事」一九四七（『山の人生』所収『柳田國男全集』3・筑摩書房・一九九七）。
（13）柳田國男「魚王行乞譚」一九三〇「物言ふ魚」一九三二（『柳田國男全集』7・筑摩書房・一九九八）。
（14）野本寛一「渓流漁撈怪異伝説」（『山地母源論1』岩田書院・二〇〇四）、「伝説からの環境論」（飯島康夫・池田哲夫・福田アジオ編『環境・地域・心性――民俗学の可能性――』岩田書院・二〇〇四）。

特集　遠野の語り部たち

昔話教室、2008年

掲載昔話一覧

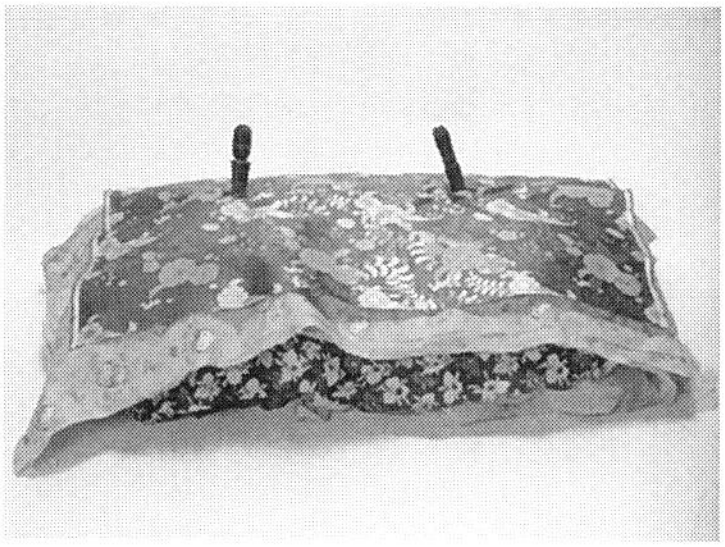
オシラサマ

語り部の誕生

今、民家の囲炉裏端《いろりばた》でお年寄りが昔話を語る場面がテレビに映れば、それは遠野のことだと言ってもいいほどになりました。「民話のふるさと遠野」というイメージは観光と結び付いて、ほとんど定着したように思われます。

しかし、メディアの場で昔話を語ることは、明治四三年（一九一〇）に『遠野物語』が発刊された時からあったわけではありません。その歴史は意外に新しく、昭和四五年（一九七〇）の岩手国体開催からと言っていいでしょう。遠野が『遠野物語』の価値を発見し、町づくりの原点に据えたことと深く関わっています。

遠野では昔話を語る人を「語り部」と呼びますが、それは北川ミユキさんや鈴木サツさんの活動に始まります。ミユキさんは自宅で、サツさんは観光施設や民宿でという違いはありますが、観光客を相手に語りはじめた点は同じです。

そうした事情がありますので、さまざまな機会に語り部が求められたのは、純粋な昔話ではなく、「オシラサマ」「ザシキワラシ」「カッパ淵」といった話でした。それらは『遠野物語』にも載る話ですので、遠野を訪れた観光客は、『遠野物語』は今も生きているという実感を持つことができたのです。

そのようにして多くの語り部が活躍してきましたが、最近では「いろり火の会」が組織され、先輩たちに導かれながら活動を展開しています。この特集では、遠野物語研究所の方々が地元の視線で、語り部たちを紹介しています。こうして語り部のすべてが紹介されるのは初めてのことであり、大きな一歩になったと言えましょう。

（石井正己）

辷石《はねいし》谷江《たにえ》

安政五年（一八五八）三月三日〜
昭和一二年（一九三七）五月二二日

伝承の経緯

『遠野物語』六九話の、馬と娘の恋物語を語るオシラサマ伝承は、佐々木喜善の祖母の姉妹である大同《だいどう》のおひでから聞いた話として出ています。それと並んで、七〇話に掛け軸のオクナイサマのある家として辷石たにえが登場し、つづいて七一話には、たにえを熱心な隠し念仏の信者として、「郷党に対して一種の権威あり」と紹介しています。隠し念仏というのは、岩手県や宮城県の一部に宝暦年間（一七五一〜一七六三）から広がった信仰で、表だっては藩から弾圧されたので、夜だけ集まって密かに祈禱するという秘密の信仰でした。遠野地方では昭和の初めころまで信仰がつづいていたと思われます。

土淵の山口集落で、辷石谷江の家はおひでの家と近くにありましたから、同年代でもあり、昔話を多く知っていて、隠し念仏でつながっている二人は、佐々木喜善にとっても同じ世界の人たちと見ていたのでしょう。

昔話を育てた土壌

辷石という珍しい苗字は、谷江のお祖母さんのいちが橋野（現釜石市）にいたときのもので、山口の丸古立《まるこだち》の家に嫁いで来ますが、明治になって姓をつけるときに、実家を記念して名乗ったものと言われています。

谷江は安政五年（一八五八）の生まれですから、喜善が訪ねた大正一二年（一九二三）には六五歳ほどになります。谷江はその辷石を名乗ったお祖母さんのいちから多くの話を聞いて育ちました。「おらの祖母お市という婆様はまだまだおらの三倍も四倍も話を知っていた」と話しています。谷江はその他にも、同じ山口村の「ブゾドの婆様は物識りで、シンニヤ（新屋）のおみよ婆さま、横崖のさのせ婆様、大同のお秀婆様など」から聞いたといいますので、とても豊かな昔話の世界があったことがわかります。

『老媼夜譚』の成立

喜善は昔話の採集をしていましたが、ふとしたことで大正一二年一月の下旬、辷石の家を訪ね、口碑・伝説を聞くことになります。最初のうちは、谷江も「気兼ねと億劫から」話がすすまなかったのですが、喜善の熱心さにほだされて、かえって婆さんの方から、「どうせおらが死ねば壇《だん》ノ端《はな》（村の墓場のある所）さ持っていったって誰も聴いてくれ申さめから、おらの覚えているだけは父さんに話して残したい。父さんもどうじょ（何卒《なにとぞ》）倦《あ》きないで聴いてくなさい」と言い出します。

大雪の年だったので、隙間から粉雪が吹き込んで白い筋を描いたりします。それで雨戸を閉め切っているので、部屋は暗いのです。しかも寒かろうといって爺様や孫娘が生木を炉にくべるので、ぶしぶし燻《くすぶ》って、煙くて目が開けられないほどのこともあったといいます。

そうして三月の初めまで五〇日あまりの間、深雪を踏み分け、吹雪の夜も、毎日のように通って、熱心に話を聴いたのです。谷江婆さんも、指先で麻糸を作りながら物語って、話に興がわいてくると、「言葉にりずむがつき、自然と韻語になって」きます。「ある時など少量の酒を買っていくと、平素物静かな人ながら興奮して、老いたる腰を伸ばしてちょいと立ち上がり、物語の主人公の身振りなどをした」と言います。

その場にいる夫の治三郎さん——白見山《しろみやま》を越えた隣村の金《かね》沢《ざわ》村から婿に入っていた人ですが——も、話に加わり、近所の話し好きの人たちもやってきて、喜善のノートに一七〇もの話が記録されます。克明に筆記された三冊のノートのうち最初の一冊は、いま、遠野市立博物館に保管されています。

喜善がノートをもとに『老媼夜譚』の原稿を清書しはじめたのは、大正一五年（一九二六）あたりからではないかと考えられます。喜善の「日記」にはじめて『老媼夜譚』という文字が出るのは昭和二年（一九二七）一月二日です。それまでは書名をどうするか迷っていたと思われます。そしてその五月に、娘の若子と療養ために仙台に出て、北三番町に借家して生活したときに、執筆の時間を得て、最終的に一〇三話をまで仕上げます。九月二〇日に、郷土研究社から第二叢書の一冊として出版されます。

『老媼夜譚』の意義

この本は、遠野の昔話の原点として大事なことはいうまでもありませんが、この本の成り立ちを述べた喜善の「自序」とともに、とりわけ大事なのは口絵の「辷石谷江刀自」という写真です。これは、柳田国男が大正八年（一九一九）に貴族院書記官長を辞めたときに餞別としてもらった写真機が喜善に送られ、それで撮ったものです。喜善の日記の大正一三年（一九二四）一〇月二〇日に、「丸古立ノ谷江婆ヲ写真ニ撮ル。煙草ヲミヤゲニ持ツテ行ク」とあります。わが国の昔話の語り部の肖像として、最も古い、貴重なものです。気品のあるお婆さんです。

『老媼夜譚』をあらためて読み返してみて、まず感心するのは、文字を知らないお婆さんが、よくもこれまで昔話を覚えていたものだということです。そして録音機のない時代に、喜善が苦労して聞き取ったのですが、読み直してみると、谷江婆さんの語り口がわかるように思います。

佐々木喜善は「其《その》感動を筆記し得なかったのが、此《この》記録の最も大なる憾《うら》み事である」と述べていますが、私たちは、文外に喜善が受けた感動を読み取りたいものです。

（高柳俊郎）

コラム

『遠野物語』と昔話

『遠野物語』は、昔話集ではありません。柳田国男自身が、その序文で「此《これ》は是《これ》目前の出来事なり」「要するに此《この》書は現在の事実なり」と強調している通りです。

とは言っても、『遠野物語』の中には昔話の項があります。『聴耳草紙《ききみみぞうし》』序文から柳田の言葉を引くと、「『遠野物語』の中には、いわゆる「むかしむかし」が二つ出ているが二つとも、未だ採集の体裁をなしていなかった。それが貴重な古い口頭記録の断片である事はずっと後になって初めて我々が心づいたことである」と。

二つの「むかしむかし」のうち一一六話は、「昔々あるところに」「ドンドハレ」の始めと終わり、三度の繰り返しなど、昔話の型としてはきちんとしたものです。これと人物・構成ともに全く同じ話が、『遠野の昔話』（遠野民話同好会）で、「山姥の話」（藤田福蔵）として語られています。思うに、逃走譚としては、「三枚の護符」「牛方山姥」「食わず女房」など、まだまだ類型があるのに、体系的に集め得なかったことを指しているのでしょう。一一七話は、「瓜子織姫」（瓜子姫子）で、大事な誕生の部分が欠けています。これでは、「口頭記録の断片に過ぎない」ことに柳田はすぐに気づいたのでしょう。

一一八話は「紅皿欠皿」という題名と、「欠皿はヌカボのごとなり」というヒントだけが示されました。遠野では次のように採集されています。「糠福に米福」（『紫波郡昔話』、佐々木喜善）、「ぬかんぼとべにざら」（『鈴木サツ全昔話集』）、「梅子とりんご花」（『遠野の昔話』、長洞ヨシエ）、「ぬかんぼとべんざら」（『宮守物語』、佐々木トモ）などです。

実は『遠野物語』に潜んでいる昔話は他にもあります。五一話「夫鳥」、五二話「馬追鳥」、五三話「郭公と時鳥」の、いわゆる小鳥前生譚です。また、本格昔話と言って良い伝説や世間話もあります。遠野の語り部は、これらを、「昔あったずもな」と「どんどはれ」の皮にくるんで、あたかも昔話のように上手に語ります。二七話「池端の石臼」（「沼神の手紙」）、五五話「河童の子」（「河童聟入り」）、六九話「オシラサマの始まり」（「蚕神と馬」）一一一話「ダンノハナと蓮台野」（「親棄山」）などがそれです。

伝説の中には昔話と内容の一致するものがあり、世間話という形や、時には昔話として語られることがあり、逆に、昔話のはずのものが、家の伝説として語られることもあるのです。

（佐藤誠輔）

村上政治《むらかみまさじ》

明治二九年（一八九六）三月八日～
昭和五七年（一九八二）二月二一日

土淵町の谷地に小さな追分の碑が立っています。「右・大槌、左・早池峰」と記されていますが、その碑に従って左に坂を下りていくと政治さんの家があります。政治さんは村上半十郎さんとキヨさんの二男として、松崎村谷地に誕生しました。政治さんは幼い頃から聡明で、向上心が旺盛な少年でした。分家となりましたが、本家である兄の巳代治《みよじ》さんとはとても仲がよく、何でも二人で相談しあって暮らしていたそうです。

強く人を引きつけてやまない政治さんの素晴らしい語りの原点は、五、六歳の頃隣の広吉爺さまと近所のタミ婆さまから聞いた昔話の中にあります。話を聞きたいばっかりに、政治さんは二人のところに押しかけては、「むかし聞かせろ。むかし聞かせろ」としきりにせがんだということです。次から次と聞いた数々の話は、幼い政治さんの心の中にしっかりと刻みこまれていきました。

また、政治さんは歴史に詳しく、とても物知りでした。探究心も深く、土地の地名や神社などの由来、郷土に伝わる伝説や昔話など、自分が聞いたことや調べたことは、全て克明に書き留めていました。「大昔、谷地に一人のやもめ暮らしの女が住んでいた……」という書き出しで始まる、部落に伝わる大ガマの話など興味深いものばかりです。字や絵も上手で、馬を描いた躍動的な水墨画が残されています。旅行した際に旅先で手帳に書き付けたという、細かな記録や風景画も見事なものでした。手先も器用で、ひな祭りに供えるひな団子の木型や、豊作を祈って田の水口に祭る「馬っこつなぎ」用の木型も自分の手で彫ったそうです。

働き者の政治さんは農作業の合間をぬって苗圃《びょうほ》の仕事もするようになり、人夫頭となりました。その仲間たちと語り合う中でも話の幅を広げていきました。一晩中語っても尽きることがないくらいたくさんの話を覚えていたそうです。本家の兄の孫である栄子さんがせがむと喜んで、「遠野三山」や「ヤマハハ」の話をよくしてくれたそうです。また、人が集まった時や老人クラブの会合などで語ることもありました。

政治さんの語りが昔話採集家の佐々木徳夫さんや佐藤昇さんの知るところとなり、『遠野の昔話』（佐々木徳夫編）に数多く掲載されています。また岩手県の代表的な語り手として『みちのく昔話集　第二集I岩手県　村上政治語り』（佐々木徳夫編）がCD化されています。

得意な話は「馬方とヤマハハ」「分別八十八」「豆の化物」「座頭の願かけ」「見られないもの」など五〇話ほどで、いずれも政治さんならではの味わい深い話ばかりです。

（黒渕利子）

北川《きたかわ》ミユキ

明治三一年（一八八九）一二月一〇日〜
昭和五七年（一九八二）五月三日

伝承の経緯——佐々木喜善とは親戚関係

ミユキさんの語りは、ゆったりとした間の取り方と優雅さにあったと言われています。それゆえ、彼女の昔話を聞く人たちは、おのずとおおらかで落ち着いた気持ちになり、知らず知らずのうちに昔話の世界に引き込まれていったようです。

ミユキさんは遠野郷のなかでも、昔話伝承の中心地となった旧土淵村の火石《ひいし》で生まれ育ちました。家系は江戸時代から村の名門で、「北川正福院」と呼ばれた修験者をその祖としています。明治時代になって、祖父清《きよし》、父真澄《ますみ》は、村の助役を務めるなど指導的な役割を果たした人でした。清の妹チエは喜善の祖母にあたり、親戚関係になります。真澄は柳田国男や喜善とも関係が深く、柳田が明治四二年（一九〇九）に遠野を訪れた時の案内人をしています。その後、喜善が土淵村長に就任すると、真澄はその片腕たる助役になりましたから、ミユキさんは、喜善と会う機会も多く、「ミッコ、ミッコと言って可愛がってもらった」そうで、喜善から仕入れた昔話もあったと語っています。

祖父や父それに喜善もミユキさんの語りに影響を与えたことは間違いないのですが、彼女の昔話語りに一番の影響を与えたと思われる人物は誰なのか、ミユキさんの長男正澄《まさずみ》さんに聞いたところ、それは「真澄の姉のイワノである」という答えが返ってきました。ミユキさんからみれば伯母にあたる人なのですが、ミユキさんは一三歳のときイワノ夫妻の養女になっていますので、より深い絆で結ばれ、養母から昔話を聞いて大きくなったわけです。

イワノさんと昔話の関わりですが、彼女の昔話は喜善が著した『聴耳草紙《ききみみぞうし》』のなかにも収録されています。また北川家の長女として村の行事などにも精通し、かつての村落共同体のしきたりをしっかりと受け継いでいた人です。喜善が昭和二年（一九二七）に出版した『老嫗夜譚《ろうおうやたん》』の昔話を語った辷《はね》石谷江《いしたにえ》嫗とは、同じ集落で干支《えと》が一回りぐらい下ですから、イワノさんの話を聞いて育ったミユキさんは、遠野郷の昔話の原型を伝承した直系の語り手といえます。

語り部「第一号」

ミユキさんが亡くなったとき、地元紙『岩手日報』は「遠野の民話」の語りべ第一号の北川さん死去」という見出しで報じております。ミユキさんの業績はこの「語りべ第一号」という尊称に象徴されます。

『遠野物語』は、民間伝承の内容や民衆（常民）思想研究などに関わって取り上げられることは多かったのですが、語り手そのものを中心にすえることはほとんどありませんでした。昔話の語り手を遠野では敬意をこめて「語り部」と呼びますが、その語り部が表に出てくるのは、昭和四〇年代前半（一九六五年頃）、遠野市の総合発展計画の一環として「トオノピア・プラン」が策定され、『遠野物語』や遠野郷の各地に伝わる昔話を観光施策の中核として位置付けられてからのことです。このような遠野市の観光施策をさらに推進していくのは、昭和四五年（一九七〇）に岩手県で開催された国民体育大会でサッカー競技会場になったこと、その後の国鉄（現ＪＲ）の「ディスカバー・ジャパン」の展開がありました。

観光新時代を迎えた遠野郷において、たしかに『遠野物語』に関わる場所、古代・中世以来の歴史遺跡、城下町遠野を巡るコースは観光資源として欠かすことはできません。しかし、『遠野物語』や昔話はいわゆる口承文芸です。遠野を訪れる人々にとっては、伝承されてきた様々な話を聴くことこそが価値あることですし、遠野郷の良さや本質が理解されうるわけです。そのため、それを語って聴かせる人材がどうしても必要になります。遠野が迎えた新たな時代の要請に応えることのできる最初の語り部こそ、幼いときから養母や生活環境等の影響のなかで、昔話やオシラサマや村の民俗行事を受け継いできたミユキさんだったのです。

ミユキさんの昔話

ミユキさんは自分の昔話を現在のように観光施設ではなく、自宅の縁側で語ることが多かったようです。さらに、現代遠野の語り部の語りは、録音記録の技術的向上により、テープやＣＤをから音声資料としていつでも聴くことができます。しかしミユキさんの場合、残念ながら、その生家にも俳優の山口崇さんがインタビューアとして編集されたビクターレコード社版『現地録音・日本の昔話①岩手県』と、ＮＨＫ『新日本紀行』中のオシラサマの語りしか公開されていません。ですから、研究者・愛好家の皆さんで録音テープなど音声資料を所蔵なされているとすれば、非常に貴重なものとなります。

ミユキさんの語ることのできる昔話の数は明らかにできないのですが、『遠野の昔話』（日本放送出版協会）には二四話収録されています。この『遠野の昔話』編纂の中心となった遠野民話同好会の加藤瑞子さん（仙台市在住）によれば、「百話に余るものを管理している第一人者」と評価しています。得意な昔話はレコードにも収録されている「豆っこころころ」と「オシラサマ」などだったようです。「豆っこころころ」は息子の正澄さんもよく語ってくれたと話していました。ねずみたちの歌う場面は、ミユキさんのねずみに対する愛情とユーモアにあふれた名場面を描きだしています。一方、オシラサマの語りは、みずから北川家に伝わるオシラサマを祀《まつ》る人らしく、幽玄な雰囲気を醸しだしますが、一般にミユキさんの昔話は、村の風習や彼女自身の実体験に基づいた語りに特徴があり、古い村落社会を偲ばせてくれるものといえるでしょう。

（大橋進）

菊池《きくち》長福《ちょうふく》

明治三九年（一九〇六）九月二九日～
平成一〇年（一九九八）一〇月四日

松崎町の駒木・矢崎あたりも昔話の宝庫でしたが、生まれた駒木の屋号力石では、祖母クニは土淵の生まれですし、母ツネは松崎光興寺の生まれですから、土淵や松崎の昔話も伝わっているようです。母は豊かな語りの継承者だったと思われます。しかし、三人兄弟の上二人はあまり話を聞いていないといい、三男の長福を可愛いがったものか、いろいろな昔話を聞いて育ったそうです。

農業のかたわら、昔話が得意で、冬場、大沢温泉などに湯治に行くと、宴会場で舞台に上がって昔話を語って聞かせて、湯治客から喝采をあびたものだそうです。

そういう評判が市の観光課の職員の耳に入っていました。そのつてで、昔話採集家の佐々木徳夫さんがときどき採録に来ていました。佐々木徳夫さんの『遠野の昔話』にたくさん採択されています。また観光課から依頼されて、伝承園に語りに行くことも多かったようです。

平成六年（一九九四）の一〇月頃は、しばしば八幡にあるJAの有線放送センターに自転車で出かけて行って録音してくることがありました。それが朝の食事時間のころ、市内の各農家にスピーカーを通して流され、長福さんの語りが広く遠野市民に伝わりました。毎朝、二話ぐらいだったようです。また、今の語り部である阿部ヤヱさんや菊池玉さんたちも、長福さんから昔話を教わるために、弁当持参で、テープレコーダーをもって詰めかけていたものでした。遠野の昔話の指導者でもあったのです。

娘の嫁ぎ先の釜石の野田重太郎さんが、長福さんの昔話に着目して、直接の採話とJAで録音したテープから、『菊池長福の遠野むかしがたり』三〇話（五〇部印刷・非売品）と『菊池長福の遠野むかしがたり（続編）』三三話（百部印刷・非売品）を編集しています。その他に題名だけで内容不詳のものが三三話あるそうです。

一冊目の本は、長福が亡くなる一か月前に印刷されました。たくさん刷って販売するようにも勧められましたが、固辞して受けませんでした。亡くなった四十九日法要の際に身内の参会者だけに配られています。

長福の語りは遠野の方言がつよくて、釜石の野田さんにはむずかしかったようです。他に長福自身が筆録したノートが数冊あります。

語りの場面に応じていろいろな話をするので、得意な話としてあげることはできませんが、「遠野の鹿踊《ししおど》り」「遠野の塩竃」「ふしぎな値段」など、あまり聞かれない話を持っていました。

（菊池国雄）

阿部《あべ》サダ

明治四〇年（一九〇七）一月一七日～
昭和六二年（一九八七）七月二〇日

ものに動ぜず、いつもゆったりと落ち着いていた物腰が思い起こされます。口数は少ないのですがとても働き者で、周りの人々に頼りにされていました。その顔を見ただけで、なぜか安心できる存在だったように思います。太い手打ち蕎麦《そば》を打ってくれた節くれ立った手を思い出します。

阿部サダさんは、土淵村柏崎水内《みずない》の父三蔵《さんぞう》、母ツルイのもとに、七人姉妹の長女として生まれました。初孫だったので祖父母にとても可愛がられ、両親が近くに別家を構えてからも一人本家に残り、結婚するまでそこで暮らしたということです。物心ついた頃から毎晩、本家の祖父末吉《すえきち》の語ってくれる昔話を聞きながら育ちました。

けれども跡継ぎとして婿を取り、大家族の中心となって働く中では、それらの話を思い起こし、自分から語る機会はなかなか訪れてはくれませんでした。五人の子供たちを母ツルイに託し、朝早くから夜遅くまで、百姓仕事に精を出す毎日が続きました。

明治、大正、昭和という時代の大きな流れの中で、戦争を初め幾多の出来事を乗り越えてきたサダさんがようやく語り始めたのは、六〇歳も半ばを過ぎてからのことです。特に人前に出て語るようなことはありませんでしたが、訪ねてくる人があれば快く求めに応じていました。民話採集家の佐々木徳夫さんと出会ったのがこの頃で、『遠野の昔話』にいくつか載せられています。

「むがす、あるどごにキヅネどカワウソがいでな……」、その人柄そのままに、飾ることなくトツトツと続く素朴な語り口は、聞く者の心をしっかりととらえていきました。五〇年の時を経て次から次と語られる不思議な話の数々、その記憶力の確かさには驚かされたものです。晩年になって、孫や曾孫たちのために、ゆっくりゆっくり言葉を選びながら話していた穏やかな笑顔をなつかしく思い出します。照れくさそうに、「どんどはれ！」とそそくさと話を切り上げる口調がなんともいえませんでした。

「猿むかし」「猿と蟹」「カワウソと狐」「食わず女房」「童子丸」など三〇話を語りました。

一話紹介　はのない話

むがすあったずもな。

あるどごに大っきな川あったんだど。ある人その川さ行ったっけ、立派な箱が流れで来たったど。なに入ってんだべど思って、家さ持って来て開げで見だどごろ、姉さまのくびた（首）入っていだったど。首ばりだっだんだど。ようく見たどごろ歯が無がったど。これは歯無し（話）なんだどさ。

どんどはれ。

（黒渕利子）

白幡《しらはた》ミヨシ

明治四三年（一九一〇）六月二〇日〜

『遠野物語』と同じ年に生まれる

白幡さんは遠野語り部の最長老です。その場に居るだけで絵になる不思議な魅力を持った人で、プロの写真家のパネルや口絵などにも登場しています。

しかも、『遠野物語』が出版された明治四三年（一九一〇）六月の生まれで、生まれ里は、佐々木喜善の家と目と鼻の先の栃内《とちない》野崎にあり、『遠野物語』の舞台の中で育ったことになります。

ですから、第三話の「死んだはずの娘オリワに白見《しろみ》の山中で出会った猟師が、家にたどり着くと、そのまま寝込んでしまった」などという生々しい話を、幼い頃から聞いているのです。

父万徳《まんとく》、母テフの四人姉妹の三女である白幡さんは、一番の聞きたがり屋で、いつも父親万徳さんに話コをせがんで聞いたものだと言います。万徳さんは、村でも有数の話し上手と言われた語り手でしたが、野崎の母方の祖父母もまた大変な芸達者でした。祖父は請《こ》われて祝い歌や影絵芝居などをやって歩いた人で、祖母も歌や踊りの上手だったそうです。

当時は、六部《ろくぶ》や芸能をする人達の出入りが多く、白幡さんも幼い頃、その人達のまねをして、俵を背負い、それに縄をつけて、「一転ばし転ばせば千俵、二転ばしで二千俵」と言って笑われたことがあるそうです。

白幡さんも年頃になると、近所の、同年代の娘たちと共に炉端に集まって裁縫を教わったり、縄ないを競いあったりしたものだそうです。そんな時、いろいろな家の噂話も出ました。が、利口な娘がいて、「他人の家のことをしゃべると後がこわい。昔話ならそんなことないんだから」と、盛んに昔話などを語り合って、仕事に励んだものだそうです。

そんなわけで白幡さんは、「近所の人たちから聞いた話コも、かなり多いなす」と、言っています。

光興寺の伝説に興味を持つ

二〇歳の時、松崎村光興寺に嫁いでからは、昔話を語る機会もなくて、ほぼ四〇年が過ぎました。ところが、嫁ぎ先の家の裏がお城（館《たて》）になっており、的場や時計場も残っていることから、土地の伝承などに興味を持つ学生たちが、由来や伝説に詳しい夫運蔵《うんぞう》さんのもとへ通って来るようになりました。初めは、喜んで語っていた夫も、畑蒔きだろうが何だろうが、大事な作業中にしばしば訪れるものですから、すっかり困ってしまい、「お前は語るなよ。二人で喋っていたらご飯食われないがら」と、釘を刺されました。

ですから、しばらくは、だれが来ても「知らね知らね」と言って語りませんでした。

それが、木綿機《もめんばた》を使って裂織《さきお》りを始めたころ、写真家浦田《うらた》穂一《ほいち》さんの目に留まり、その勧めで新しく出来た博物館で実演をしたあたりから様子が変わりました。

「昔話コ一つ語ってください」という浦田さんの求めに応じて、一つ二つと語り始めたというのです。不思議なことに、四〇年間も語らずに来た昔話が、勧められるままに、ぽつりぽつりと語るごとに、次から次へと思い出されてきたのです。

昔話を語りはじめる

このことがきっかけで、NHKの「行く年来る年」に出演してからは、夫に代わってミヨシさんが、盛んに昔話を語るようになったというのです。白幡さんは、「話を聞きたい人が、向こうからやって来るようになり、佐々木徳夫《ささきとくお》さん（昔話研究家）の時なども困りました。夫には、『この忙しいのに』とヨメコド（世迷言）されるし、本当に困って、そこそこ話してやりました」と、気の毒そうな顔をしました。

でも、白幡さんは今、こう言っています。

「この間は、横浜の日本口承文芸学会に呼ばれて語って来ました。ついでに娘の所にも寄って来たども。昔は本当に苦しいことばかりだったのす。ほだども、話コ覚えていて良かった。おかげで、今が一番楽しいなっす。どこさ行っても、みんな『よかったよ』とか、『また来てね』と大事にしてくれるもの。それに手紙コ頂いたときは一番うれしいなっす」。

「貧乏神と福の神」「ハッピと夜着」「オシラサマ」「入って来た座敷童子」「出て行った座敷童子」「姥捨山」「海の水はなぜしょっぱいか」などを得意とし、持っている話は一五〇話ほどになります。

「ハッピと夜着」は、こんな話です

昔、ハッピと夜着の仲良しが、踊りを踊って金儲《かねもう》けをしようと旅にでました。ハッピは体が軽いから上手に踊りましたが、夜着は体が重いからうまく踊れません。それで、夜着はハッピの荷物持ちになりました。

しかし、重いものを持たされるのに我慢できなくなった夜着は不満を申し述べ、とうとう喧嘩別《けんかわか》れしてしまいます。ハッピは身が軽いから上手に踊ってどんどん銭を貰《もら》いました。夜着はドタドタするだけで何も出来ないことが分かりました。後悔した夜着はハッピを探し出し、

「ハッピ殿でないか」と声をかけます。が、ハッピは、

「そでねえそでねえ」と答えます。

「そでねえ」は、ハッピには袖が無い、と、そうで無い（違う）と二つの意味があります。地元の聞き手は大笑いし、初めての旅人はキョトンとする当地の笑い話です。

出版物には、『白幡ミヨシの遠野がたり』（吉川祐子編・岩田書院）、『遠野物語は生きている』（同上）の出版物、『白幡ミヨシの遠野がたり』（民俗文化研究所）のCD二枚があります。

（佐藤誠輔）

鈴《すず》木《き》サツ

明治四四年（一九一一）四月二〇日～
平成八年（一九九六）一〇月二六日

その人柄と父から聞いた昔話

鈴木サツさんは自然体の人でした。その柔らかで、しかも聞き手を引き込む洗練された話し方は、昔話の定型を守ったお手本として評価されています。

　確かあれは、聖光幼稚園百周年の祝宴でのことでした。お酒も入り、偉い人の話にも耳を傾けなくなった頃、サツさんにお話の順番が回ってきました。何で、こんな騒がしいところで昔話を？と怪訝《けげん》に思っていると、サツさんは、さっさと舞台に上り、膝をついて一礼すると、「サツでござんす」とにこやかに顔をあげました。途端に今までの喧噪《けんそう》がピタリと収まり、広間一杯の客が舞台に集中しました。

　紙芝居運動家の右手和子さんも、「サツさんの語りを聞き、こともなげにやっているサツおばあちゃんに愕然《がくぜん》とし、私の至らなさを知りました」と語っています。

　綾織《あやおり》村に生まれたサツさんは「昔語り五姉妹」の長女で、父力松《りきまつ》さんからほとんどの話を聞いています。

　明治二二年（一八八九）生まれの力松さんは、佐々木喜善（明治一九年生まれ）と、同時代の空気を吸って生活していた人です。恩師は暗記を重視する授業の大家と言われた稲木《いなき》良輔《りょうすけ》先生（明治六年生まれ）であるところから、力松さんの昔話は口承で得たものと考えられます。

　サツさんは、弟嘉七《かしち》さんが生まれた三歳頃から、妹ミヤさんが生まれる一二歳頃まで、父親の膝を独占して昔話を聞くことが出来ました。

　サツさんは、昭和二年（一九二七）、一六歳で鈴《すず》木《き》勘之丞《かんのじょう》さんと結婚、祖父母を始め一〇人の大家族との生活がはじまります。その後いろいろあって、二三歳で分家となり、仕事の都合などで転居を繰り返します。

　三一歳（昭和一七年（一九四二）で理容師免許をとった後、新町の借家で開業します。が、五七歳で理容師を廃業します。その頃、夫勘之丞さんの死去や長男の入院などが続いて、滅入っていたとき、思わぬ話が飛び込みます。

はなやかな活動の軌跡

　昭和四六年（一九七一）、六〇歳の五月、NHKラジオの取材で、父力松さんの代わりに昔話を語ることになったのです。

　この年には、遠野市民センターのこけら落とし（一一月）でも「オシラサマ」を語ることになり、サツさんの昔話人生の、遅い幕開けとなりました。

　嫁入りしてから、ほとんど語らなかったという四〇年余のブランクも、余り感じなかったと言いますから、幼少年期の記憶力のすごさを改めて感じさせられます。

　その後は、四九年（六三歳）にNHKテレビ「奥様ご一緒に」、五〇年（六四歳）にフジテレビ「小川宏ショー」や、デパートでの語り、そして各地の研修会などにも次々と出掛けることになり、遠野の昔話を日本中に広げることになります。

　五六年（七〇歳）の大晦日、「ＮＨＫ紅白歌合戦」の審査員を務め、遠野から来た上品なおばあちゃんとして一躍有名になりました。

　六一年（七五歳）の時、小澤俊夫先生のお骨折りで、今まで語って来た昔話の決定版『鈴木サツ全昔話集』を発行します。

　この年を挟んで、六〇年にＮＨＫ東北ふるさと賞、六一年に岩手日報文化賞、六二年に遠野市教育文化振興財団から市民文化賞、六三年には岩手県教育委員会表彰を受けました。

　その間、サツさんは、東京、大阪、堺、札幌、三鷹、仙台、富田林、四條畷《しじょうなわて》、秋田、北九州、仙台、札幌・旭川、大宮などで精力的に語り続けます。

　そして、平成元年（一九八九）（七八歳）には、遠野市から市政振興功労者として表彰され、平成五年（一九九三）（八二歳）、文部省から地域文化功労者表彰を受賞したのです。いずれも全国に遠野昔話を広めた先達としてのご褒美だったと思われます。

語り部教室開催を前に

　平成八年、遠野物語研究所では、語り部教室（昔話教室）を開催することになり、その第一回講師として予定していましたが、サツさんの病状が思わしくなく、その願いは果たせませんでした。

　サツさんからは、一級品の昔話とは別に、その前後に何げなく交わす会話から、多くのことを学びました。

　例えば、

◎聞き上手は語り上手

　他人の話をいっぱいいっぱい聞いてがんせ。聞くときは、お空に絵を描いて聞くようにするとよく分かりんすよ（分かりますよ）。

◎下《しも》ネタで笑いを取らない

　プロの語り部は、下のことだけで笑いをとるようでは、わがねがんすよ。素人だったら仕方ねえどもなす。

◎自分の耳にある話をする

　自分が、親たちや里の人達から、実際に聞いたことのある話を語ってがんせ。

　サツさんの得意な話を選ぶとすれば、「オシラサマ」「お月お星」「上の爺と下の爺のどっこかけ」「頭の大きな男」「せやみ」「愚か聟」など多数あります。

　また、『遠野むかしばなし』（工藤紘一編、熊谷印刷出版部）、『続遠野むかしばなし』（同上）、『鈴木サツ全昔話集』（小澤・荒木田・遠藤編、鈴木サツ全昔話集刊行会）などの出版物の他、『民話のふるさと遠野物語』のＣＤ二枚などが残されています。

（佐藤誠輔）

コラム

『聴耳草紙』の意義

『聴耳草紙《ききみみぞうし》』は、佐々木喜善の死の二年前、昭和六年（一九三一）に、雑誌『旅と伝説』を扱った東京神田・三元社から出版されました。昭和二年に発刊された『老媼夜譚《ろうおうやたん》』とともに、佐々木喜善の代表的な昔話集の一つと言ってよいでしょう。

『老媼夜譚』が、辷石谷江《はねいしたにえ》一人からほとんどの話を採集しているのに対し、『聴耳草紙』は、多くの人々から採話している点が目をひきます。また、集められた数も、『老媼夜譚』の一〇七話に対し、三〇三話とほぼ三倍の多さです。動物昔話は二八話、笑話は約一〇〇話と圧倒的に多く、さらに本格昔話一一六話と世間話を加えた布装の菊判五八二ページの堂々たるものです。柳田国男が気にしていた「遠野物語拾遺」との重複は二五話です。奥付によると、定価四円八〇銭とあり、岩波文庫が二〇銭、英和辞典でも二円五〇銭の時代ですから、立派な「昔話集」と言えるでしょう。

柳田国男は序文で、「『伝説』とは言えないが、『昔話』から移入したと想像出来る話を『世間噺』と呼ぶとする」という、考え方には納得出来ました。また、「東北地方の大人たちは、いつまでも昔話を子供の世界へ引き渡さずに、自分たちも参加して楽しんでいた」との一文は、おもしろいが、果たしてそうかなと思わせられました。

喜善の「凡例」では、「この本は、大正十一年頃からつい最近までの採集分を加えて、一つの寄せ集めを作ったもの」と謙遜し、「話数が千以上になってから、分類や索引も考える」とし、分類の重要性に着目しています。そして、「昔話の概念から遠いものもある」と、しながら、「説話の基礎根源をなすもの」や「話が単純でも、生のままの形が暗示される物も含めた」と、はっきり採集条件を示しています。おそらく、完成度の低い昔話を好まない柳田を意識してのことと思われます。

『聴耳草紙』における喜善の功績は、昔話に「題名」を付け、結果的に他の研究者のものや文献と比較研究が出来るようにしたことがあります。また、方言は原則として会話のみに使い、地の文を共通語で表すようにしました。そのために、全国共通にどこのくに（県）の人でも理解できるようになったことです。そして、報告者の地域、氏名、採話日時等を明記して、昔話採集の実践的な手本を示したことにあります。

この『聴耳草紙』が、筑摩書房によって再版され、だれでも簡単に入手出来るようになったのはうれしいことでした。

（佐藤誠輔）

コラム

『日本の昔話10　遠野の昔話』の刊行

『日本の昔話』は全一五巻、日本放送出版協会により昭和四〇年代後半から五〇年代前半にかけて出版された昔話叢書です。列島改造論を背景とするめざましい経済成長と、それにともなう共同体社会の崩壊を目の当たりにして、日本人の共有財産である昔話を次代に引き継ぐという役割をもった出版事業でありました。

その叢書の一冊として編まれたのが『日本の昔話10　遠野の昔話』（以下『遠野の昔話』）です。刊行は、昭和五〇年（一九七五）一月、監修者はこの叢書編纂全般を指導した稲田浩二です。稲田は、この叢書の特徴を「一字一語にいたるまで、みずから歩き、みずから聞いた同郷人の調査」によるものと述べています。その編纂理念にもとづき、遠野言葉の「むがすあったずもな」ではじまる昔話を忠実に収録し、語り部（遠野での語り手の呼称）の個性が生かされるように工夫されています。

『遠野の昔話』の編者は、遠野民話同好会ですが、この組織は昭和四七年（一九七二）一月に結成されました。設立時の会員は三〇名程度だったようです。会長の福田八郎さんを中心に、昔話採集にあたりましたが、忘れてならないのは、副会長の加藤瑞子さんです。加藤さんはご夫君の仕事の関係で当時、遠野にお住まいでしたが、ご自身が日本口承文芸協会員であったこともあり、会の先頭に立って昔話を集め、編集にまで携わりました。

収録されている昔話の数は一四六話、語り部の人数は五五人です。そのうち、七話以上収録されているのは五人、とりわけ多いのは北川ミユキさんで二四話におよびます。本書の解説を担当した加藤さんも、北川さんの語りに魅力を感じているのですが、まとまった昔話集のない北川さんを知ることができるのが貴重です。

ほかに七話以上の語り手は、福田八郎さん、柳田三五郎さん、太田貞子さん、藤田カノリさんなのですが、この方々を含めた語り部の皆さんの多くは、明治・大正の生まれです。平成も二〇年経過したいま、その方々の昔話を収録した『遠野の昔話』は、貴重な文化遺産と言えるでしょう。

（大橋　進）

阿部《あべ》ヨンコ

大正五年（一九一六）一〇月五日～
平成一五年（二〇〇三）一一月二一五日

阿部ヨンコさんは阿部サダさんの妹で、サダさんとちょうど一〇歳違いとなります。土淵村柏崎水内《みずない》に、七人姉妹の真ん中の四番目に生まれたので、「ヨンコ」と名付けられました。幼い頃、昔話を聞くのが何よりの楽しみで、母のツルイから聞くだけでは満足せず、よく本家に泊まりに行っては、祖父末吉や祖母トメに話をせがんでいたということです。

実家のすぐ近くに嫁ぎましたが、仕事の合間には持ち前の軽妙な語り口で話を盛り上げ、みんなを和《なご》ませてくれる人気者でした。歌も上手で、土地に伝わるわらべ歌などよく歌って聞かせてくれました。ヨンコさんの昔話は「阿部サダ姉妹の昔話」として『遠野の昔話』に載せられていますが、編者の佐々木徳夫さんは二人が姉妹だとは分からず、一〇年も経ってサダさんの妹と知り、とても驚いたということです。後年、老人クラブの一員となってからは、小正月行事などに、地域の子供たちを相手に昔話を聞かせました。

ヨンコさんが本格的に語りの活動を始めたのは昭和五九年（一九八四）、伝承園がオープンしてからのことです。伝承園での、地域に伝わる様々な行事や昔話の伝承活動に老人クラブが協力することとなり、昔話担当として参加したのが始まりです。オープン以来一四年間、伝承園を訪れる観光客を相手に、炉端で昔話を披露しました。また、地元土淵で開催される昔ばなし祭りにも参加しました。

素朴な土地の言葉で繰り広げられるその世界と、小柄な身体や何とも穏やかな風貌で親しまれました。「伝承園のヨンコばっちゃん」と呼ばれてたくさんの人達に愛され、それがまた、ヨンコさんの生きる支えともなりました。女優の浜美枝さんが伝承園を訪れた際、親しく語り合った思い出など、嬉しそうによく話してくれたものです。

得意な話は「猿むかし」「ランバの人魂」「ぶっかけ椀」「お月にお星」「夢大漁」など三〇話ほどです。

一話紹介　豆の話

ある男いだったど。神様拝んでよく稼いで、おかげさまで暮らしもよくなったがら、お礼に神様さ豆でばり九つご馳走あげるごどにしたど。まず豆腐ひいたずもな。次に豆腐焼いで味噌つけで田楽こしぇだど。次に豆なますこしぇだど。それがら豆の煮付っこ煮たど。豆の煮だのさ塩ふって、豆の塩ふりにしたど。酢味噌であえで豆のぬだこしぇだずもな。カラカラと炒って炒り豆にしたど。納豆にこしぇだど。八つまではいがったずども、なんとしても残りの一つわがんながったど。そしたら神様言ったどざ。「お前の手よ～く見てみろ。マメいっぺ出でらべ。ちょうど九つになるがら苦するごどね」。

（黒渕利子）

三浦徳蔵《みうらとくぞう》

大正八年（一九一九）四月三日～
平成二〇年（二〇〇八）八月二六日

山の博物学者でした。遠野から川井村小国《おぐに》へ通ずる立丸《たつまる》峠《とうげ》にさしかかる恩徳《おんどく》で、自然を相手に生活していました。山の気象のこと、さまざまな動物や植物のこと、キノコ類のこと、白見山《しろみやま》をめぐるさまざまな出来事、古くからの山の言い伝えなど、豊富な知識があって、そして朴訥《ぼくとつ》な人柄で、多くの研究者からも敬愛されていました。

三浦さんは、金沢大貫台《かねざわおおかんだい》から婿に来た徳三郎の長男として、恩徳で生まれ育ちました。恩徳は山間の高冷地ですので、昔は焼き畑農業でした。ヒエ・アワ・大豆・小豆などを植え、食糧の多くはシダミ（どんぐり）やトチの実を取って貯えてあてました。ウサギ・イタチ・タヌキなどの動物も貴重な食糧でした。また、鳥や獣の飼育に興味を持って、コノハズクやタカを飼ったりしました。

そのうちに、気象の変動に気づいて気象観測をはじめ、初雪や初霜を記録しはじめました。ジュウイチやカッコウの初鳴き、カタクリやサクラソウ・フクジュソウなどの初咲きなどを記録して、農業の豊凶を予想したいと考えました。この克明な観測記録は、戦後の一時期をのぞいて大切に保存されています。

恩徳の山の大部分は国有林なので、土地の人たちは営林署から森林の払い下げを受けて炭焼きをしていました。それが大切な現金収入でしたが、四月、五月の春山は炭焼きを止められるので、営林署の人夫として植林や枝打ち、苗圃《びょうほ》などの森林作業をしました。

そのとき若かった三浦さんは、営林署の技官に呼び出されて植物標本の分類などの作業を手伝わされ、植物研究の世界へ目を開かされたそうです。それ以来、『牧野植物図鑑』などを読みこなして、豊かな知識を持つようになりました。

そういう生活のなかで、自然との付き合い方を身につけてきたのです。たとえば、熊を害獣とみるのではなくて、熊には熊の生き方があるのだから、それを損なわないように人間の方で気をつけることなどを話しています。

今は、まわりの広葉樹が伐採されて針葉樹が植林されたので、山の生活も大きく変わりました。三浦さんが自然と共に生きてきた環境が、遠野の原風景としてあったことを確認しておきたいと思います。

（高柳俊郎）

佐々木《ささき》トモ

大正一〇年（一九二一）三月五日〜

私がトモさんに出会ったのは二〇年近くも前です。びっくりしたのは、話をする前に、手ぬぐいを四角に畳み、頭に載せてから語り始めたことです。つまりハレの場を設定しているのです。奥山暮らしで一々着替えることもないのですが、聞き手に対する心構えを作るのです。

中斎白石《なかさいしらいし》に父松次郎、母トメの娘として生まれました。トモさんには四人の兄があり、幼い頃から八〇歳の祖母モトさんの昔話を兄たちと共に聞いていたと言います。

トモさんは中斎の分校（男子一一人、女子六人ほど）に通いましたが、その行き帰りにも昔話を求められ、語っていたそうです。長じてから隣の地区の湧水《わきみず》に嫁に行きましたが、その家でも、お姑さんや、幼い義理の弟妹の求めに応じて語り続けてみんなを喜ばせ、楽しませていたと言います。老年になっても、求められると気軽にどこにでも行って語ったそうです。合いの手を打つおばあさんとの話は、保育園の子供たちにも喜ばれていました。また宮守荘のデイサービスでもよく語っているそうです。

その話は山中の自然が、棲んでいる動物たちが、共に暮らしあい、人間とのかかわりあいの中で生き生きと語りかけ、心を育て暮らしのあり方を教えてくれているような物語です。

話の内容も、スズメやハトたち、サルやキツネやフルダ（蛙）やヘビたちの世界、人間と動物たちの楽しくも厳しい関わりあい、おじいさんやおばあさんたちの生活の知恵、男や女や子供たちの珍しい話、こわい話のほか、なぞ立て話も含めて五〇話ほど語ります。

『宮守物語』（みやぎ民話の会、宮守村教育委員会編集）があります。『宮守物語』は、世間話を除いて、ほとんどが、佐々木喜善の昔話集『聴耳草紙』『老媼夜譚』などと重なります。

その中に、喜善も採集していない動物昔話（動物分配）がありますので、紹介しておきます。

一話紹介　拾った銭コの分配［ハトとシギとアリ］

昔、ハトとシギとアリは友達だった。ハトとシギが、アリの家の序前（入り口）で、銭コ百を見つけた。

ハトとシギが、「おれ見つけた」「うんにゃ、おれ見つけた」と、おすますて（睨《にら》み合って）いる所へアリが出て来た。

わけを聞いたアリは、「んでば、おれ分けてけるから、おすますな、おすますな」と言った。そして、「シギさは七文ける（やる）。ハトさは八文ける。アリは、ありっきり（ありったけ）」と言って、残りのありったけを持って行ってしまったとさ。

（水原義人）

鈴木《すずき》ワキ

大正一〇年（一九二一）五月四日〜

語り部を始めて、まだ三〇年に満たないと謙遜するワキさんですが、民謡の歌い手としての長年の経験とたゆまぬ努力を踏まえた心のこもった語り口調は、聞く者を魅了します。

生まれた小友《おとも》村鮎貝《あゆかい》氷口《すがぐち》は、遠野市の西南端に位置しますが、著名な五輪峠を跨《また》ぐと仙台伊達領となり、古くから閉伊地方と中央を結ぶ要地でした。そのような地元に四番目の子として生を受けたワキさんは、一年六カ月後、三五歳の母を亡くし、父・後妻・兄・兄嫁と一緒の生活をし、一八歳で嫁ぎます。

農業の合間に持ち前の美声を生かして民謡に長じ、東北民謡大会の岩手県代表に選ばれるなどの業績を残しました。

昔話を始めたきっかけは、地元の老人クラブで、小学生に「話し語り」をする語り部のピンチヒッター役をつとめてからと言います。平成四年（一九九二）の世界民話博には、語り部を行政側から頼まれて、一度は街で語ってみたかった夢が実現します。その後の勢いはすさまじいと表現するのが適切と思われるくらいで、遠野の奥から通い続けて、今日に至ります。

昔話で世間を覚えたのは、ヨーロッパでの「ブレーメンの音楽隊」を連想させる「豆っこひとつ」といいます。歌を含む昔話には独自な世界があり、得意な話は「おせんが淵」です。ワキさんは、『鈴木ワキ昔話集』（遠野物語研究所）を出版していますので、その中から「お仙が淵」を載せておきます。

一話紹介　お仙が淵（再構成）

昔、小友川の側の小高い丘に、父母とお仙という娘が居た。お仙は器量よしで、機織りが大好き。年頃になって婿をもらい、童子《わらし》も生まれて幸せいっぱいであった。ところが、山稼ぎの父親が山神様のお怒りに触れたという噂《うわさ》が流れ、その頃から、お仙の様子が変わった。「胸さ蛇の鱗のようなボロコ（吹き出物）が出たや」と言い出し、裏山へ通うようになった。始めのうちは、幼児に乳を与えていたが、お仙は徐々に蛇体となり、「おれは人であって人でない。めごい童子も食いかねないから。早く家さ帰ってけろー」と叫ぶと、山の池に飛び込んでしまった。

間もなく大洪水が起き、お仙の池も小友川に流された。川下では、「山も畑も流れてしまう」と大騒ぎだった。その目の前の大岩にお仙は流れ着き、一旦は元の人間の姿に戻ったが、泥水に抗せずにドブーンと川に入り、消えてしまった。

村人は、「お仙は、川の主になったんだ。かわいそうになあ」と言い合い、そこをお仙が淵と呼ぶようになった。

（菊池　健）

正部家《しょうぶけ》ミヤ

大正一二年（一九二三）三月二三日～

今では語り部の第一人者

正部家ミヤさんは、語り部の国宝的存在であった故鈴木サツさんの妹です。サツさんのすぐ下には兄が二人続きますので、ミヤさんは七人兄弟姉妹のちょうど真ん中で、語りを継いだ五人姉妹では二番目ということになります。

サツさんの存命中は、ちょうど一回り違う姉の手足となって、付き人の役割を果たしました。大ざっぱに言えば、沖縄を除く日本中を駆け巡って、遠野語り部の名声を高からしめたサツさんの陰の人と言えます。

しかし、今は、押しも押されもせぬ、遠野語り部の代表的存在となっています。

「私は親父っ子で、歩き格好まで父親にそっくりだと言われます」と言うとおり、膝の上で子守歌代わりに昔話を聞いて育ちました。また、「さあ、今日は何を聞かせっかな」などとうまく乗せられ、兄弟姉妹でタバコの元揃えなど、夜なべ仕事を手伝いながら、昔話を聞いたものだそうです。父親力松《りきまつ》さんの昔話を聞くのが一番の楽しみで、父親が休みの昼間に昔話をねだると、「昼間、昔コ語るとナ、ネズミに小便ひっかけられるんだぞ」とかわされたそうです。

三歳の時ヤヨさん、六歳の時トノさん、そして八歳の時ナヨさんが生まれ、後に「力松さんの五人姉妹」と呼ばれる語り部が揃《そろ》います。この姉妹のおもしろいところは、昔話の筋は同じでも、話の小道具が微妙に異なったり、結末が違ったりすることがある点です。小澤俊夫先生のお話では、「同じ力松さんから聞いたとしても、これほどの（二〇歳もの）年齢差がある場合、それは不思議ではない」とのことでした。

ミヤさんが、六原《ろくはら》道場で学習したり、見習い看護婦として働いたりして、夫正部家政己《まさみ》さんと結婚したのは、太平洋戦争中の昭和一八年（一九四三、二〇歳）のことです。そして、ミヤさんの生活が安定し始めたのは、戦後、政己さんが復員して、綾織村役場に就職した二一年（二三歳）頃かと思われます。その後、台風で全財産を失いますが、何事にもめげないミヤさんは同村鵢崎《みさざき》に正部家商店を開きます。また、ＰＴＡや婦人団体の活動など、外へも目を向け、自分も保険会社に就職します。

幅広い活躍

ミヤさんが語り部として、姉サツさんと共に登場したのは、昭和五〇年（五二歳）、東京高島屋で開かれた「第五回岩手県物産展・遠野物語と柳田国男展」が最初です。以後、姉サツさんが白内障で転倒して入院したことなどから、ミヤさん自身に語りの機会が回って来ました。遠野の語り部として、多くの観光客や就学旅行生などに語る外、昭和六一年（一九八七)、熊本で行われた第二回国民文化祭で語るなど、県外での語りも多くなってゆきます。

そして、平成四年(一九九二)、世界民話博を機に、昔ばなし大学(小澤俊夫主宰)に参加し、その力を認められ、後には教授として迎えられることになります。中でも、平成六年、遠野市民センターで行われた全国昔ばなし大学遠野教室は、多くの話題を残しました。すなわち、「力松さんの五人姉妹」による一五話の共演が実現したのです。この日は、鈴木サツさん、正部家ミヤさん、菊池ヤヨさん、菊池トノさん、須知《か》ナヨさんの五人に加えて、力松さんの孫菊池栄子さん(兄嘉七《しち》の長女)も後継者として出演しました。

ミヤさんは、この他にも『昔話集』を出版するなどの積極的な姿勢が認められ、遠野市教育文化奨励賞、岩手県観光功労者特別表彰、柳田國男ゆかりサミット賞、第九回旅の文化賞など数々の賞を受けています。

語り部教室の語りの講師

また、平成八年から始まった、「語り部教室」では、実質的な語りの常任講師として、後輩の指導にあたっています。ミヤさんは、語りの実演の他に、自分の体験も披露し、「語り部は土地言葉による語り(表現)に徹すること、余計な解説はしないこと」という教えをモットーとして、後輩語り部や受講者に語っています。

元々語りのうまさには定評のあるミヤさんですが、平成九年(七四歳)、伝承園にて、天皇皇后両陛下の前で「オシラサマ」を語り、親しくお言葉を頂いてからは、一段と風格が増したと言われています。ミヤさんにとっては一生の誇りになっていることでしょう。

得意な話は「オシラサマ」「お月お星」「朝日長者夕日長者」を始め何でもござれ。「豆腐とコンニャク」「頭の大きな男」「雷様のお嫁さん」など、約二〇〇話を持っています。

「豆腐とコンニャク」は、こんな話です

昔、あるところに豆腐とコンニャクがおりました。

ある時、豆腐が棚から落ちて大変な怪我をした、と聞いたコンニャクが、べったらくったらと見舞いに出かけました。

「豆腐殿、なんたな怪我したべぇ」って聞くと、豆腐は、

「こりゃ見てけろ。こんなに怪我したがあ」と嘆き、

「お前達はいいな。棚から落ちても怪我すること無いもの」と付け加えました。そしたら、コンニャクは、

「そんなこと言ったたって、おれだって一向生きたかいが無いじぇ」と、言いました。豆腐が、

「何してや」と尋ねると、コンニャクは、

「そんだって、毎日『今夜食う今夜食う』って言われるもの、生きたかいが無かんべだらや」って言ったとさ。

出版物には、『続・続遠野むかしばなし』(工藤紘一編、熊谷印刷出版部)『第四集遠野むかしばなし』(同上)、『正部家ミヤ昔話集』(小池・小林・田中・丸田編、古今社)があり、CDも数種あります。

(佐藤誠輔)

菊池《きくち》ヤヨ

大正一五年（一九二六）八月六日～

父や姉たちから話を聞いて

ヤヨさんは、ミヤさんのすぐ下、三つ違いの妹です。

ヤヨさんによると、「私たちは、長岡で生まれたの。まるで、ぶっかれ家（あばら家）でね。そんな所で育ったの。兄が大工なもんだから、どっからか柱持って来て、それを付けて、当座を過ごしていたの」ということでした。

その長岡は、天人子《てんにんこ》伝説でいう蓮田《はすだ》の近くです。羽衣を隠された天人子が蓮を植え、それで蓮糸曼陀羅を織り上げた話で、その曼陀羅が綾織町内の光明寺《こうみょうじ》に今でも残っているという伝説です。長岡からは、天人子がいたという六角牛山《ろっこうしさん》の左の肩が美しく見え、いかにも、いろいろな物語が生まれそうな土地柄です。なお、近年まで蓮を植えた田圃《たんぼ》が残っていました。

さて、何年か前に、「力松さんの五人姉妹」というテレビ番組が作られました。姉妹はみな昔話を語ります。もちろん、ヤヨさんもその一人です。が、「おれ、頭コいいからなっす。小さい時は中々覚えなくて、学校に入る前あたりから聞いたのを覚えているのす」と笑います。ミヤさんのように、父親に抱っこして聞いた記憶よりも、むしろ、妹を抱いて聞いた記憶が残っていると言うのです。

そして、もちろん、父の力松さんから聞いた話が一番多いのですが、姉のサツさんとミヤさんから聞いた話も、結構多いと言っていました。サツさんには、「招《よ》ばれた時は、一番先に、オシラサマを語れよ。それから後は何でもいいから」と教わったということです。

力松さんの語りの伝承は、ヤヨさんから菊池トノさん（八王子）、須知ナヨさん（釜石）へと広がって行き、更に孫の栄子さんへと広がっているのです。残念ながら、トノさんは亡くなりました。が、ナヨさんは釜石に漁火の会という語り部の組織を作り、遠野の昔話教室にも参加してがんばっています。

サツさんに導かれて

語り始めたのは昭和五六年（一九八一）、それも突然でした。長姉のサツさんから、「おれが『語り』さ行かれなくなったから、お前が行って喋ってけろ」という電話がありました。ヤヨさんは、「おら、昔話なんて出来ないから、やんて（嫌で）がんす」と言って一度は断りました。「でも一五歳も年上の、それもお袋代わりの姉でがんすペ（でしょう）。『おめえだって力松さんの娘だもの、話コ聞いて育ったべ』と押し切られてしまったのす」と、笑いました。

それは市立図書館博物館が出来た時で、二階の大会議室には偉い人たちがずらり。最初に教育委員会の男性が標準語で語りました。が、「私、その時、何しゃべったか覚えていながんす。たまげたなす」と、ヤヨさん。でも、それからは却って度胸がつき、ずっと遠野弁で語るようになりました。

四国には二回出かけたそうです。その時は度胸がついて、皆さんが標準語で語る中、方言で語って拍手をもらったそうです。その時、たまたま出会った、俳優の山口崇《たかし》さんに「六〇歳の赤ん坊」というおもしろい話を貰《もら》ったということです。

方言で昔話を語る意義

方言については、姉さんから教わったことがあります。「ある時、姉と二人で、曲り屋に招かれた時があって、東京から来たという先生から、『君たち、どうして標準語で語らないの』という質問が出たの。そしたら姉が、『なして（どうして）遠野さ、お出んした。せっかく遠野さお出ったた（おいでになった）もの、遠野弁で聞いておくれんせ』って答えたの。とっても、いいこと言うなあと思って、今でも忘れながんす」ということでした。今では、当たり前になっている方言昔話にも、先達の苦労があったのです。

ヤヨさんは、はっきりした口調で、ゆっくり語るのが特長でした。ファンも多く、今後も遠野方言を大事にしながら語って行くと張り切っていました。一時は、名古屋、北海道など県外にも出かけていました。が、現在は病気のためお休みしています。残念です。

得意な話は、「母の目玉」「へっぴり嫁御」「オシラサマ」「池端の石臼」「河童駒引き」「ザシキワラシ」「せやみ」など、約一〇〇話ほど持ち話があります。中でも「母の目玉」の語りは絶品で、ヤヨさんの代表話と言って良いでしょう。後輩の語り部たちも、「ヤヨさんのような『母の目玉』を語りたい」と言う人が多いのです。

この話は、遠く離れた『近江むかしばなし』の「三井の晩鐘」に筋書きが似ていますが、結末が異なります。

ヤヨさんは、こう語ります（あらすじ）

昔、仲の良い夫婦がおりましたが、嫁の方が急逝します。しょげていた男の家を美しい女が訪ね、一夜の宿を求めます。女はそのまま居着いて夫婦となり、おなかが大きくなります。お産部屋に入った女の、「覗《のぞ》いてはいけない」という願いを、男は心配のあまり破り、大蛇にあやされる男の子を見てしまいます。女（大蛇）は、「泣いた時はなめさせるように」と、片方の目を残して、山奥の沼へ去ります。

男の子は成長し、母の無いことを怪しみ、父を問い詰めます。事情を知った子供は、母を慕って山奥の沼へ行って大蛇と対面し、ホロホロと泣いた涙が大蛇の目に入り、人間の姿に戻ります。「三井の晩鐘」では、盲目を続ける母のために晩鐘を撞《つ》きますが、遠野では「わが子の涙で神様が人間に戻してくれた」と語るのです。

（佐藤誠輔）

佐々木《ささき》イセ

昭和五年（一九三〇）一月二〇日〜

伝承園の語り部

佐々木イセさんは伝承園を中心として活動している語り部です。昭和六三年（一九八八）から続けていて、「その素朴な語り口が大好き」というファンが何人もいます。イセさんは、「ヨンコ姉が一四年間語った語り部をやめる時、跡継ぎとしてバトンタッチしたのす」と笑っていました。

イセさんは土淵村柏崎水内《みずない》に生まれた七人姉妹ですが、長姉のサダさん、四番目の姉ヨンコさん、そして、末っ子のイセさんが、よく昔話を語ります。サダさんとは二四歳と、親子ほども歳が離れていますが、本家の祖父末吉《すえきち》と母ツルイから話を聞いたのは同じで、「いっぺ話してもらったども、今のようにちゃんとした題名なんかはながったのす」ということでした。

実家の近くに嫁ぎましたが、子供と遊ぶのが好きで、かつて旧暦の一〇月に行われていた、親類中集まって先祖を祭る「合祀《ごうし》」という行事の時などには、子供たちばかり集めて一晩中昔話をしては、とても喜ばれていたと話してくれました。用務員として小学校に勤務していた頃はよく、「イセさん、昔っこ語ってけで」と子供たちにせがまれ、仕事の合間に子供たちの前で語ることもあったそうです。

また、イセさんは、昔話はもちろんのこと、生まれ育った土淵村の昔の話（伝説、世間話）を広く知っている語り部でもあります。

阿修羅様の下の池に木のカクラサマを浮かべ、突っつき回した話を聞くと、「私たちが子供の頃までは、その他にもカクラサマがありました」という返事が返ってきました。

また、「実家の近くの川の側に伊能嘉矩《いのうかのり》先生の地所があり、明神様だという石塔を毎年拝みに来た」という話。

阿修羅様に泊まって子供を産んだホイド（乞食）に、小さい頃、母親に言いつかって食べ物を運んだ話。

亡くなった人の七日には必ずイダッコさんを呼んで来て、口寄せをしてもらった時の話。

父親の三蔵《さんぞう》が村会議員をしていた時通した鶉峠（通称ウズラッコ）を、「三蔵が街道を通したって、足の悪い犬も歩がね」と悪口されて悲しかったことなど、何時間話しても飽きることがないほどの材料を持っています。

聞き手に会わせた工夫

何年か前に、イセさんは菊池玉さんと共に熊本県菊池市へ語りに行ったことがあります。千葉で開催された国民文化祭を初めとして、県外に出かけることもありました。また、千葉県の八〇人ほどの団体に求められて、早池峰《はやちね》神社の神域で語ったこともあります。

しかし、現在は、前述のように、地元の伝承園と水光園を本拠地として活動しています。お客さんとの出会いを大切に、様々な土地から訪れる幅広い年齢層の聞き手に合わせて少しでも喜んでもらえるよう、遠野が好きになってもらえるよう、苦心しているとのこと。「そのことが私のボケ防止の薬なのかな」、そういって笑っていました。

特に大変なのは、小さな子供たちに話す時だそうです。保育園や家族連れで訪れるあきっぽい子供たちには、話に集中してもらうために物語の主人公になってもらうなど、様々な工夫を凝らしています。そんな時は「終わるとドッと疲れる」ということでした。

土淵小学校の一人一話運動

イセさんの地元の土淵小学校では、「一人一話を語れるように」と、子供語り部活動を始めました。イセさんはその力になりたいと、全校生徒を前に昔話を語り続けています。長年にわたって取り組んだ結果、今では一人で何話も語れるような子供も生まれ、地域の行事などで活躍して喜ばれています。「先生方が一生懸命指導しておられるので、私もなんぼがでも役に立つようにと思って手伝っています」と、子供たちの上手に話している様子に目を細めていました。

「昔、囲炉裏を囲んで祖父に聞いた状況を思い出しながら、そのまんま語っているだけです。祖父は昔話を語りながら熱い灰の中に石を入れて、その石が熱くなると火箸《ひばし》で挟んで土間に出して、水をシャツとかけてすぐぼろ布に包んで紐で縛って、これは祖父の分、これは祖母の分、これは孫たちの分と……。それを寝床に入れて寝ると、朝まで足元がほかほかして温かったものです。ドンドハレと一つの話が終わると、孫たちが代わり番こに小さな手で祖父の顎《あご》を掻いて、また一つと話をねだる。祖父の堅い髭《ひげ》が手に触れるととても痛くて、それでも話っこ聞きたいからがまんして掻いたものです。祖父は気持ちよさそうに目を細めてまた話し始める。囲炉裏の火のかがりが祖父の白い髭《ひげ》に映えたのを今でも思い出すのです……」。

イセさんの話を聞いていると、その情景がまざまざと浮かんできます。とろとろと燃える火のぬくもりや漂ってくる煙のにおい、そして、この土地に力強く生きてきた人々の息づかいまでよみがえってくるようでした。優しい語りに引き込まれ、祖父から子、子から孫へと静かに受け継がれてきた豊かな昔話の世界が広がっていきます。いつまでも元気で、イセさんならではの飾らない素朴な語りをずっと続けてほしいものです。

得意な話は「マヨイガ」「笛吹峠」「ヨモギと菖蒲《しょうぶ》」「不思議な掛け図」「おしらさま」など一〇〇話ほどで、『佐々木イセ昔話集』（黒渕利子・渡英みせ・中村宮子、私家版）が出版されています。

（黒渕利子）

コラム

観光と昔話

昔話は、もともと家庭の炉端で、話好きなお年寄りを囲んで語られたものです。家族の絆《きずな》をたしかめながら文化と伝統を受け渡すという教育的な営みでもありました。それが、外来の観光客、不特定多数を相手に、報酬を得て話すようになりました。日本の古来の家庭の姿が衰えて、昔話の語りが商業化してきたのです。

遠野市が「民話のふるさと」というキャッチフレーズを掲げたのは、昭和四五年（一九七〇）あたりからです。まだ南部の曲り家が多く残っていましたし、それと同じに、すぐれた昔話の語り手がおりました。民話同好会が組織され、「民話」の「語り部」という言うようになりました。特筆したいのは、昭和四六年（一九七一）の遠野市民センターのこけら落としに、鈴木サツ（一九一一〜一九九六）さんがステージで昔話を語ったことです。しかも『遠野物語』の「オシラサマ」を昔話として語ったのです。

昭和五〇年代からは、たくさんの観光客が昔話を求めてくるようになりました。特に『遠野物語』のメッカである土淵町の北川家に、ミユキ（一八九八〜一九八二）さんの話を聞きにくる若者たちがたくさんいました。一方では、鈴木サツさんをはじめ、いろいろな方が、日本全国の方々に呼ばれて出張口演するようになりました。市内でも民宿や旅館に招かれて昔話を語るようになりました。

今でも観光客の大部分は『遠野物語』は昔話集だと思っているようで、「オシラサマ」「ザシキワラシ」「カッパ淵」が三大昔話と言われています。いずれも『遠野物語』の昔話化です。そのように聞き手の要望に応えようとした話し手の対応の変化があるのです。おのずと観光客のニーズに応えなければなりませんから、昔話と違う『遠野物語』の世界を、どのように理解させるかが、残された課題です。

昭和五九年（一九八四）に、第一回遠野昔ばなし祭りが土淵地区センターを会場として始まり、伝承園、とおの昔話村にも観光客を集めてきました。その流れにのって、平成四年（一九九二）の世界民話博を開いたことも、遠野の方向性を加速しました。遠野アドホックが語り部ホールを有料で経営するようになり、遠野ふるさと村も昔話を聞く観光コースになりました。

物見遊山の観光客に語りかけるにしても、故郷ブームにのってノスタルジアを満足させるだけではなく、囲炉裏を囲んだ家族の団らんを再認識するように、語りかけてほしいものだと思います。

（高柳俊郎）

コラム

「民話の道」

平成二年（一九九〇）から四年にかけて、遠野市が行ったふるさと創生事業の一つに、「民話の道」づくりがあります。遠野駅前から遠野市立博物館までの約五〇〇メートルに、民話にちなむ彫像を建てて市の新しい名所にしようという試みでした。

民話の中身を、伝説・世間話・昔話とすると、その対象は『遠野物語』や「遠野物語拾遺」そして、『老媼夜譚《ろうおうやたん》』『聴耳草紙《ききみみぞうし》』などと関連すると考えられます。

各新聞は、「『民話の道』事業の完成で同市駅前のメーンストリートは、これまで以上に観光客や市民に親しまれそう」と報道してくれました。が、意外にも観光客からは不評でした。例えば、駅前の「ジャックと豆の木」などもその一つで、「民話の里に、どうして外国の童話なの？」といった質問が相次ぎました。

『グリム童話』の「ジャックと豆の木」は、グリム兄弟がドイツ国内から苦労して集めた、正真正銘の民話（庶民の伝説、世間話、昔話）の一つで、作り話ではありません。

人が空に登る話は、遠野にもあり、『老媼夜譚』の「桶屋の昇天」、『聴耳草紙』の「雷神の手伝い」など、何話かを佐々木喜善も集めています。また、上郷町来内《らいない》字三国《さんごく》（三石）では、男が蒔《ま》いた豆の種が大木となって天空まで届きます。鎌では刈れないのでノコギリで引き倒したところ、豆が三石もとれたという話があるのです。

彫像は、一部を除いて、ほとんど民話に由来します。「民話の道」で良いと私は思います。

◇駅前広場　①ジャックと豆のつる（天空への道）※以下ほとんど「ブロンズ」です　②河童（それぞれの楽しみ）『物語』五五～五九話河童婿入り、河童駒引き　③雪女（北風の舞）『物語』一〇三雪女

◇駅前通　④桃太郎（We are waiting）『紫波郡昔話』一二桃ノ子太郎他　⑤天人児（てんにんこう）「拾遺」三、四天人児　※陶板　⑥親指姫（ひなたぼっこ）『聴耳』田螺長者／『グリム』親指太郎　『アンデルセン』親指姫（※童話です）

◇博物館周辺　⑦遠野三山（こだま'91）『物語』二遠野三山　⑧あかずきん（森の抱擁）『物語』一一七瓜子姫／『グリム』赤ずきん　⑨ふくろう（ふくろう）『物語』序文　※黒みかげ石　⑩獅子踊り（獅子踊り）『物語』一一九遠野郷しし踊り

（佐藤誠輔）

菊池《きくち》玉《たま》

昭和九年（一九三四）九月二五日〜

武士の家系に育った語り

菊池玉さんは、遠野語り部の双璧と言われる白幡《しらはた》ミヨシさんの娘で、阿部ヤヱさんの同級生でもあります。

昔話もそうですが、遠野の昔の話（伝説、世間話）をよく知っているので、遠野へ来ると必ず玉さんを指名する方もあると聞きました。古くは武士の家系だったらしく、本町の武家屋敷から何かの理由で、清心尼公《せいしんにこう》の墓地の近くの広大な土地に移されたそうです。

昔の話は、父運蔵《うんぞう》（明治三六年生まれ）からも祖父永次郎（明治一〇年生まれ）からも聞いており、学校でいじめられて帰ったりすると、「何この、侍の家の子だもの、負けねで勝って来い」と言われたものだそうです。ですから、父や祖父が話す昔の話も、武張ったものや人に勝つ話が多く、「笑い話などはあんまり聞かなかったなあ」と、玉さんは言っています。

明治一二年（一八七九）生まれの祖母ハルさんは、土淵の谷地《やち》から来た人で、五日市のお文殊様の話、似田貝《にたがい》の話や河童淵《かっぱぶち》の話をしてくれたそうです。

母ミヨシさんも、始めのうち父に遠慮して語らないでいましたが、だんだんに語るようになりました。玉さんは、母親がお客様たちに昔話を披露している姿を見聞きしているうちに、子供の頃聞いた昔話を思い出しました。ある時など、妹と一緒になって、「こうだったか」「ああだったか」と語り合ったこともあるそうです。

光興寺では「オスラサン」と言っている山の神は、一二月一二日に祭ります。祖父母から聞いた話では、「春先、山に入った飲んべえが、山火事を起こしたことがあり、その時、『赤い腰巻広げろ広げろ』って、すっと広げると、山の神さんが、『そんな物見ったくねえ』って火を吹き消してくれたんだと。だから、いつでも、赤い腰巻出せるようにしておくもんだ」などと教えられたそうです。

また、「熊野さんという神様は、火事のときに飛んで、おらが嫁いできた新張《にいばり》の木に引っ掛かって、以来、そこに宿をとるようになった」など、玉さんの話は尽きません。

伝説や昔話の特色

玉さんが昔話を始めたのは偶然のきっかけでした。ある時、新年会で昔話を披露したところ、たまたま語り手を求めていた市役所担当者の耳に入ったというのです。それが縁で、玉さんは、平成四年（一九九二）の世界民話博で昔話の初出演を果たしました。

昔話の他に昔の話（世間話や伝説）を豊富に持っている玉さんは、先に述べたように、白幡家の先祖は侍の出であること、生家の裏山にある諏訪《すわ》神社のご神体は、海の神弁天様をその侍たちが持って来たこと、また、昔はドンドコ田植えという方法の珍しい回り田植えが遠野でも行われたことなど、興味ある話をたくさん聞くことが出来ます。

中でも、オゴシ様の話にはびっくりしました。昔話「猿の嫁御」に出てくる猿、つまり、三番目娘にだまされて、川流れした猿のために建てたお墓がそれだというのです。遠野では、「池端の石臼」の「沼神の手紙」も、そうですが、ときに昔話にさえ裏付けがあり、ほとんど伝説と変わらない扱いを受けている場合があるのです。

積極的な活動

玉さん自身も古いものに興味を持っており、熊野神社にあげる和讃の勉強もしています。今は、木村のばっちゃんと白幡さんの二人だけが知っていますが、「昔のものがなくなってきたから、是非とも覚えておけ」と言われているそうです。

玉さんは請われれば、九州（菊池市）にも出掛けますし、山形県を始め要望のある場所には県外でも出掛けると聞いています。

玉さんの話は、すべて言葉として耳から入ったものです。活字が先行するストーリー・テーリングとは異なり、特に貴重な語り部の一人と言って良いでしょう。

今、玉さんは、定時の語り部の一人として、遠野物産館の語り部館を支えています。そして、遠野物語研究所主催の「語り部教室（昔話教室）」はもちろん、遠野昔話ゼミナール、遠野昔ばなし祭りなどでも、欠かせないメンバーの一人です。

得意な話は「ザシキワラシ」「蔵ぼっこ」「親を買った話」「家神様の話」「稲荷様の由来」「オシラサマ」「河童狛犬《かっぱこまいぬ》」「石屋の一人息子」「笠地蔵」など約八〇話とのことです。

出版物やＣＤには、母白幡ミヨシと共著があります。

一話紹介　蔵ボッコ

昔、遠野は海陸の中心地で、荷を運ぶ馬の宿があったと。ある時、その馬宿にいつもより大勢の客が泊まることになり、その家の旦那殿が、膳椀を取り出しに蔵へ行ったど。すると、いつもは簡単に開くはずの戸がいくらいじっても開かなかったと。それで、妻や叔父さんまで三人掛かりでやっと開けたと。すると、真ん中の大黒柱に、一〇歳ぐらいの男ボッコが何人か居てヒソヒソ話をしていたったと。

それを見た旦那殿は、隣近所の童子《わらし》では無いかと聞いて歩いたが、「居ない」という家は無かったと。何せ、男童子の姿は、主人夫妻にしか見えないので、拝み屋へ聞きに行くと、「それは蔵ボッコという、客を呼ぶ神様だ。そのおかげで客が集まるのに、お前の妻は『忙しい』と仏頂面をしてる。それで、守り神様たちが出て行く相談をしてるんだ」と言われたと。驚いた主人が妻に伝えたが、仏頂面は直らず、あきれた蔵ボッコは、その家を出てしまい、ほどなく潰れてしまったと。どの家でも、妻の笑顔は大事なもんなんだとさ。

（佐藤誠輔）

阿部《あべ》ヤヱ

昭和九年（一九三四）一一月九日～

わらべ唄に込められた歴史

松崎村光興寺に生まれた阿部ヤヱさんは、「とにかく歌うこと、語ることが大好き」という語り部です。

平成四年（一九九二）に『遠野のわらべ唄』（伊丹政太郎著）が出版され、ヤヱさんが紹介されたことにより、彼女がわらべ唄だけの専門家のように思われてきました。

しかし、よく読むと、ヤヱさんは、父母はもちろん、本家の祖母や隣の爺さん婆さんに、わらべ唄と昔話を一対にして教えられ、人としての生き方を教わってきた人であることがわかります。

わらべ唄を教えてくれた人を、ヤヱさんは、「つっつ（乳婆《ばあ》）」と呼んで居ます。

一杯盗って　二杯盗って
　転んだってままよ
一杯とって　飯《まま》かえし
一杯とって　飯《まま》かえし

一杯は、飢饉に備え、役人の目をかすめた盃一杯だけの米。元々米は百姓が作った物、それを取りあげる殿様こそ、百姓からすれば盗っ人だという気持ちが、「飯かえし」という言葉になって表れています。そうして大事に貯めた一杯の米を粥《かゆ》にして食いつないでも、度重なる飢饉には、どうすることも出来ません。「ほら、あそこに『飢渇有無縁聖霊』が建ってるべ、飢えた多くの人たちが死んでいったのよ」と教わります。

また、もち米の穂を盗《と》った男を助けた早池峰の女神様の話（「遠野物語拾遺」）も、婆によると、「ハヤズネ様は、餓死から免れるため年貢米を掠《かす》めるのを許したんだべ」となります。

ヤヱさんはこうして、わらべ唄は単なる子供の唄ではなくて、本当は農民の心が隠れている唄であること、そしてそれは、時に昔話と一対になっており、年齢や場面に応じて子供らに語り聞かせ、教訓や教育に活用していたのだと話します。姉娘の胸から霊花をとった「遠野三山」の末娘の話も、厳しい遠野盆地で生き抜くためには、神々でさえも方略を用いたのだと教わってきたのです。

わらべ唄と昔話の教育力

ヤヱさんのデビューは二十数年前、昼のテレビ番組でわらべ唄を歌ったのがきっかけで、国立青年の家などで、わらべ唄の講座を持ったのが初めてです。

「子守はお婆さんの役目、お爺さんは家の旦那殿で、お婆さんがキシネ（米びつ＝財政）を任せられ、子供や孫の教育をしたのす。わらべ唄の『からすあっぱ』には、支配者に対する百姓たちの反感やからかいが潜んでおり、昔話の『豆こ一つ』には、女の早知恵に頼り過ぎて、折角得たお宝を屁《へ》で飛ばしてしまう男の自主性のなさを描いているのだ」と、ヤヱさんは語ります。

「わらべ唄と昔話は子育ての有力な武器であり、家庭や地域の教育力です」と、ずっと語り続けるヤヱさんには、共感するファンがたくさんあります。特に保育園や幼稚園の保母や教師に多いと聞きました。中には泊まり込みで、毎年決まったようにヤヱさんの家を訪れる人達もいるそうです。

その時、ヤエさんが歌う唄の一つに「からすあっぱ」があります。ちょっと見には分からないが、農民から見た殿様の施政（ここでは頼朝）批判が含まれているそうです。

　からすあっぱ〔烏は、熊野のお使いがらす〕
からすあっぱ（母親）どっちゃ行った
ばんじょ（万庶）越えで　荘越えで
麹《こうじ》買いに　罷《まか》った
何升　麹買って来た
あんまり悪い　ねんずみで
仏の油ぁ　し盗んで
前髪にべったあり　後髪にべったあり
京の町に立ったれば　犬にワンと吠えられで
明日の町に立ったれば　猫にニャンとえがまれた
犬殿犬殿許しえんしょう
猫殿猫殿許しえんしょう
戻りにぁ　酒買いましょう
百に米ぁ　一石
十文に酒ぁ　十ひしゃげ

この仏は清盛、ねずみは頼朝で、公家の真似をして平家と同じように京の町に立とうとした田舎侍とみる唄だと言います。何と奥の深いことでしょう。

本を書いて伝える努力

歌うこと語ることの大好きなヤヱさんは物を書く人でもあります。自分の中に染み込んでいる自分の思いを、短い時間で伝えることは、本当に難しいことなのです。それで、『人を育てる唄』『呼びかけの唄』という二冊の本を通して、遠野のわらべ唄と語りがずーっと歌い継がれ語り継がれるように願いを込めて発刊しました。

定時の語りでは、遠野物産館の語り部館での週一回の語りがあります。また、遠野物語研究所主催の語り部教室（昔話教室）、遠野昔話ゼミナール、冬の遠野昔ばなし祭りなどでも、欠かせないメンバーの一人です。

得意な話は「豆こ一つ」「オシラサマ」「登戸《のぼと》の婆」「ザシキワラシ」「河童の話」「鳶と鴉」「猿の嫁御」「マハとホオズキ」「笛吹峠」「鴨の子太郎」「お月お星」など約一〇〇話で、わらべ唄も約五〇〇曲採集しています。

『とおの　第2号　遠野に伝わるわらべ唄』（遠野市立博物館）、『人を育てる唄』『呼びかけの唄』『知恵を育てる唄』（ともにエイデル研究所）のほか、『遠野わらべうた』というCDも出ています。

（佐藤誠輔）

柳田《やなぎだ》三五郎《さんごろう》

昭和一〇年（一九三五）六月一〇日生まれ～

三五郎さんは『遠野物語』中心部の土淵村山口に生まれています。彼の祖母フクは佐々木喜善の養母イチの妹にあたります。喜善の養父久米蔵、その父万蔵が相次いで亡くなり、喜善も事情で実家を留守にする一時期には、三五郎さん一家が喜善家に住み着いて、同家の農地などきり盛りしていたそうです。本名の由来は、西暦三五年生れの下二桁と、父上三五歳の時に五番目に、初めて長男が誕生した喜びから命名されたといいます。

そんな中で彼は周りの大人たちの昔話や世間話をよく聞いたそうです。大叔母のイチや近所畑中家の新田ヨシ、その養女のミシギの語る面白い、そして不思議な話もにはいつもひき込まれたといいます。

昭和二六年（一九五一）、当時の土淵村役場に採用され、町村合併後の遠野市役所職員として四五年勤続して定年退職、遠野市立博物館研究員（嘱託）兼遠野ふるさと村のまぶりっと（守り人）としても七年勤めています。

現職中から喜善と彼の生地山口を中心とする周辺地域の故事来歴、森羅万象について熟知する点では、彼の右に出る者がなく、「知らないことがあったら三五郎さんに聞け」といわれる頼もしい存在であります。

三五郎さんは、「デンデラノは決して棄老の蓮台野ではない。時代と土地の事情により、年寄りたちが余儀なく集団生活を行った場所ではあるが、里人との交流は旺盛で、むしろそこでは年寄りを大事にする中で、種々の蓄積された知恵を借りる処であった」と語っています。

昭和四〇年代に遠野の昔話がマスコミを通じて広く注目され出した頃から、市役所現職の彼も、年長の鈴木サツさんたちと共に語る機会が多くなりました。地元農協の有線放送でも語りました。宮城県の昔話採集家佐々木徳夫氏の知己を得るなどして、県外でも出張語りをしています。

得意な話は、老人の知恵に学ぶ難題話の「七節《ふし》七曲がり」「灰《あぐ》なわ百把」や、親の恩に報いる大切さを語る「スズメとツバメ」などで、敬老の心や父母への孝養を説いて先人の思いを伝えたいと考えているようです。持ち話は、謙遜してその他二〇話ほどだと話していますが、多様な趣味の生活と共に語ることを楽しんでいます。

（千葉博）

佐々木《ささき》健《つよし》

昭和一二年（一九三七）五月二八日〜

健さんは、宮守村下宮守の花梨《はななし》と呼ばれる旧家に生まれ、家は代々続いた神子の職の家柄であります。現在もゆかりの品々が残っており、この地方最古と云われるオシラサマも存在すると言います。近くの墓所の墓石にも、「朝日神子」等の名が刻まれた石碑も多く残っています。

健さんはもの心の付くころから、祖母のさとさん（明治一五年生まれ。正式な名はきく）に抱かれて昔話を聞き、祖母がどこへ行くときも共に付いて歩き、さまざまな話を聞かせられて育ったといいます。それがいっしか記憶の底、身体の中に蓄えられていたのでしょう。

その後、盛岡一高、法政大学社会学部卒業の後、全官公中央本部勤務、仙台市内の郵便局に勤務し、みやぎ民話の会などの求めで語り合ううちに、半世紀近くにもなって、幼い頃に聞いた話が次々と思い出されて来たそうです。しかし、語る話は、滑らかにすらすらと湧き出すようなものではなく、心の中で記憶が発酵し醸し出され、絞り出されるように出てくるものだと言います。

その後、仙台市において文筆活動を行い、民俗関係、さらに地域の物語や歴史なども調べて活躍していると言います。故郷にも深い愛着を持ち、宮守においても、地域の資料の発掘したり、昔を語る人々を世に紹介したりしています。

話の内容は多岐にわたっています。動物との繋がりとして、鳥や蛇、狐や魚、馬や猫、植物、人間同士の交流や知恵比べなど、昔良くやったなぞ立てや、どぶろく改めの話などがあり、宮沢賢治の話とも通ずるところがあります。

また、宮城県の民話の会の指導者として後進の育成に積極的に取り組んでいます。出版物としては、『私の遠野物語』（佐々木健著）、『遠野郷宮守の昔ばなし』（語り佐々木健、小野和子・庄司幸栄編）があります。

（水原義人）

菊池栄子《きくちえいこ》

昭和一五年（一九四〇）四月五日～

祖父から昔話を聞く

栄子さんは、力松さんの最初の孫で、ミヤさん・ヤヨさんの姪《めい》にあたります。すなわち、二人が敬愛して止まない兄嘉《か》七《しち》さんの娘ということになります。

嘉七さんは腕のよい大工さんで、野崎の曲がり橋や、鱒沢のログハウスなどを建て、「嘉七さんでなければ出来ない宝物だ」と言われるような仕事師だったそうです。また、郷土芸能にも詳しく、本来は町方の芸能である南部囃子《なんぶばやし》を、三味線から踊りまで教えて、八幡祭りに出演したそうです。

栄子さんによると、『嘉七さん（お父さん）からおもしろい話コ聞いたべ』と言われるが、物心ついたときには、嘉七さんは軍隊に行っていて、聞く機会がなかった」ということです。

ほとんどの話は祖父力松さんから聞いたということで、「おじいさんは本当におもしろい人でした。弟が生まれるまでは私の天下で、膝の上で聞かせられました。例えば抱いていて、けっつ（お尻）叩《たた》きながら、『けっつあぶりカンカンカンカン』ってけっつ叩くの。私はおばちゃんたちから、『何たら物覚え悪い。力松さんの膝コの上で育ったのに』と、よく言われますが、私はおばちゃんたちのようには覚えていないの。『なみなみの屁っぴりじい様』とか『お月お星』『頭の大きな男』そんなもんだね。あとはおばちゃんたちの語るのを聞いて、思い出しながら語っているの…」と、栄子さんは言います。が、鈴木サツさんの語り口に一番良く似ているという見方もあるそうです。

この頃は、県外からもお招《よ》びがかかり、時にはミヤさんと同行するなど、語りの技を磨いている最中ということになりましょうか。気張らず気取らない語り口は評判が良く、間違いなくこれからの遠野昔話の担い手になると言って良いでしょう。遠野物産館の語り部館の数少ないメンバーでもあり、昔話教室や、遠野昔話ゼミナール、遠野昔ばなし祭りなどでも、欠く事のできない一人です。

語りの活動で世界が広がる

栄子さんが、昔話を始めたきっかけは、「『お前も力松さんの昔話を聞いて育ったんだがら、昔話をやってみろ』と、おばたちから半ば強引に誘われたのが始まりだったなっす」と、いうことでした。

世界民話博のときは、「中国の人の話も聞いたけど、通訳するのに時間がかかって、さっぱり覚えていないが、いろんな人達の話が聞けて勉強になったね」と言うことでした。

語り部ホールの語りも、最初は二人組で、玉さんは白幡のおばあちゃんと組み、栄子さんはヤヨおばちゃんと組んだので、とても心強かったと言うことでした。

語りを続けている理由を尋ねると、「初めは、いやだったども、語っているうちに、お客さんの反応があって楽しい」、「終わった後、お客さんたちと雑談でき、それによって今までに経験しなかった世界が広がる」、そして、「どんな知らない土地に行っても、皆親切にしてくれる」ことなどを挙げてくれました。

例えば、よその土地へ行った時など、「おれ」と言うのも悪いかなと思って。「わたし」なんて使っていたら、気づいたお客さんが、「いいよ、『おれ』で語って」と言ってくれたり、北海道のお客さんは、「じいさんばあさんの故郷の言葉を聞くようで懐かしい」と言ってくれたりしたそうです。

次の時代に向かって

おばさんたちのように、今は北海道に定客を持ち、京都の小京都芸能大会にも招待されるなど、めきめきと腕を上げています。

この頃は得意な方言を駆使して、小学校の総合学習に進んで参加をしたり、「聾唖《ろうあ》の人達に向けて、手話で昔話が出来ないかな」と、本気で考える語り部です。

得意な話は「オシラサマ」「雪女」「ザシキワラシ」「マヨイガ」「カッパ淵」「極楽を見た婆様」「屁っぴり嫁御」「なみなみの屁っぴり爺様」「母の目玉」「豆腐とコンニャク」など約一〇〇話です。

『菊池栄子の世界』というCDが発売されています。

一話紹介　オシラサマ

昔、あるところに、父と母と、かわいい娘と、子馬が一頭住んでいたと。年頃になった娘は、輝くばかりに美しくなり、子馬も立派な若駒になったんだと。

この娘は、数ある縁談にも耳をかさず、すぐ馬屋へ行って、馬とだけ話したり、笑ったりしてるんだと。父が尋ねると、「おら、馬と夫婦になるもの」と、娘が答えたと。父は、「そんな馬鹿な。人と馬が夫婦になるなんて」と絶句して、「娘も娘だが、お前もお前だ」と言うなり、馬を馬屋から引っ張り出したと。父は、桑の木に吊《つ》るして皮をはぎ始めたんだと。娘が、「むぞやな（かわいそうに）、止めてけろ」と叫んでも、怒った父は、一向に聞かなかったと。

ところが、もう少しではぎ終わるという時、不思議にも、馬の皮がスッポリと娘を包んで天に昇ってしまったと。父と母は嘆き悲しんで後悔したが、後の祭りだったと。

ある晩、娘が二人の夢枕に立ったと。「おれの親不孝許してけろ。その代わり来年の三月一八日に、土間《にわ》の臼の中を見てけろ。その虫を桑の葉で養って、繭《まゆ》コ作れば高く売れるから」。

なるほどその通りで、お陰で二人は暮らしを立てたんだと。それで、父と母は桑の木でオシラサマの像を作って祭ったと。オシラサマは養蚕の神でもあれば、目の神でもあり、女の病気の神様でもあれば、その家に良いことも悪いことも教える、お知らせの神様でもあるんだとさ。どんどはれ。（佐藤誠輔）

綾織の続石

いろり火の会の活動

「民話のふるさと遠野」でも語り部の高齢化が進み、昔話は消滅してしまうのではないかという危機感がありました。そこで、平成八年（一九九六）、遠野物語研究所の佐藤誠輔《さとうせいゆう》さんが語り部教室を開講し、昔話の未来を考えはじめたのです。

民俗学者たちは昔話の記録には熱心でしたが、その継承には実に冷淡でした。むしろ、継承は研究の妨げになると考えていたにちがいありません。しかし、その教室には昔話に関心を持つ女性が集まり、熱心な学びを重ねました。

やがて参加者の中から有志が集まって、教室での学びを実践しようと考えたのが「いろり火の会」の人々でした。昔話は民家の囲炉裏《いろり》の火を囲んで語られましたから、そのことにちなんだ命名でした。囲炉裏の火に人が集まるように、この会には多くの方々が集まりました。

平成一二年（二〇〇〇）、中心市街地の空き店舗を利用した「語り部の居る休み所」がスタートでした。以来、遠野駅に沿った物産センターの奥に場所を移して常駐し、ホテル・あえりあ遠野でも毎夕に語るなど、活動の場所を広げてきました。

以下、会員一五名のプロフィールを紹介しましたが、発足時の仲間には、菊池貞友さん、小西敦子さん、佐藤孝子さん、佐藤典子さん、高瀬孝子さん、新田安子さんがいます。やはりみなさん女性ですが、現在はさまざまな理由で会を離れています。

なお、最近では、語り部教室を発展的に改称した昔話教室では、いろり火の会が主体的に参加し、近隣の釜石や花巻からの出席者も増え、より広い交流が豊かに始まっています。

（石井正己）

菊池《きくち》スミ

昭和七年（一九三二）一〇月一九日、遠野市青笹町赤羽根に生まれる

菊池スミさんは、二、三年前までは、町内の消防団女性部の団長をしていました。今は、老人クラブのかっぱの会で活躍しています。

スミさんの生家は、代々昔語りを伝えて来ており、長兄康《やす》久《ひさ》さんの話は『遠野の昔話』（佐々木徳夫編）に、「天福地福」など七話が載っています。スミさん自身も、おじいさんから、囲炉裏で聞いたと言っています。また、父や姉が語ってくれることもありました。「豆コ話」「お月お星」「糠んぼ紅皿」「山母の話」「和尚さんと小坊」「又三郎狐」など、懐かしく、すぐに思い出すことが出来るそうです。

スミさんは、兄さんが旅行の時などみんなの前で昔話を語って聞かせるのを思い出し、いつかは、私も語ってみたいと思ったと言います。ですから、語り部教室の開設を聞いたときは、すぐに、小さい頃のことを思い出しました。また、外へ出て多くの人と学んだら、認知症防止になるかなとも考えました。

そして、教室で勉強しているうちに、覚えた昔話を語る場が欲しくなりました。そんな時、いろり火の会の話が持ち上がり、仲間と話し合って会員となりました。

駅のいろり火でも、あえりあ遠野でも、お客さんに、「遠野に来て良かった。とても良い旅をした」と言われると、とてもうれしくなります。

語り部を続けて来たお陰で、東京や九州にも行って来ました。心配でしたが、会長さんがついているので、安心して語ることが出来ました。

得意な話は「オシラサマ」と「ザシキワラシ」ですが、「力士荒滝」「天福地福」「夜蚊になった赤鬼」「豆腐と蒟蒻《こんにゃく》」「眉《まゆ》の役目」「糠んぼ紅皿」「狐遊女」も、自分のものにしたいと勉強しています。

「初心を忘れず、語り方を崩さず語って行きたい」と言っております。

一話紹介　天福地福［致福譚］

昔、正直爺が天井から金が降って来る夢を続けて見たと。その爺様が山さ栗拾いさ行ったら、金の入った瓶《かめ》を見つけたと。でもおれの金は天から降って来るから俺ので無えと思ってそのまま帰り、隣の欲ばり爺さ教えたと。

隣の爺が、瓶を見つけて開けて見ると、何が金だべ、馬や牛の糞《ふん》だの蛙だのが入っていたと。ごせやいた（腹を立てた）隣の爺は、正直爺の屋根の穴から、その汚い糞小便をグワーッと投げたと。すると、何が馬牛の糞だべ、金がジャラジャラと降って来たと。「天から福来た」って正直爺は拾い、長者になったと。

（佐藤誠輔）

内田芳子《うちだよしこ》

昭和九年（一九三四）四月一四日、
紫波町日詰《ひづめ》に生まれる

内田芳子さんは、おり工房のいとぐるまで、裂織《さきお》り、染色、毛織などの技術を習得する他、家事の上手なやり方などを学習するコスモス会にも進んで参加しています。

お話を聞き始めたのは五、六歳頃で、父からは「岩見重太郎《いわみじゅうたろう》」や「塚原卜伝《つかはらぼくでん》」などの講談を、姉たちからは、「桃太郎」「舌切雀」「兎と亀」「猿蟹合戦」などの日本昔話を聞かせてもらいました。

昭和四七年（一九七二）頃、北川ミユキさんのお宅で、大事なオシラサマを見せていただき、そのお話も拝聴してとても感動しました。その後、とおの昔話村で、鈴木サツさんから「豆コ話」と「サムトの婆様」を聞く機会があり、昔話に強く興味を持ちました。

昭和六〇年頃には市の観光ガイド講習会を受け、私も昔話を語ってみたいと思うようになっていました。平成八年（一九九六）、いつかチャンスをと思っていたところへ、語り部教室が開かれ、すぐに申し込んだのです。息子たちが、祖母の語る「お月お星」に興味を持っていましたので、首尾一貫した「お月お星」を語ってやりたいと思いました。

教室で聞いた、正部家ミヤさんの「頭の大きな男」は、いつか語ってみたいお話です。いろり火の会には、語りの場を広げ、勉強出来る機会だと思って入りました。

駅のいろり火で語っていた時、「河童の頭の皿は何で出来ているか」と聞かれ動転しました。しかし、あえりあ遠野では、高名な評論家から、「分かりやすくて聞きやすかったよ」と励まされました。宮崎県西米良町《にしめら》では「せやみ」を語って拍手をもらいました。白岩児童館では、わらべ唄を印刷して一緒に歌ったこともあります。

十八番にしたいのは「お月お星」と「サムトの婆様」です。「マヨイガ」「豆コ話」「せやみ」など、いつでも語れるように用意しています。

「お話とお話の間に挟むやりとりを、遠野方言で出来たらいいなあ」と欲張っています。

一話紹介　サムトの婆様

昔、松崎村の登戸《のぼと》にかわいい娘コいたったずが、ある時、梨の木の下に、ぞうりを揃《そろ》えたままいなくなったんだと。

それから三〇年後の荒れる日に、親類縁者が集まっていた処へ、よぼよぼの婆様が現れて、「おれ、昔さらわれたこの家の娘だ」って言ったと。人達はびっくりして、「入れ入れ」って、手を引っ張ったが、婆様は「顔を見さ来ただけだから…」って、居なくなったと。それからは、荒れる日が来ると、「登戸の婆様来るよな日だな」って言い合うんだとさ。

（佐藤誠輔）

奥寺恭子《おくでらやすこ》

昭和九年（一九三四）一〇月一五日、盛岡市菜園《さいえん》に生まれる

奥寺恭子さんは、薬局を営むご主人を助ける傍ら、遠野市商工会女性部で活躍しています。また、視覚障害者のための「朗読ボランティア」を長年続けています。

早池峰山《はやちねさん》を自分の庭のように登っている大迫《おおはさま》の伯父からは、岩手山・早池峰山・姫神山など岩手三山の話や山にまつわる話を、伯母からは瓜子姫などの昔話を、そして父や母からは昔の暮らしの話や昔話などを聞いて育ちました。

遠野の語り部の中でも、すごいなあと思ったのは、鈴木サツさん、正部家《しょうぶけ》ミヤさん、阿部ヤヱさんです。それは、いつ聞いてもきちんと同じ時間で語り終わるからです。無用な付け加えなどはなく、あのように語ってみたいと思うようになりました。

昭和六〇年（一九八五）頃から、昔話の勉強をしたいと思っていたところ、語り部教室が開かれました。平成八年（一九九六）のことです。私は、遠野の昔話をもっと知りたい、遠野の昔話こそ、遠野の文化であり財産であるという趣旨に賛同し参加しました。

いろり火の会に参加したのも同じ考えで、遠野の宝を次の世代の子供たちに残してやりたいと思っています。

昨年から、小中学校へ昔話の出前をしており、小学校では「オシラサマ」「ザシキワラシ」「狐話」、中学校では「河童淵の話」「石コ鍛冶」なども語りました。子供たちからは、「自分の町の話が聞けて、とてもよかった」など、学年なりの反応がありました。

駅隣のいろり火で語っていた時、お客さんから、「今まで、オシラサマ、ザシキワラシ、河童しか聞けなかったけど、今日はうれしかった」と言われ、微妙な気持ちでした。

「食わず女房」「屁っぴり嫁御」を十八番に、「お月お星」「猿の嫁御」を自分のものにしたいと思っています。他には、「遠野三山」「猫の嫁御」「蛇の嫁御」「宮と倉堀」「話買った男」「見るなの座敷」なども語れるように準備しています。

一話紹介　食わず女房［五月節句の話］

昔、「飯食わぬ嫁ゴ欲しい」と言う男のところへ、「飯を食わない」と言う女が来たと。ところが、その女が来てから米の減り方が多いので、隠れて見張ったと。すると、女は、米三斗煮ると、鯖《さば》も四連焼いて、髪の毛を解いた大きな口に投げ込んだと。夜中になって、腹を痛み始めた女に、男は、「米三斗の祟《たた》りだ…」って呪《まじな》ったら、女は気づいて山姥《やまうば》となり、男を桶に入れて山さ走ったと。男は、木の枝に掴《つか》まって抜け出し、菖蒲《しょうぶ》と蓬《よもぎ》の陰に隠れたと。山姥も追いかけて来たが、「菖蒲と蓬さ触ると体腐るしな」って帰って行ったと。

（佐藤誠輔）

コラム

遠野の昔話の特色

駅隣の語りの部屋・いろり火からの報告です。

当番の語り部が、お話をしていると、たまたまバス待ちで居合わせたお婆さんが、「いや、それは違う違う。おら家は……」と、伝承昔話を主張されたことがあったそうです。

『遠野物語』を借りれば、「一町十ケ村」の遠野は、それぞれに方言も微妙に異なり、昔話の道具立ても違う場合があります。昔話教室で講師を務めるほどの語り部たちにも、それは見られます。例えば、「オシラサマ」の後段、蚕が石臼に出現する日を、佐々木喜善は三月一六日と書いています。が、Aグループは三月一四日、Bは五月四日、Cは五月六日とみんなバラバラです。活字に頼らない姿勢は、先程のお婆さんの「違う違う」と同じで、まだまだ遠野の昔話は生きていると頼もしく思っているところです。

次に遠野の昔話は、伝説と結び付きやすいところがあります。「沼神の手紙」で知られる「池端の石臼」の池端家では、これを伝説として、石臼様の祠《ほこら》を立て、石の鳥居まで建てて毎朝拝んでいます。「猿の嫁御」に出て来る猿が、あまりにもかわいそうだからと、オゴシンサマという石塔を建ててあるという話にもびっくりしました。

そして、遠野の昔話には、従来通りの東北型とともに関西型が混在することがあります。「瓜子姫子《うりこひめこ》」の場合を見ます。東北型では瓜子姫子は、天邪鬼《あまのじやく》に殺され、天邪鬼は姫の皮を被って爺婆をだまし、見破られて殺されるか、そのまま笑って山へ逃げて行きます。関西型では、天邪鬼は瓜子姫を木に縛《しば》るなどして殺しません。が、見つかった天邪鬼は股裂《またさ》き刑《けい》に処され、「蕎麦《そば》の茎はなぜ赤い」という話につながります。

また、遠野の姥棄山は、『日本昔話大成』のように、笑話として語られます。日本古来の孝行息子型、孝行息子型＋謎解き型、幼い息子に諭され改心するモッコ型、最もすごいのは、捨てられた老婆が息子夫婦に逆襲する「極楽を見た婆様」があります。

まだあります。都市型の話と言われる「学校の怪談」は、『奥州のザシキワラシの話』大正九年（一九二〇）に、喜善が収集しています。また、狸が機関車に化ける「偽汽車《にせきしや》の話」など、現代民話も、大正一五年（一九二六）に集められ、『東奥異聞』に載っています。古いようで新しい、そんなところに遠野の昔話の特徴がありそうです。

今は、ただの盆地に見えますが、昔は南部藩第二の都市として、十里四方から物資を集め市が立ちました。人や物とともに様々な「お話」も入って来たのだと思われます。

（佐藤誠輔）

小松敦子《こまつあつこ》

昭和一〇年（一九三五）一〇月三一日、遠野市六日町に生まれる

小松敦子さんは読書好きで、いろいろなお話を知っている人です。

昔話は、母の実家へ泊まりに行った時、よくお爺さんから聞かせられました。今も覚えているのは、「恵比須様と貧乏神」とか「クワバラクワバラ」といった題名だったと思います。同じ話をいつも話してくれました。

また、小学校高学年の頃は、母がよくお話をしてくれました。遠野の昔話は、終わりに、「だから、女の子は、こんなことをしてはいけないのだよ」などと、教訓がつきますので、それを意図していたのかも知れません。でも、小松さんは楽しく聞きました。

小松さんは、小さい時に聞いた話の途中が抜けていたり、結末を忘れて、どうしても思い出せない話をいくつか持っていました。語り部教室では、「そんな点のままつながらない話を、頭・胴体・尻尾とつなげて一本の線（ストーリー）にしてあげます」という呼びかけがあったので、これはちょうど良いと思って希望しました。

教室をまじめに四年続けた人達の発表の場として、いろり火の会が出来ました。今では、声をかけてくれた会長に感謝しています。

駅隣のいろり火で語っていたとき、お客さんから、「昔話は、索漠とした現代人に、心の古里をもたらすためにも是非継続してほしい」と励まされました。あえりあ遠野でも、「いつか来たい、聞きたいと思っていたことがやっと実現しました。心から癒《いや》されました」と言われ、そんなすごいことをやってるんだと、改めて思い知らされました。

正部家《しょうぶけ》ミヤさんの「お月お星」が心に残っており、私の目標でもあります。自分の十八番は「恵比須様と貧乏神」「糠餅と地蔵」です。また、「豆腐とコンニャク」「マヨイガ」「鼠の相撲」「狐遊女」はいつでも語れるように用意しています。

「昔話を大事にし、気長に正直に生きていきたい」と語っていました。

一話紹介　お月お星【継子譚・あらすじ】

昔、お月とお星という仲のよい姉妹がいた。だが、お月は先妻の子だから、継母が憎んで殺そうと企てる。ある時は毒饅頭で、またある時は槍《やり》で刺そうとするが、妹のお星の機転で助かる。最後に継母は、箱にお月を閉じ込めて山へ捨てさせる。次の春、お星は箱に入れたケシの花を頼りに山に入り、お月を助け出す。二人は、親切な長者のもとで養生する。やがて、盲目の父親が現れて再会する。二人の涙が父の両目を開かせ、二人は天に上って月と星になり、父はお日様になる。

（佐藤誠輔）

高柳《たかやなぎ》エス子《こ》

昭和一一年（一九三六）一月三日、遠野市松崎町に生まれる

高柳エス子さんは、海野《うんの》ノリ子さんとともにこの会の副会長です。また、グループわらべで、伝承遊びの指導を長年続けるなど、いろいろな社会活動をしています。

幼いころ、夜になると父が寝ながら昔話を語ってくれました。また、本家の伯母が、農繁期の賄《まかな》いや小昼《こびる》（おやつ）作りをしながらよく語ってくれました。川が近かったので、側に置くためもあったのでしょう。その風景は今でも覚えています。二人の話は、「豆コ一つ」に始まり、「なみなみの屁っぴり爺様」「お月お星」「登戸《のぼと》の婆様」などでした。

長じて聞いた、「上方テンポ」（佐々木イセ）、「一把の藁十六把」（菊池ヤヨ）も心に残っています。

昔、小学校で授業をしている時、昔話が語れたら、どんなにいいだろうと思っていました。が、なかなか叶いませんでした。ですから、語り部教室は私にとって渡りに舟でした。

たくさん聞いていくうちに、自分も語りたくなり、始めは孫にでも語ってやろうと思っていましたが、いろり火の会に誘われてうれしかったです。

駅隣のいろり火で語っていた時、ニュージーランドの方が立ち寄り、「日本に住んで、最も日本らしい世界に触れた。言葉は分からないが景色が見える」と言い、「各国で聞いているが、ここが一番すばらしい」と付け加え、喜ばしてくれました。

あえりあ遠野や、夜の水光園も、お客様と直接交流があって盛り上がり、とても楽しいです。また、大府《おおぶ》市では二日間で五回も語りました。一日中離れないお客様や、思いがけず遠野や釜石出身の方がいて、楽しい経験をしました。

ワキさんの「山の神様」を始め、「黄金の牛」「天人子」なども十八番にしたいと思っています。また「貧乏神と恵比須様」「田螺《たにし》長者」「見るなの座敷」「猫の嫁御」「猿と蟹の餅つき」「麦殻と蕎麦《そば》」などもすぐ語れるようにしています。

「遠野言葉を忘れず、明治の婆ちゃんを思い浮かべ語っていく」と言うことです。

一話紹介　黄金の牛［伝説・あらすじ］

昔、「芋掘り」と馬鹿にされていた男が、金鉱石を掘り当てて長者になる。男は三年後の大晦日に、牛の形をした親金を掘り当て、元日の朝、黄金の首に手綱を結んで引かせる。その時、ドンガリと落盤して、金掘りども七五人が死んでしまった。

この時、ウソトキという孝行者の炊事男も駆り出されたが、不意に坑口で「ウソトキ」と呼ぶ声があり、「だれだっ」と出た途端に落盤して、ウソトキ一人だけが助かった。

（佐藤誠輔）

後藤恭子《ごとうきょうこ》

昭和一二年（一九三七）四月三日、遠野市仲町に生まれる

後藤恭子さんは、茶道（表千家）や着物着付け教室の教授をしながら、語り部を続けている頑張り屋の一人です。

五歳ごろから、お婆さんの膝に座って昔話を聞きました。今思うと、「遠野のザシキワラシ」の話もありました。「昔、村練という豪商があったんだと。醤油業を営んで、仕込みから出荷まで、大勢の人を使って賑わっていたど。ある朝、仙台屋の丁稚《でっち》が、外を掃除していると、村練から座敷童子が出て来て家の前を通り、村順という麹屋に入っていったど。それからというもの、両家の貧富がケッチャ（逆）になったんだと」。

平成八年（一九九六）、遠野市の広報で語り部教室が開かれることを知り、昔話が聞けることを楽しみに参加したのが始まりです。四年間の学習の後、いろり火の会を作ることになりました。これからの活動は組織が母体になると考えていましたから、迷わず参加しました。最初は、遠野駅向かいの、空いている喫茶店を借りて始まりました。

今は、駅の近くの物産センター内のいろり火で、昔話を無料で提供しています。「遠野の昔話を聞きたい聞きたいと思って来ました。語りの口調が柔らかで目をつぶると風景がよく見え心がなごみます」と言われました。ふるさと村でも、「間の取り方やリズムがよく、響きが良い」などと喜んでいただき、うれしくなりました。

この頃は、小中学校へも昔話の出前をします。そうすると、昔話を聞こうとする姿勢、態度がよく、こちらもしっかりしなければと励みになります。

十八番にしたい話は、「マヨイガ」と「池端の石臼」です。また、いつ指名されても良いように用意しているのは、「聴耳頭巾」「遠野三山」「狢堂《むじなどう》」「愛宕様《あたごさま》」「卯子酉様《うねとりさま》」「十王様の田植え」「坪石長者」「踊鹿《おどろか》の狐」「笛吹峠」などです。昔話を自分の宝として、向上心を持って努力していきたいと思っています。

一話紹介　マヨイガ

昔、ある家の嫁コが、蕗取りに行って山へ迷い込み、黒塗り塀の家の前に出たと。塀の中に入ると、紅白の花が咲いていて鶏が遊び、裏に回ると馬屋もあったと。玄関から上がると膳椀が用意してあり、鉄瓶《てつびん》の湯がチンチンと沸いていたと。

嫁コは山賊の家でねがと思い、急に恐ろしくなって逃げ帰ったと。でも、そのことを、家人はだれも信じなかったと。

数日後、美しい椀コが流れ着き、キシネビツ（穀物入れ）に入れて置くといくら使っても穀物がなくならず、その家はだんだんと物持ちになったんだと。

（佐藤誠輔）

新田《にった》スミ

昭和一二年（一九三七）八月二九日、遠野市附馬牛《つきもうし》町に生まれる

新田スミさんは、遠野市の観光施設ふるさと村の守り人（まぶりっと）です。

曲り家の一つに常駐する形で、お客さん方の要望に応じて、昔話はもちろん、藁細工《わらざいく》や、簡単な郷土料理（団子作りなど）の手ほどきもします。

スミさんに昔話を語ってくれたのは、主にお婆さんで、「一〇歳ぐらいだったかなあ」と言っています。今でも覚えているのは、やはり「豆コ話」と「笠地蔵」だそうです。また、遠野の昔話に、光を当てた福田八郎先生のおかげもあると言っています。福田先生は附馬牛《つきもうし》の方で、工藤さのみさんも影響をうけており、指導を受ける機会が十分にあったのでしょう。

新田スミさんは、聞き手を自然に頷《うなず》かせるようなゆったりした語り口です。吟遊詩人の高岡良樹さんはすっかり気に入り、「スミさんの話をもう一度聞きたい」と、新聞のコラムに書いておられました。おもしろいことに、「スミさんの語り口は遅すぎる」と逆の指摘をなさる方もおり、スミさんを悩ませました。語り部教室としては、「語り手の個性の出る語り」でよろしいのではないかと思っています。

スミさんは、ふるさと村だけでも忙しいのに、いろり火の会にも参加しています。昔話の伝承のためには、語る機会や場面が多い方が良いこと、昔の風景や生活を思い出すような語りをして、みなさんに聞いていただきたいということでした。

スミさんは、遠野物語ゼミナール東京会場で語り、拍手を頂いて自信もつけたようです。

得意な話は「二度咲く野菊」と「ザシキワラシ」です。先輩の語った「食わず女房」は今でも心に残っていますが、これは修行中です。お客さんにいつでも完璧に語れるように準備しているのは、「おしら様」「河童淵《かっぱぶち》」「笠地蔵」「天人子」「団子聟」などです。

「いつまでも、ふるさと村の守り人で頑張りたい」と言っています。

一話紹介　二度咲く野菊［伝説／笑話・あらすじ］

昔、山里の美しい娘を殿様が見初めて奥方にする。ところがある日、懐妊していた奥方が殿の前でおならをし、不興をかって追い出される。しかし、里で、男の子を無事出産する。

一〇年後、その里へ殿様が狩りに来て、「黄金のなるふくべの種いらねが」という童子《わらし》と会う。条件は、「屁《へ》をたれね者が蒔《ま》く事」と言うので、殿様は、「屁をたれね人はいない」と笑う。童子が「では、どうして母を追い出したか」と迫る。殿様はすぐ気付き、野菊親子に謝って、お城へ連れ戻す。

（佐藤誠輔）

田代明子《たしろめいこ》

昭和一六年（一九四一）四月二四日、遠野市綾織町に生まれる

田代明子さんは、遠野地区更生保護女性の会、市の食改善推進員、電友会、遠野市かっぱの会運動普及推進員など、社会活動も進んで行っている人です。

　昔話は、四、五歳頃から、祖母や叔母から盛んに聞きました。その頃は、お話を聞くのが何よりの楽しみでした。父親が戦地へ行って不在だったので、それを哀れんで聞かせてくれたのでしょう。覚えているのは、「地蔵浄土」のような話で、最後は「人に良いことをしてやると、良いことが返ってくるよ」と言ったふうに締められていました。

　また、NTT在職中、テレホンサービスで、鈴木サツさんの昔話をテープで流したことがあります。すばらしい話し方に感動し、尊敬と憧れを持って聞いていました。

　退職後、孫たちとゆっくり過ごすことが多くなり、今の子供たちも、お話を聞くのが好きなことを発見しました。それで、最初から最後まで語れるよう、語り部教室を受講したのでした。そのとき聞いた、正部家《しょうぶけ》ミヤさんの「お月お星」、工藤さのみさんの「母の目玉」は、今でも心に残っており、何とか自分の物にしたと思うようになりました。

　いろり火の会には、話数を重ねないと自分の物にならないと考え、仲間と一緒に勉強するつもりで入会しました。が、そのお陰で、いろいろな場で語ることが出来ます。

　あえりあ遠野で聞いてくださった北九州市の方が、友達を連れて二度お出でになり、夕食に招かれてびっくりしました。また、駅隣のいろり火では、「勇気をもらいました」とか、「今の時代だからこそ必要です。ぜひお続けなさい」と励まされました。

「二度咲く野菊」「お月お星」を得意話にしたいです。すぐ語れる話は、「猿の嫁御」「屁っぴり嫁御」「せやみ」「上の爺と下の爺」「頭の大きな男」「田楽」「額に柿の木」「上方テンポ」「食わず女房」「雪女」などがあります。

「数多くはなくとも、自分らしい話を勉強したいと思っています」と言うことです。

一話紹介　屁《へ》っぴり嫁御［笑話］

昔、美人だが、屁の大きな娘が嫁になったと。嫁入り後、しばらく屁を我慢していたため顔が青ざめ、姑が心配したと。原因を聞いた姑は笑って、「いいから、たれろ」と言ったと。娘は「私のは大きいから石臼に摑《つか》まって…」と注意して、放ったと。姑は飛ばされて怪我をし、実家に返されることになったと。娘は、帰る途中で柿の実の取れない男たちと賭けをし、柿の木を屁で飛ばして勝ち、荷駄三頭分を勝ち取ったと。婿は「こんな宝嫁をもったいない」と家さ連れて戻ったと。

（佐藤誠輔）

千葉ケイ

昭和八年（一九三三）年四月九日、釜石市に生まれる

千葉ケイさんは、更生保護女性の会の他に、精神保健ボランティア、朗読ボランティア宮守、図書館ボランティアのこぶしの会などに携わっています。

幼い頃、母や伯母から日本昔話を聞いて育ち、小学生後半になって、祖母から遠野の昔話を聞きました。祖母は蚕を飼う人でしたので、まず「オシラサマ」を、そして、「座敷童子」「笛吹峠」「寒戸《さむと》の婆様」「お月お星」「狐話」などの語りを思い出します。

鈴木サツさんと正部家《しょうぶけ》ミヤさんから「オシラサマ」を聞いたとき、時を経ているのに、祖母の語りを思いだしてとても懐かしく、今でも心に強く残っています。

「語り部教室に入ろうかどうしようかと迷った時、先生に、『まずは、聞き上手になりましょう』と誘われました。いろり火の会立ち上げの時も、工藤会長さんから、『すぐ語らなくとも、お客様の話の相手をするつもりで協力してください。だんだんに慣れてゆきますから』と勇気づけられました。私は、声が小さいので、そのことをお客さんに指摘され、悩んだこともありましたが、うれしいこともたくさんありました」と話します。

駅隣のいろり火でのこと、「オシラサマ」の話の途中で、お客さんが泣き出しました。それは、戦時中、学校から二匹渡された蚕に、八手の葉を与えて殺してしまったことを思い出したのでした。偶然、私にも同じような体験があり、お客さんと心の糸を結ぶことが出来、「いつまでもお元気で」と別れました。あえりあ遠野でも、「ここに寄って本当に良かった」と言われました。また、宮崎県西米良《にしめら》町に派遣された時は、接するみなさんの、暖かさと方言の優しさ美しさに、改めて心を打たれました。

「神様と二人の爺様」と「ほおずき」が十八番です。他に、「笛吹峠」「子なさせ婆さん」「毒梨」「黄金の壷」「猫の嫁御」「頭の大きな男」を頑張っています。

「方言での会話がぎこちないので、乗り切ろうと思っています」と、言うことでした。

一話紹介　神様と二人の爺様

昔、信心深い爺が、草履ばかり作っている爺を誘って明神様の参詣に出かけたと。先に家に帰った草履爺をなじると、「神様が、小判の入った袋をくれた」ということだったと。

信心爺が、「おれの方が信心深いのに」と、明神様へ文句をつけると、「お前は前世ではスズメで、オハネ米（神饌）を取って食ったが、隣の爺は牛で、汗を流して材木を曳《ひ》いてくれた。それでお金を授けたのだ」と、言ったんだとさ。

（佐藤誠輔）

高橋徳子《たかはしのりこ》

昭和九年（一九三四）三月一三日、盛岡市に生まれる

高橋徳子さんは、柳翁宿の前身、高善旅館の主人故甫《はじめ》夫人です。

昔話に興味を持ったのは四歳頃で、父親から、「一寸法師」「桃太郎」「金太郎」「カチカチ山」などの、日本昔話をを聞かせられて育ちました。

盛岡出身の徳子さんが語り部教室を選んだのは、遠野に住んでいるからには、遠野の昔話をもっと知りたいと思ったこと。そして、いろり火の会の立ち上げに参加したのは、たくさんの昔話が、遠野にあることにびっくりし、これを、遠野を訪れる大勢のお客さん聞かせてあげたいと思ったということです。

徳子さんが、朝、自宅の前を掃除していると、子供連れのご夫婦が通りかかりました。すると、四年生ぐらいの息子さんが、「あっ、あえりあ遠野でお話ししてくれたおばさんですね、昨夜は楽しかったです」と挨拶してくれました。

また、ふるさと村では、北海道から来た中学生たちが、お話が終わると、みんなで座布団を片付け、「ありがとうございました」と挨拶してくれました。

「マヨイガ」を始め、「サムトの婆」「せやみ」など頑張っています。

一話紹介　せやみ［笑話］

昔、とてもせやみな（怠けた）若い者あったと。心配した親たちは、旅でもしたら変わるかと思って、にぎりコいっぱい背負わせて旅に出したと。男は腹へって来たが、にぎりコ降ろすの面倒臭いしと見ると、編み笠かぶって、口開けた男が来たと。ようしと思って、「おめ、腹へってらべ、俺のにぎりコ降ろして、一緒に食うべし」と言ったら、その男は、「人のにぎりコ降ろすどこの騒ぎでね。編み笠の紐解けたども、手出したくねがら、口開けて来た」って言ったとさ。

（佐藤誠輔）

高善旅館跡地の写真

コラム

遠野地方のことば

現代における遠野地方の日常生活で使われることばに、方言は少なくなっています。むしろ、大人と子供たちには隔たりがあり、大人は子供たち同士の会話が聞き取れないことが多いのです。一種の流行語が青年や子供たちの会話には使われますが、それは東京やテレビ・携帯電話などの影響によるものと思われます。

　しかし、かつては遠野地方独特のことばがありました。昭和二〇年代の遠野町では、お店に入るとき、「申《もう》ーす」（ごめんください）と言いました。しかし、現代では、スーパーやコンビニエンス・ストアで買い物するので、このような挨拶はしなくなりました。

　また、夕方から夜にかけて隣近所の人に出会うと、「おばんであんす。どございぎんすか」（お晩でございます。どこに行きますか）と、別に用もないのに声をかけます。「〇〇さ」、「ほだすか。きつけでがんせ」（そうですか。気をつけてください）と、外交儀礼的にことばを交わすのです。こうしたやりとりは、五〇歳代以上の者ならば、今も時折使います。

　こうした遠野地方のことばの具体的な例は、『遠野の昔話』（日本放送出版協会）の中に多く見られます。この中には、明治三四年（一九〇一）生まれの北川ミユキさんをはじめ、五五名の語り手が見えます。土淵町の三八名を見ると、明治生まれ一四人、大正生まれ九人、昭和生まれ一五人が収録されていて、幅広い年代の語り手が載っています。

　昔の語り手と現在の語り部を比べると、語りの口調は同じようですが、町の方と在（農村部）とでは異なるものがあります。例えば、「言う」は、「しゃべる」「しぇる」「へる」と発音します。在である土淵町に暮らした北川ミユキさんは、「「和尚さんす、和尚さんす、何でも良《え》えがら話《はなす》っコ教《おせ》でけで。」としぇったど」（「和尚さんよ、和尚さんよ、何でも良いから話を教えてください。」と言ったと）と語ります。「和尚さんす」の「す」は呼びかけの間投助詞で、丁寧の意味や強意の意味で用いられます。「～さんス」「あのなっス」というように使うのです。「しぇった」も、『遠野の昔話』の中で多く使われ、現在の語り部も使います。

　しかし、現在の日常語としては、こうしたことばはほとんど使われなくなりました。在では使うこともあるでしょうが、そう多くはないように思います。かつては日常生活で使ったことばは、もう昔話の中でしか使われない古典語になりつつあるのかもしれません。しかし、遠野の昔話はそうしたことばと一体にあることを考えてみる必要があると思います。

（昆弘盛）

高橋《たかはし》ノブ

昭和一七年（一九四二）一〇月九日、遠野市遠野町に生まれる

高橋ノブさんは、遠野町民生児童委員や地域の婦人団体協議会にも席を置き、時には、遠野福祉センターのほのぼの弁当作りをするなどの活動もしています。

昔話は、六歳頃に祖母から聞かされました。はっきり覚えているのは、「瓜子姫子《うりこひめこ》」で、山姥《やまうば》にだまされる瓜子姫子がかわいそうでした。また、「狐にだまされた話」は、たくさんあり、子供のころは、本気にして聞いたものです。また、ある時聞いた先輩語り部の、「笛吹峠」や「お月お星」のお話は、今でも心に残っています。

最初は菊池貞子《ていこ》さんに誘われ、どんなことをするのかなと、軽い気持ちで、語り部教室に出かけました。ところが、毎回、いろんな語り部さんの昔話や、先生方の講義が聞けるので、それが楽しみになりました。

平成一二年（二〇〇〇）のいろり火の会発足の時は、折角勉強したのだから、切磋琢磨するよい機会だと思って参加しました。

駅隣のいろり火で語っていますと、いろんな方々と出会えて勉強になります。中に、「本を読んだり、CDで聞いて来たけど、地元の言葉で聞くと、全く感じが違ってすごく楽しかったです。次の世代の子供たちのためにも是非伝えていってください」と励まされ、そうなんだと、かえってこちらが勉強になりました。

まだまだ緊張して、周りが見えなくなることもありますが、平成一六年、九州の菊池市と西米良《にしめら》町に行った体験は、私をますます昔話好きにさせてしまいました。

十八番にしたい話は、「お月お星」と「卯子酉様《うねとりさま》」です。また、いつでも語れるように準備しているのは、「マヨイガ」「ネズミの相撲」「郭公と時鳥《ほととぎす》」「法被と夜着」「池端の石臼」「屁っぴり嫁御」などです。

「いつか自分らしい語りが、できるようにと頑張っています」と言うことでした。

一話紹介　卯子酉様

昔、愛宕下《あたごした》の沼の主が、近くの美しい娘に一目ぼれしたと。それで、小蛇を使いに出したが、それとは知らぬ家人が庭先で殺してしまい、それで、一家がみな病気になったと。

巫女から聞いてそのこと知った親父は恐縮し、卯子酉様の祠《ほこら》を建てて祭ると、家の人達の病気はすぐよくなったと。

一方、美しい娘は、その話を聞いた途端に病気になって、死んでしまったと。親父は死骸を沼の辺りに埋めてやったと。それから、その沼には主の片思いで、片葉の葦《あし》が生えるようになったと。卯子酉様は、娘を貰《もら》いに行った縁結びの神として祭られていると。

（佐藤誠輔）

菊池貞子《きくちていこ》

昭和一八年（一九四三）四月一三日、遠野市遠野町に生まれる

菊池貞子さんは、以前から進んで、地域の学校へ出かけて語ってきました。ＮＴＴで長く勤務した関係で、たまたま仕事の上で、鈴木サツさんや正部家《しょうぶけ》ミヤさんの昔話を収録する機会がありました。その時、ふと四、五歳のころ祖母から聞かされた昔話を懐かしく思い出しました。その中で、はっきり思い出したのは「豆コ一つ」だそうです。遠野の子供たちは、皆、このお話を聞いて育っています。

貞子さんは、積極的に仕事をする方で、民生児童委員、更生保護女性の会、食改善うっこの会、運動普及推進委員かっぱの会、笛吹きの園、電友の会、遠野市納税貯蓄組合連合会などの、しかも責任のある仕事も持っています。

語り部教室を選んだのは、ちょうど孫が生まれた時で、孫に聞かせてやろうと思ったからでした。しかし、今となっては、自分のためになってしまいました。語ることには慣れていたはずなのに、他人の前で語るのは大変でした。

また、いろり火の会に入ったのは、仲間からの誘いはもちろん、自分自身でも、これだけ勉強したのに、発表の場がないのはもったいないと思ったから、ということです。駅前のいろり火では、「生で遠野の昔話が聞けてうれしい」「優しい口調が心地よい」「今度は友達と一緒に来たい」と、うれしい言葉を頂きました。

あえりあ遠野でお会いした、イギリスの大学教授は、「帰国したら、菊池さんのオシラサマを語ってやりたい」と言ってくれました。ふるさと村や他の場所でも、拍手やうなずき、笑い、そしてぐうぐう眠ってくださった時はこれまたうれしいものです。

十八番にしたい話は「極楽を見た婆様」で、「オシラサマ」「ザシキワラシ」「河童淵」の三つは、いつ指名されても、きちんと語れるようにしたいと思っており、悔いを残さない話をしたいとも言っていました。

「出来は二の次、与えられた機会に精一杯全力を尽くす」と語ってくれました。

一話紹介　極楽を見た婆様　［親棄譚］

昔、孝行息子が嫁御もらったと。姑が年とって稼げなくなると、嫁は邪魔にして息子を説得し、婆様をもっこ（運搬道具）さ乗せ、「極楽見せっから」って、山奥の崖から突き落としたと。婆様は、藤蔓さつかまって助かり、古いお堂で寝てたら、泥棒たちがやって来たど。血だらけの婆様が覗《のぞ》いたら、「化け物だ」って泥棒は逃げ、婆様は宝物をみな集めて家さ帰ったど。「お陰で宝物貰《もら》って来た」って見せたら、欲心を起こした二人は出かけ、崖から飛び込んだきり、帰って来なかったど。

（佐藤誠輔）

海野《うんの》ノリ子《こ》

昭和一九年（一九四四）八月二七日、遠野市松崎町に生まれる

海野ノリ子さんは、バスガイドをしていた方で、初めてお会いした時、「東京の方ですか」と言って笑われました。今は、いろり火の会の副会長をしています。

海野さんは、幼い頃、お母さんの昔話を聞いて育ちました。雨の日や冬の日、農家の仕事休みの時など、お母さんの腰元にくっついて聞きました。今でも思い出せるのは、爺が、豆コをこぼし、穴に入りこむ「豆コ話」（鼠浄土）です。赤い電気のついている薄暗い部屋、そこで、鬼どもが宝物を広げる様子を想像し、頭の中で絵を描いて聞きました。

「母は無学でしたが、人と話すことが好きでしたから、私はまちがいなく母から影響を受けています」と語ります。

市観光課主催のママさんガイドの講習を受けたとき、昔話の必要性を強く感じて、語り部教室を選び、平成一四年（二〇〇二）からは、いろり火の会で活動しています。

ある時、駅隣のいろり火の部屋を訪れた、七〇歳代の女性から、「あなたの昔話は一〇〇パーセント分からないわ」と言われました。が、「私は遠野の言葉でしか語れないんです」と申し上げました。でも、うれしいこともあります。あえりあ遠野のお客さんは、終わったのに、「もう一度お願いします」と、アンコールをしてくれました。ふるさと村では、いろいろ歓談した後、「写真をご一緒に……」と誘ってくれました。

海野さんは、体の都合で遠くへは行けませんが、小中学校の昔話教室では、盛んに語っており、「きちんと聞いてくれてうれしい」と言っていました。

鈴木サツさんの「お月お星」「猿の嫁御」や白幡《しらはた》ミヨシさんの「貧乏神と福の神」が印象に残っており、自分でもそれらの話を会得したいと頑張っています。

また、「踊岡《おどろか》の狐」「河童《かっぱ》の子を生んだ娘」「母也《ぼなり》明神」など、地元の話も代表作にしたいと言っています。なお、路しるべの会での勉強もずっと続けており、「お客さんには、常に笑顔で接することに気を付けています」と、語ってくれました。

一話紹介　猿の嫁御［異類婚姻譚・あらすじ］

「草を取ってくれた者に三人娘の一人を嫁にやる」と爺が言うと、猿が手伝ってきれいに取り、翌日迎えに来る。上の娘二人は断ったが、末娘が承知して猿の山へ行く。里帰りに、臼に入れた餅を猿に背負わせて帰る。途中、「桜の花が欲しい」とねだると、猿は梢に上り、重みで川に落ち、「猿沢や…」と、辞世の歌を歌いながら流れる。末娘は家に帰る。

（佐藤誠輔）

工藤《くどう》さのみ

昭和一九年（一九四四）一〇月一六日、
遠野市附馬牛《つきもうし》町に生まれる

工藤さのみさんは、いろり火の会発足の立役者で会長でもあります。

昔話は、物心ついた頃から母に聞いて育ちました。また、母方の祖父や、父方の叔母からも教わり、今でもその叔母を訪ねます。母から聞いた「小鳥の話」「猿の嫁御」、祖父の「二度咲く野菊」、叔母の三大話と「南部小雀」など、今でも覚えています。また、福田八郎先生から頂いた特製の昔話小冊子が、この仕事を続ける力となっています。

さのみさんは、海野さんと同じく優れたバスガイドでもありました。それには、それなりの素地と、生まれ里が伝説の「沼の御前」にあるという不思議な縁もあります。

さのみさんは、ふるさと観光ガイドや観光サポーター、そして商工会女性部員として商店街の活性化にも一役買っています。

語り部教室に入ったのは、聞き覚えのある不確かな話を、自分の語りとして確立したい、そして、もっと多く遠野の昔話を聞きたいとの思いからでした。

いろり火の会の前身、語り部の居る休み所を立ち上げたのは、空き店舗対策とともに、「教室で学んで来た語りを、どこかで語りたい」という気持ちからでした。が、同じ思いの方々がいたところに、行政の支援もあって軌道に乗ったのは幸いなことでした。

十八番にしたい話は、「母の目玉」「笛吹峠」「沼の御前」で、附馬牛の話、小鳥前生譚、「遠野三山」「サムトの婆」など、先人の残した話はいつでも語れるように学習しています。

県外からの指名も多く、北海道、東北六県、関東（東京）、関西（京都、大阪）、四国、九州（菊池市）など、足まめに全国を行脚しているところです。

どこに行っても民話のふるさと遠野を重んじていて有り難く、それもこれも先輩語り部のおかげであると、ひしひしと感じているこの頃のようです。

「お客さんはもちろん、皆さんに支えていただいて今があります。が、自分の成長には『努力』という二文字が必要だといつも思っている」と、言うことでした。

一話紹介　沼の御前〔附馬牛の伝説〕

昔、猿ケ石川《さるがいしがわ》が大洪水になった時、荒屋の万兵衛は御前沼の主に「人柱を立てるから」と誓い、水を向こう岸に回してもらったと。洪水が収まり、沼の主が人柱を迎えに来たので困っていると、見知らぬ娘（実はオシラサマ）が現れ、針千本と筵《むしろ》を使って、沼の主（実は大鰻《おおうなぎ》）を退治し、自身が沼の主になったと。お祭りは三月一三日、九月一三日の二回だと。

（佐藤誠輔）

伊藤弘美《いとうひろみ》

昭和三四年（一九五九）一二月四日、遠野市上郷《かみごう》町板沢に生まれる

伊藤弘美さんは、いろり火の会では一番の若手で、語り部の他にも、ふるさと観光ガイドや、目の不自由な方への声の広報活動などにも参加しています。

すべてに積極的で、自分では「お人よしバカ」と言っています。が、一年に一度の市民の舞台では、その都度、いろんな役をこなし、今ではかなりの有名人でもあります。

子供のころ、自分の身の周りで昔話を語ってくれた人は、残念ながらだれもいず、一〇歳の頃、先生に語ってもらった「食わず女房」の話を、今でも覚えているそうです。

その後、日曜日の九時三〇分頃から流れる有線放送の「昔話番組」（語り部不詳）が大好きで、よく聞いていたと言っています。

平成八年（一九九六）、全戸配布の広報『学びの泉』で、語り部教室開設を知り、すぐさま申し込みました。遠野の昔話を覚えて、まず自分の子供に語ってやろうと思ったそうです。

平成一二年、いろり火の会の立ち上げから参加しており、駅隣の物産センター一室に開設したいろり火で、お客さんから、「良かったよ。また遠野に来ます。その時は、ぜひ聞かせてくださいね」と言われる時が一番うれしいと言っていました。

また、あえりあ遠野やふるさと村で語ることもあり、囲炉裏を囲んで語り合うのは、ほんとに、ぜいたくな時間だなと大事にしているそうです。この頃は、小学校や保育園でも語ることがあります。が、保育園児でも短い話でごまかしてはいけないな、そして児童全員の感想文に感激しましたなどと教えてくれました。

十八番は「福の神と貧乏神」で、「十二支のいわれ」「オシラサマ」「動物の目玉」「五徳と犬の足」「神様と小便」「豆とオキリと藁《わら》」などいつでも語れます。

今、語らせていただくのもご縁、聞いていただくのもご縁、その機会を大切にと思っています。

一話紹介　豆とオキリと藁　［動物昔話］

昔、豆とオキリ（火種）と藁が旅に出ると、小川に差しかかったと。お人よしの藁は「おめたち先に渡れ」と橋になったと。まず、オキリが渡ることになったと。ところが、橋の真ん中にさしかかると、風が吹いて来てオキリの火がポカーッと藁を焦がし、ツフーンと川の中へ落ちてしまったと。見ていた豆が笑って笑って、終いに腹がさけてしまったと。旅人が、「だから、人の災難を笑うもんでない」とたしなめ、通りかかった娘から針と糸を借りて、豆の腹を縫ってやったと。その時の糸が黒だったので、今でもその跡が残っているんだとさ。どんどはれ。

（佐藤誠輔）

コラム

語り部の育成

「小話は出来ても、大話はできない」と言われています。が、私は、不特定多数を相手に堂々と昔話を語ることの出来る人を、尊敬をこめて「語り部」と呼んでいます。

平成四年（一九九二）に世界民話博が開かれた頃、遠野の昔話は一時盛んになったように見えました。が、大家族が減ったことにより、祖父母から子、そして孫へとつなぐ、昔話のバトンタッチは望めなくなりました。

縦につなぐことが出来なければ、横につないで行こう。昔話の好きな多くの中高年者に集まってもらって、子供の頃聞いた話をもとに遠野の昔話として蘇《よみがえ》らせ、いろんな場面で語ってもらえまいかと思ったのが、語り部教室のねらいでした。

平成八年（一九九六）に、教室を始めた時は、「（あわよくば）この中から語り部が育ってくれたらなあ」との淡い願いでしたが、平成一二年いろり火の会（工藤さのみ会長）が発足し、その（あわよくば）の思いを十分に達成してくれたのです。

ここ一三年間、語り部教室（昔話教室）で行ってきたことは、以下の三つです。

①先輩語り部のお話を数多く聞こう（聞く）

②昔話は、遠野の文化遺産であることを知ろう（知る）

③自分もみんなの前で語ってみよう（話す）

◎「聞き上手は語り上手です」

鈴木サツさんから言われた言葉です。多くの優れた語り部の多彩な話を、生で聞けたのは幸いでした。特に、先輩語り部の体験談を聞けたのは、後々大変な役に立ちました。

◎「昔話を、ただ単におもしろおかしいだけのものにはしない」

発足当時の後藤総一郎所長からの注文がこれです。「昔話は地域の文化財であること、それは遠野の資源でもあること」を講師たちは説き続けてきました。

◎「昔話を自分の言葉で語ろう」

お嫁に来た方にも「お里の言葉で語ってください」とお願いしています。

昔話は、文字を持たなかった庶民が、守り育てて来た大切な交流の手段であったのですから、それが一人一人異なっていても何の不思議もないはずです。

語りは、語り手と聞き手があって初めて成り立ちます。昔話を続けるために、新しい時代の語り部は、相手のお話も聞く双方向の姿勢を意識してもらいたいと思っています。

（佐藤誠輔）

遠野の昔話と語り部を知るための文献

*『遠野物語』は初版、増補版のみをあげた。
*改版は*を付けて、初版の後に載せた。
*絵本、レコード、カセット、ビデオ、CDは省略した。
*石井正己『遠野の民話と語り部』所収の「遠野の民話資料一覧」をもとに増補した。

【書籍・報告書】

柳田国男『遠野物語』私家版、一九一〇年
*柳田国男『遠野物語　増補版』郷土研究社、一九三五年
佐々木喜善『東奥異聞』坂本書店出版部、一九二六年
佐佐木喜善『老媼夜譚』郷土研究社、一九二七年
*佐藤誠輔校訂、石井正己監修・解説、佐佐木喜善『復刻版老媼夜譚』遠野物語研究所、二〇〇八年
佐佐木喜善『聴耳草紙』三元社、一九三一年
*佐々木喜善『新版聴耳草紙』発売所・中外書房、一九三三年
*佐々木喜善『聴耳草紙』筑摩書房、筑摩叢書、一九六四年
*佐々木喜善『聴耳草紙』筑摩書房、ちくま文庫、一九九三年
本山桂川編、佐佐木喜善『農民俚譚』一誠社、一九三四年
柳田国男編、佐々木喜善『全国昔話記録　上閉伊郡昔話集』三省堂、一九四三年
*柳田国男編、佐々木喜善採録『日本昔話記録2　岩手県上閉伊郡昔話集』三省堂、一九七三年
岩手県立遠野高等学校社会研究会編『遠野郷昔噺集』岩手県立遠野高等学校社会研究会、一九五〇年
*『遠野郷史料集　第四集』遠野市立博物館、一九九九年
福田八郎編『遠野の民話』附馬牛小学校、一九六六年
深沢紅子・佐々木望編『岩手の民話　日本の民話2』未来社、一九六七年
国学院大学民俗文学研究会編『伝承文芸　第六号　岩手県南昔話集』国学院大学民俗文学研究会、一九六八年
土淵小学校『昭和48年1月冬休み民話集』土淵小学校、一九七三年
山田野理夫編、佐々木喜善『佐々木喜善の昔話』宝文館出版、一九七四年
*山田野理夫編、佐々木喜善『遠野の昔話』宝文館出版、一九八八年
遠野民話同好会編『日本の昔話10　遠野の昔話』日本放送出版協会、一九七五年
荒畑玲子・及川与詞美・三浦義子編『昔話』私家版、一九七六年

佐々木徳夫編『遠野に生きつづけた昔』講談社、一九七六年
加藤瑞子・佐々木徳夫編『日本の民話2　東北㈠』ぎょうせい、一九七八年
佐々木徳夫編『みちのく艶笑譚』ひかり書房、一九七九年
佐々木徳夫編『みちのく艶笑譚　第2集』ひかり書房、一九八一年
Third Year Students of Tono Junior High School『Folk Stories of Tono』遠野中学校、一九八二年
福田八郎監修、土淵中高校生の会編『私たちの遠野物語』遠野市教育委員会、一九八二年
福田八郎監修、土淵中高校生の会編『私たちの遠野物語　第二集』遠野市教育委員会、一九八三年
国学院大学民俗文学研究会『伝承文芸　第一四号　岩手県上閉伊郡宮守村昔話集』国学院大学民俗文学研究会、一九八五年
佐々木徳夫編『遠野の昔話』桜楓社、一九八五年
日本民話の会編『遠野の手帖』国土社、一九八五年
稲田浩二・小沢俊夫責任編集『日本昔話通観　第3巻　岩手』同朋舎、一九八五年
佐々木徳夫編『みちのく艶笑譚』未来社、一九八六年
遠野市立博物館編、佐々木喜善『佐々木喜善全集』遠野市立博物館、一九八六～二〇〇三年
工藤紘一編『遠野むかしばなし　鈴木サツ自選50話』熊谷印刷出版部、一九八七年
佐々木徳夫編『遠野の昔話――笹焼蕪四郎』ぎょうせい、一九九〇年
工藤紘一編『続・遠野むかしばなし　鈴木サツ昔話集』熊谷印刷出版部、一九九〇年
北上市立博物館編『むがしっこ語るべ　民話の語り手養成講座テキスト』北上市立博物館、一九九〇年
小野和子・庄司幸栄編『佐々木健の語りによる遠野郷宮守村の昔ばなし』世界民話博実行委員会、一九九二年
小沢俊夫・荒木田隆子・遠藤篤編『鈴木サツ全昔話集』鈴木サツ全昔話集刊行会、一九九三年
＊鈴木サツ全昔話集刊行会編『鈴木サツ全昔話集』福音館書店、一九九九年
工藤紘一編『続続・遠野むかしばなし　正部家ミヤ昔話集』熊谷印刷出版部、一九九三年
工藤紘一編『第四集遠野むかしばなし　正部家ミヤ昔話集』熊谷印刷出版部、一九九五年
佐々木徳夫『きんくるくるぐりふん――みちのくに生きつづけた昔⑴』セイトウ社出版部、一九九五年
阿部ヤヱ『とおの　第2号　遠野に伝わるわらべ唄』遠野市立博

物館、一九九六年
吉川祐子編『白幡ミヨシの遠野がたり』岩田書院、一九九六年
佐藤誠輔『遠野の昔話』遠野アドホック、一九九七年
吉川祐子編『遠野物語は生きている——白幡ミヨシの語り』岩田書院、一九九七年
佐藤誠輔『遠野の昔話二』遠野アドホック、一九九八年
阿部ヤヱ『人を育てる唄　遠野のわらべ唄の語り伝え』エイデル研究所、一九九八年
野田重太郎記録編集『菊池長福翁の遠野むかしがたり』私家版、一九九八年
和田栄子『MUKASIBANASI ROOMAZIHEN』私家版、一九九八年
野田重太郎記録編集『菊池長福翁の遠野むかしがたり（続編）』私家版、一九九九年
石井正己『日本の昔話研究に関する総合的研究』東京学芸大学、二〇〇〇年
川森博司『日本昔話の構造と語り手』大阪大学出版会、二〇〇〇年
阿部ヤヱ『呼びかけの唄　遠野のわらべ唄の語り伝え2』エイデル研究所、二〇〇〇年
佐藤誠輔『遠野の昔話三』遠野物語研究所、二〇〇一年
後藤総一郎監修、佐藤誠輔『遠野の民話』遠野物語研究所、二〇〇一年
佐々木トモ述『佐々木トモの語りによる宮守物語——早池峰山系の民話』宮守村教育委員会、二〇〇二年
＊小野和子監修、宮守村教育委員会編、佐々木トモ述『佐々木トモの語りによる宮守物語——早池峰山系の民話』杜陵高速印刷出版部、二〇〇二年
後藤総一郎監修、佐藤誠輔『遠野夜譚　遠野の民話Ⅱ』遠野物語研究所、二〇〇二年
石井正己『遠野の民話と語り部』三弥井書店、二〇〇二年
吉川祐子『遠野昔話の民俗誌的研究』岩田書院、二〇〇二年
石井正己『昔話の伝承と資料に関する総合的研究』東京学芸大学、二〇〇三年
石井正己監修、佐藤誠輔『遠野異聞　遠野の民話Ⅲ』遠野物語研究所、二〇〇三年
石井正己監修、佐藤誠輔『遠野昔ばなし』遠野物語研究所、二〇〇三年
阿部ヤヱ『知恵を育てる唄　遠野のわらべ唄の語り伝え3』エイデル研究所、二〇〇三年
石井正己『昔話の保存と活用に関する総合的研究』東京学芸大学、二〇〇五年

石井正己監修、佐藤誠輔編集『鈴木ワキ昔話集』遠野物語研究所、二〇〇五年
吉川祐子編著『昔話から〝昔っこ〟へ【白幡ミヨシ・菊池玉の語りより】』岩田書院、二〇〇五年
石井正己監修、佐藤誠輔『続遠野昔ばなし――『聴耳草紙』より』遠野物語研究所、二〇〇六年
石井正己『佐々木喜善資料の調査と公開に関する基礎的研究』東京学芸大学、二〇〇七年
佐々木徳夫『ふるさと艶笑譚選集　第一集　とっておきの秘話』本の森、二〇〇七年
佐々木徳夫『ふるさと艶笑譚選集　第二集　抱腹絶倒大人の昔話』本の森、二〇〇七年
石井正己監修、佐藤誠輔『遠野笑いばなし――【聴耳草紙】より』遠野物語研究所、二〇〇七年
石井正己監修『母からの贈り物　佐々木イセ昔話集』私家版、二〇〇八年
佐々木徳夫『ふるさと艶笑譚選集　第三集　内緒で読みたい愉快な色話』本の森、二〇〇八年
遠野高校社会科研究会著、石井正己編『上閉伊今昔物語』遠野物語研究所、二〇〇八年
石井正己『民俗学と現代――批評の宝石たち』三弥井書店、二〇〇八年
石井正己『佐々木喜善資料の調査と公開に関する総合的研究』東京学芸大学、二〇〇九年
『遠野の昔話』遠野市観光協会、発行年不明
『遠野の昔話　第一集』遠野市観光協会、発行年不明
『遠野の昔話　第二集』遠野市観光協会、発行年不明

【市町村誌】
土淵村役場編『土淵村誌』土淵村役場、一九五二年
遠野郷土研究会編『遠野町誌』遠野町役場、一九五三年
附馬牛村誌編集委員会編『定本附馬牛村誌』附馬牛村役場、一九五四年

【雑誌】
『別冊週刊読売　特集　にっぽんの民話』第二巻第九号、一九七五年一一月
『民話と文学の会かいほう』第二三号、一九八〇年七月
『民話の手帖　特集　遠野』第一九号、一九八四年三月
『民話の手帖　特集　遠野②』第三六号、一九八八年七月
『遠野物語研究』第四号、二〇〇〇年三月
『遠野物語研究』第六号、二〇〇二年三月

（石井正己）

小特集　ガイドブック　遠野物語

加藤秀俊・米山俊直共著『北上の文化——新・遠野物語——』

岩本由輝

　一九六三年夏、新刊間もない本書と『遠野物語』を鞄の中に入れて遠野に途中下車したのが、私が遠野を訪れた最初であった。著者たちは、一九五八年の二度の調査と、一九六二年の別々に行われた一度の調査をもとに本書を著したが、本書に収められた写真を改めて眺めると、私が最初に触れた遠野の風景が想起される。『遠野物語』をめぐる折口信夫や桑原武夫の遠野印象記はよく引き合いに出されるが、本書は単なる印象記に留まらない高度成長が顕在化し始めた頃の貴重な遠野の記録であり、米山が後年、打ち出した「小盆地宇宙論」は本書のもとになった調査を抜きにして考えることはできない。

　私が当時、本書を読んで衝撃を受けたのは、米山が序章の一で、『遠野物語』の素材を柳田国男に提供した佐々木喜善に関し、金田一京助が佐々木を「うそを平気でいえる人」といっていることを紹介していることであった。それは『遠野物語』にもうそがあるということであろう。しからば、佐々木を「誠実なる人」とした柳田の『遠野物語』の序文を、どのように受け留めたらよいのであろうか。ただ、米山が『遠野物語』にあるうそを承知で、うそととられる非論理的なものは大脳生理学的にいえば、大脳の古い皮質に司さどられたものであり、新しい皮質がかかわる論理的な思考にもとづくものとは別のものとして扱おうとしている態度は興味深かった。

　また、序章の二で、加藤が、『遠野物語』にみられるような「むかしの遠野がホントの遠野で、いまの遠野が都市文化に荒らされたウソの遠野だ、といった考えはまちがっている」と述べていることには、当時はもとより現在でも共感している。

第一章では、米山が『阿曾沼興廃記』や『動転愁記』や『南部叢書』所収の百姓一揆文書をたくみに駆使して遠野の歴史を戦国期から近世にかけて解明し、「豊かな伝説と民話のある遠野地方も、このように歴史のなかにおいて移りかわり、新しい時代をむかえようとして来たのであ」り、「われわれの見ている遠野はこうした歴史的背景をもっている」と述べていることは、クロノロジカルなことをおろそかにする柳田の手法に対する厳正な批判になっている。

第二章の「環境と生活」では、加藤（一、二、四。三は米山）が「われわれの遠野に訪れたのは、いま眼のまえに見ることのできる、現代の遠野を見たかったからだ」と述べているのは、『遠野物語』序文の「此は是目前の出来事なり」という表現を藉りているようで、実はそれに対する痛烈な皮肉である。「遠野は生産地にならないことには、どうにもならない」とし、「その努力がないかぎり、遠野は、ゴースト・タウンになる可能性さえもっている」と考えていた加藤は、遠野の「馬文明は終った」とし、「酪農化」が副業的に進められていることを視野に入れながら、「ナショナルなものからはずされているかぎり、遠野はローカルの中心地として繁栄を誇」れたが、「ナショナルな交通・通信網ができ上るやいなや、遠野はその思想をうけると同時に、存立の基盤を失ったのであ」り、「ナショナルな経済を文化のなかに、みずからを組みこ」む模索を「酪農化」に求めていることを見すえながら、それが「唯一の方法なのだろう」としながら、果して、それが「新たに生きる道」につながるかに疑念を示しているところに、私は本書の真骨頂があると受け留めた。

第三章は、米山が遠野盆地に生きた四人のライフ・ヒストリーから、四人のそれぞれの「生涯の経験のなか」の「いくつかのクライマックス」を記録して秀逸である。

加藤が書き、米山が加筆した終章では、「遠野のあらゆる問題」は、今や「ナショナルな文脈、インターナショナルな文脈から切り離せない時代であり、切りはなすべきでない」と述べ、本書の結びとしている。

（社会思想社・現代教養文庫、一九六三年四月）

吉本隆明著
『共同幻想論』

川森博司

本書は、『遠野物語』と『古事記』を素材として、そこに見られる「共同性」のありようを考察している。個人のレベルで成立する「個人幻想（自己幻想）」、男女のペアや親子の間などで成立する「対幻想」、村落共同体から国家にいたるさまざまな集団のレベルで成立する「共同幻想」の三つの概念を駆使して、われわれの生活を知らず知らずのうちに巻き込んでいく「共同幻想」の根強い力の根拠を探り、そこから逃れていく道を模索している。

　そのうち、『遠野物語』を事例として検討されているのは、村落共同体レベルの共同幻想である。まず、第三、四、六、七話の山人譚を取り上げて、「山村の猟師という日常生活の共通性にもとづいて、共通な山奥の猟場の心の体験が、長い年月をかけて練られたのち、この種の山人譚がうみだされる」と吉本は述べる。そして、これらは「猟師が繰返している日常の世界からやってくる〈正常〉な共同の幻想である」と指摘したのちに、「個人の〈異常〉な幻想」と共同幻想との位相の違いを、大岡昇平の小説『野火』における「既視体験」と対比して考察している。同じような入眠幻覚に似た心的体験が「共同性と個人性という二様の形であらわれうる」ということが重要であり、民俗譚の考察においては「それを幻想の共同性として」理解しなければならないというのが吉本の基本的な視点である。吉本によれば、これらの山人譚の背後にあるのは「村落共同体を離れたものは、恐ろしい目に遭い、不幸になるという〈恐怖の共同性〉」であり、そこから、共同体から出離することへの禁制（タブー）が生じる。このようにして、人々は共同幻想の無言の圧力によって、生活をしめつけられていくことになるというわけである。

　次に吉本は、第一〇、一八、八八、九六、一〇八話の予兆譚を取り上げて、やはりそこに見られる「狭くて強い共同性の意識」に注目している。「村落の内部に起こっている事情は、嫁と姑のいさかいから、他人の家のかまどの奥の問題まで、自己を知るように知られている」というような状況においては、「芳公馬鹿」や「柏崎の孫太郎」の予兆能力も特別なものとは感じられない。それは、あくまで普通の村人が経験する、ありふれた予兆の延長線上に位置づけられる。吉本の前提では、一般論として、共同幻想は個人幻想と対立する関係にある。しかし、『遠野物語』の予兆譚においては、「個体の幻想性と共同の幻想性が逆立の契機をもたないままで接続している」。そして、そこに柳田国男のいう「常民」の生活の位相が象徴されていると、吉本は議論を展開している。また、「遠野物語拾遺」から「いづな使い」の話や「狐に化かされる話」を取り上げて、狐は「共同幻想」の象徴にも「対幻想」の象徴にもなりうるが、同時に両方であることはできないことを指摘し、男女の対幻想を本質とする「家」の利害と、共同幻想を本質とする「村落共同体」の利害が、どのような位相で結びついたり対立したりするかを考察している。

このように、本来対立するはずの個人幻想と共同幻想、対幻想と共同幻想が、どのような形で接続しているかという視点から『遠野物語』を読みこんでいく本書は、今なおわれわれに新鮮な視点を提供している。なぜなら、自分がどのような共同幻想にとらわれているかを取り出し、それといかにして適切な距離をとるかは、今も未解決の課題だからである。

（河出書房新社、一九六八年一二月）

菊池照雄著「佐々木喜善——遠野伝承の人——」

松本博明

「後がき」には本書が試みられるきっかけになった著者の思いが次のように述べられている。

　喜善が死んで三十六年、このへんで彼の伝記を地元の目で残しておくことが必要と考えて着手してみた。

　喜善についてはすでに山下久男氏の研究があり、喜善の民俗学史上の役割、業蹟についてはそれにゆずるとして、私は在村時代、即ち出生から少年時代、東京から帰つて仙台に移るまでの夫々の期間を、彼をとりまく村の人々から聞いてみることにした。

「聞いてみることにした」といういささか遠慮がちな表現に示されている通り、柳田を嚆矢として常に中央の研究者や文学者達が入れ替わり立ち替わり訪れ、遠野という町を対象にし続けてきた環境の中で、佐々木喜善についても、石川県出身の山下久男が折口信夫の命を受けるようなかたちで遠野中学に赴任し研究を行っていた経緯が微妙に影を落としている。地元の人間にとって、喜善の生い立ちや肉親のことを仔細に調べる調査などは自家薬籠中のものであったはずである。しかし喜善の学問業績や柳田国男をはじめとする民俗学者、文学者たちとの交流となると山下久男、益田勝実、金田一京助、山田清吉といった先学や中央の研究者の守備範囲であった。それは自らのなすことでない。一見遠慮がちな口調には、著者が自らの立場と役割とを自覚し、それに従って取材調査が行われたことが如実に示されている。冒頭「喜善と遠野物語」の章で、

　喜善については山下久男、益田勝実両氏の、水野、柳田との出あいの事情については山田清吉氏の研究から引用するところが多い。

　私の調査したものはきわめてすくないことをおことわりしておく。

と述べるくだりも額面どおりに受け取って

はならない。本書の大きな価値は、地元根生いの著者が、自らの足を駆使して喜善について徹底的に調べ、その人物を活写し、纏め上げたことにある。地道な調査とその成果こそ、今最も求められている重要な資料なのである。

先行研究の中ではだれも触れることのなかった喜善出生と養子縁組のいきさつをはじめ詳細な取材を通して喜善の生を跡付けていく手法は、その断定的な文体と相俟って、まるで物語を読むように、喜善という人物を鮮明に読者の脳裏に焼き付ける。それは、どんなに作家も書き得なかった、遠野に生きる人による地に足のついた最初の「佐々木喜善伝」であったというべきである。

（遠野市観光協会、一九六九年六月）

山田野理夫著『遠野物語の人　わが佐々木喜善伝』『柳田国男の光と影――佐々木喜善物語――』

川島秀一

山田野理夫（一九二二〜）は宮城県仙台市出身。東北大学附属農学研究所員などを経て作家になった。『南部牛追唄』で第六回日本農民文化賞を受賞している。一九五四年に「仙台風俗志」の中で佐々木喜善を点景人物として登場させたことが、喜善の世界とその人となりに惹かれた機縁と、『遠野物語の人』の「あとがき」に記している。

『遠野物語の人　わが佐々木喜善伝』は一九七四年に椿書院から、続けて『柳田国男の光と影――佐々木喜善物語――』は農山漁村文化協会から一九七七年に「人間叢書」というシリーズ名の三冊目として上梓されている。それぞれの副題にある「伝」と「物語」に相違はあるが、二冊共に同じ手法で構成された、佐々木喜善の「伝記物語」である。『遠野物語の人』の三年後に出版された『柳田国男の光と影』が、前著の書き直しというよりは、補遺のような役割を果たし、両書には同じ資料が使われているところも多い。

『遠野物語の人』の「序辞」で、桑原武夫が本書を「ヒューマン・ドキュメント」と記したように、佐々木喜善・柳田国男などの書簡や、喜善をモデルにした登場人物が描かれている水野葉舟の小説、それに喜善自身の研究論文や採集された昔話や創作などを、喜善の一生に沿って引用しながら、それらをパッチワークのようにつなげて展開している。

特に、『柳田国男の光と影』では、編年体で叙述される各年の冒頭ごとに、柳田国男・水野葉舟・佐々木喜善、後半には宮沢賢治のそれぞれの年齢を記し、同時代に生きた者たちの動向も述べていく。喜善の周辺の人間たちの記録が絡み合いながら、立体的に喜善の一生が展開する仕組みである。出版当時において、なかなか目に触れ得ない資料を並べたことに対しては、評価が与えられよう。

　また、『柳田国男の光と影』には「私は晩年の本山桂川をたずね録音《テープ》にとった」と記されているように、山田が直接に会って取材して得た情報も加えられている。『遠野物語の人』の「あとがき」によると、本山以外では、山下久男、山田清吉、菊地照雄、「遠野市役所の菊地幹、松田実」、佐々木広吉、佐々木光広、「遠野市土淵の農民の方々」と会ったとある。

　山田の二冊の本を読むことによって、「文学志望者佐々木喜善と学者柳田との相違」（『柳田国男の光と影』）や、本山が「喜善自身に遠野物語を書かしめるべき」と洩らしたこと、喜善の『紫波郡昔話』とその採集者小笠原謙吉との関わりなど、山田以後の『遠野物語』をめぐる研究における素材が、出そろっていたと思われる。

（椿書院、一九七四年三月）
（農山漁村文化協会、一九七七年一〇月）

谷川健一著
『原風土の相貌』

岩本由輝

　本書は、谷川が、一、「時代と情況のいかんにかかわらず、一貫した思想の持主」、二、「政治的判断を拒否するという反政治的姿勢によって時代の代弁者であり、かつ時代の批判者となり得た人たち」、三、「風土をとおして、風土とかかわりながら自分の感情や思想を表出していった人たち」に関する一八のエッセイを集成したものであり、表題は「第三番目の要素を最も重視し」たことに由来するとしている。

　本書所載の一八のエッセイのすべてが遠野にかかわるものではないが、一九七二年一一月に刊行された大和書房版『遠野物語』の解説として書かれた第二エッセイ「『遠野物語』の世界」が、直接、遠野をとりあげる。

　ところで、第一エッセイ「柳田国男の『序文』」において、柳田の各著の卓抜な序文に魅せられた谷川が、「柳田の序文を集めて一冊の書物を作ったらおもしろかろうと考えたことがあった」として、それは通常の序文と違って、「一定の角度をとって本の内容と相対している彼の序文」は、「著書自身を映す批評の錠となっている」と述べていることに触発された私は、刊行順に柳田の序文集を作り、いろいろと学ぶことが多かったし、また、「此書を外国に在る人々に呈す」というさまざまな解釈がなされている『遠野物語』の献辞についてもその理解に大きな示唆が与えられている。

　さて、第二エッセイの冒頭で、谷川は、「本郷弥生町や大森が日本考古学にとって発生の地であるという以上に、岩手県遠野は日本民俗学のふるさとと呼ぶことができる」と延べ、「それは遠野をおとずれるものが、『遠野物語』をその場においてよみがえらせ、追体験できるからである」と称揚したうえで、『遠野物語』上梓にいたる過程での柳田と佐々木との関係を紹介している。そして、谷川は、柳田が『遠野物語』の本文については、「対象を永遠に保存し、現存せしめ」るために、「金石に鐫りつけるように、するどく、かたく、ほそい文体を使用」し、「序文ではほしいままに感情を吐露する」とともに、「『物語』自体にたいする批評」を忘れず、「此書の如きは陳勝呉広のみ」とうたって、読者をして「背後にある柳田の強烈な客観精神、いわば二重の眼をいやおうなしに感じざるを得ない仕組になっている」ことを明らかにしている。『遠野物語』全体に対するすぐれた解説として、いつまでも読者を納得せしめる内容のものである。

　ただ、谷川が本書の「あとがき」で、「現実の遠野はかえって、その想像力を凋《しぼ》ませる役割を果すことにもなる」といい、「あるいはまた早池峰山、六角牛山、笛吹峠、仙人峠、さては猿ヶ石川などの物語の『額縁』さえ残っておれば、残余の痕跡は消滅してもかまわない」と述べているところは、「遠野をおとずれるものが、『遠野物語』をその場においてよみがえらせ、追体験できる」とした第二エッセイの冒頭のくだりとの間に落差を感ぜしめる。本書刊行までに三度、遠野を訪れた谷川は、「物語に縁由のある小道具を見せつけられて、かえってわずらわしい気持になることが常であった」とすら述べている。

　なお、南方熊楠をとりあげた第八エッセイ「『縛られた巨人』のまなざし」においては、『遠野物語』刊行後に発生した柳田の山人のとりあげ方に対する南方の批判と、それに対する柳田の論駁《ろんばく》がとりあげられているが、この論争には柳田の主宰する雑誌『郷土研究』の編集方針に対する南方の批判がからむものであり、両者の絶縁につながるものである。

（大和書房、一九七四年一〇月）

井上ひさし著
『新釈遠野物語』

大野眞男

著者の井上ひさしは山形出身のストーリー・テラー。東京の大学を休学中に当時著者の母親が暮らす岩手県釜石市に帰省し、療養所職員として過ごした経歴が下敷きになった作品である。タイトルの一部に「遠野物語」とあるが、作品の舞台は終始隣町の釜石であり、遠野はめったに登場しない。山男、河童、馬、狐、魚など、昔話におなじみのキャラクターが登場する点が「遠野物語」である所以なのである。

「これから何回にわたって語られるお話しはすべて、遠野近くの人、犬伏太吉老人から聞いたものである。昭和二十八年十月頃から、折々、犬伏老人の岩屋を訪ねて筆記したものである。犬伏老人は話し上手だが、ずいぶんいんちき臭いところがあり、ぼくもまた多少の誇大癖があるので、一字一句あてにならぬことばかりあると思われる。…（後略）…」で始まる滑稽な序文によって、『遠野物語』のパロディーであることは冒頭で宣言されている。が、『遠野物語』が喜善の語った話のみを収めているのに対して、昔話自体が犬伏老人自身の人生回顧となっており、著者の自伝的要素もちりばめられ、語りの前後には犬伏老人と主人公のやりとりが活写されていて、九編の怪異譚全体をたどることで一つの「お話し」として完結するところは、やはり鬼才による手の込んだ小説なのである。

若き日の著者が勤務した療養所近くにある岩屋に住む犬伏老人との謎めいた出会いから始まり、昔話のモチーフを駆使して次々と語られる老人の回顧談を読み進めるうちに、読者はもう一つの『遠野物語』が語られる世界をバーチャルに体験することになる。

「鍋の中」は、山男にさらわれた女に助けを求められ、山男の追跡から必死に逃れようとする話。「川上の家」はマヨイガの話ではなく、河童の同級生との交友のグロテスクな結末である。「雉子娘」は、病気の娘のために蔵から米を盗んだ作男の死と、その後の娘の悲劇。「冷やし馬」は、『遠野物語』にもある馬と人間の娘との交情がモチーフ。「狐つきおよね」は、稲荷神である白狐と通じる娘を妻にして特殊な能力を授かった顛末。「笛吹峠の話売り」は、大槌浜から遠野に駄馬をひく馬方が、山中で予言を含む話を売る老人に出会う話。「水面の影」は、鉱山の餉部屋から脱走し鬼監督に追われる話だが、いつの間にかヤマハハから逃れる話と重なり、茶箱に鉄瓶の湯を注いでおしまい。「鰻と赤飯」では、底なし沼の主の大鰻が鉱山事務所の会計係として登場してくる。最後の「狐穴」は、狐に化かされるというどこにでもある話だが、あえてその結末は読者の楽しみとして紹介せずにおこう。

「新釈遠野物語」と銘打ったのは、単に隣町の釜石を舞台としたからだけではないだろう。柳田の『遠野物語』が、佐々木喜善の語った話の内容だけを、語りの場面とは無縁の雅文体において標本化したのとは大いに異なっている。むしろ語り手と聞き手という原初的な関係の設定そのものから『遠野物語』を創作し直したところに、加えて、犬伏老人の一人称で語る人生体験として昔話のモチーフを位置づけ直したところに、二重に「新釈」の意図が籠められているのではないだろうか。

（筑摩書房、一九七六年一一月）

高橋喜平著『遠野物語考』

大野眞男

著者の高橋喜平は岩手県沢内村生まれ、民間の雪氷学者であり秀逸のエッセイストである。著者の父親は、柳田に『遠野物語』の素材を語った佐々木喜善の岩手医学校時代の同級生、という寄しき因縁をもつ。当初地元紙である『岩手日報』に連載されたもので、一九七六年創樹社より刊行された。遠野と同様の山村に育った自らの幼少体験に照らして『遠野物語』の内容に強い共感を表明する一方で、冷徹な自然科学者としての眼で『遠野物語』及び民俗学の在り方に対して批判的な見解を処々に陳述している点が新鮮である。

『遠野物語』に登場する様々な動植物、すなわち、毒きのこ、鹿、桐の花、狼、熊、カッコ花、オット鳥、馬追い鳥、山芋、河童、雉子、馬などについて、『遠野物語』の各該当話に言及しつつ科学的知見に裏づけられた博物誌的な立場から、その実態を明らかにしている。あとがきに、民俗学の最終目的は、単に第三者による民俗資料の収集にとどまらず、その土地で育った人の自然の見方や生命観といったものを理解することであるとし、説話類の収集についても次のように述べている。

わたくしが本書を執筆しながら感じたことは、自然科学と民俗学との間には大きな壁があり、その壁が民俗学の飛躍的な発展をさまたげているのではないかということであった。両者の調和を図るには是非その壁をとりのぞく必要があり、そのためには民俗学者が自然科学を正しく認識することが先決であるということに気がついた。とくに、生物が介在する場合自然科学を無視する民俗学は根なし草のようなものであることを主張したいのである。

『遠野物語』において最も多くの七話が記載されている野生動物は狼であり、著者も「幻の狼」の章に最大紙数を割いている。日本各地における日本狼の絶滅史などに触れ、喜善の語った狼譚の歴史的位相を明らかにしており、著者の博物学者としての面目躍如の感がある。三七話に「ある時二、三百ばかりの狼追ひ来たり、その足音山もどよむばかりなれば、」とある部分をとりあげ、二、三百頭の狼の生存には少なくともその十倍以上の鹿の生息が必要であり、そのような鹿の大群生は遠野に生息しないので、事実に基づく伝承としては不合理とする判断も、野生の生態を知る者でなければできないことである。オット鳥や馬追い鳥の正体の追求も、さながら仏法僧探しを思わせ興味深い。

最後の章では動植物譚ではなく、『遠野物語』一一一話に現れるハカダチ・ハカアガリという遠野方言をとりあげ、ダンノハナという土地が「墓地」であることに関連づけて語義が説明されていることに対して批判的な見解を呈示している。柳田自身もこれに気づいていたろうことを断りつつ、故郷の沢内村でハガオレ（仕事に行くこと）、ワッパガ（仕事が終わること）などの語があることや、種々の辞書類を援用して、ハカは「仕事の進み具合」といった意であろうことを論証しており、ここにも科学者としての冷静な分析眼が遺憾なく発揮されている

（創樹社、一九七六年一二月）

内藤正敏著
『聞き書き遠野物語』

石井正己

写真家にして民俗学者である著者が、一九七四年の『ミイラ信仰の研究』（大和書房）に続いて世に問うた東北民間信仰の研究書であった。遠野を舞台にした著作としては、一九八三年に発刊される写真集『遠野物語』（春秋社）と姉妹編になる。本書の口絵にも、ストロボ撮影による白黒写真が多数掲載されていて、両者が深い関係にあることを暗示する。

「あとがき」によれば、『遠野物語』に惹かれて、一九七一年の秋に遠野を訪れるが、「およそ〝戦慄〟せしめられるような雰囲気とは、ほど遠い近代的な風景だった」という。それは、ちょうど岩手国体を機縁にして、遠野が観光による地域振興を始めた翌年に当たり、現在につながる風景が生まれていたことを意味する。

そこで、「意地になっても、〝遠野物語的〟な遠野を探してみたい」と考え、遠野盆地が古くから修験者の活躍した地域であ

り、盆地の周辺がすべて金属鉱床に囲まれていることに着目する。その中で見えてきたのは修験者と金山師の関係であり、それは稲を中心にする民俗学に対する「金属民俗学」を提唱を意味した。

　全体は、「遠野物語断章」と「もう一つの遠野物語」の二部から構成され、末尾に「もう一つの早池峰山」を置く。前半の「遠野物語断章」は、「Ⅰ　今に生きる遠野物語」で、綾織の続石に見る巨石運搬の技術、狐の話の背景にある食生活、佐々木喜善が注目した性の民俗、早池峰信仰に見る宇宙観を明らかにする。「Ⅱ　遠野の山伏」は、阿部家のダンビラケ祭が修験道の「壇開き」に由来することを指摘した後、早池峰山の開山伝説や早池峰神社の祭礼を分析し、遠野における羽黒修験の活躍を明らかにする。出羽三山の信仰を見てきた視点から、『遠野物語』の基盤に修験者の活動があることを読み解いたのである。

　この課題は、後半の「もう一つの遠野物語」でさらに徹底されてゆく。「Ⅲ　山に生きた製鉄の民」は、「白望の山奥にて金の樋と金の杓とを見たり」（三三話）を取り上げ、それらが元は採金道具であったことを指摘する。このあたりは、本書の独壇場と言ってもいいところで、『遠野物語』の背景に製鉄の民の痕跡を見てゆく読み取りは、今もなお新鮮である。

　フィールドワークは遠野の山ひだに深く入って行き、その成果を「Ⅳ　恩徳村」「Ⅴ　金沢村」「Ⅵ　小友町」という地域別に記述する。恩徳村では「青酸カリと魚とり」「隠し念仏」「鉱夫頭」「恩徳の山師たち」、金沢村では「ドングリのドブロク」「カネフク村長と鉄砲金」「伝説の金山長者」「幕末の山師」「金山絵巻『金沢御山大盛之図』」、小友町では「金山の争奪戦」「バンガネサガシ」「二人の法師」「荷沢の水銀と藤原三代のミイラ」「ウソトキ伝説」「「十月仏」に聖徳太子を拝む」などの小見出しを付けてまとめている。

　後半に至ると、もう単なる『遠野物語』の研究を越えて、東北地方の中世から古代へと迫ってゆく。そこでは、記録史料の博捜が行われるが、それとともに土地に住む古老からの聞き取りが大事な資料になっている。本書を『聞き書き遠野物語』と命名した由来も、この点にあったのである。そうした歴史観を変える出会いは、入念な作業仮説と鋭い化学的思考から生まれたのである。

　末尾に置いた「もう一つの早池峰山」は、「Ⅶ　不思議な絵馬」の一章からなる結びで、開山伝説の分析から、猟師―山伏―山師という関係を指摘する。それを象徴的に語るのは、奉納された金属熔融絵馬の存在であった。そして、それが中国山地につながることまで触れて終わる。こうした研究は、さらに東北地方全体に広がり、二〇〇七年の『東北の聖と賤　民俗の発見Ｉ』（法政大学出版局）に結実してゆく。

（新人物往来社、一九七八年一一月）

山下久男著
『佐々木喜善先生とその業績』

松本博明

本書は、一九八二年九月一一日から一三日にかけて遠野市民センターを会場に開催された日本民俗学会第三四回年会を記念して、遠野市が中心となって行った事業の一環として発行された。その事業とは伊能嘉矩と佐々木喜善の顕彰碑の建設とその業績を紹介するリーフレットの作成で、学会開催に先立って完成が急がれたものと見られる。

Ａ５判総頁三六頁、奥付に発行日は明記されていない。著者が山下久男、編集が伊能嘉矩・佐々木喜善先生顕彰碑建設委員会、発行は遠野市教育委員会があたった。非売品。冒頭に遠野市教育長山本精一「市民と著者に敬意を」（一頁）、顕彰碑建設委員会委員長海老久太「先人の遺徳を偲ぶ冊子」（二頁）、遠野市長小原正巳「郷土文化の礎に」（三頁）の三編の献辞と、土淵カントリーパークに建設された碑及び喜善の写真（四頁）、碑文及び建碑の由来（五頁）がそれぞれ載せられており、本書の性格を物語っている。

著者である山下久男は、衆知のとおり折口信夫によって送り込まれる形で遠野中学に赴任、柳田をとりまく民俗学草創期の先学たちの交流、佐々木喜善の再評価に努めた。喜善に関する山下の最初の著作は『柳田国男　折口信夫　佐々木喜善　鈴木重男先生書簡』（私家版）で一九四七年一月に刊行、その後「民俗学と佐々木喜善」（一九四七年四月）『佐々木喜善著作目録』（私家版）「佐々木喜善とその故郷」（『民話』第六号・第八号、一九五九年三月・五月）「佐々木喜善と私」（『東北歌人』一九五九年第三号、一九五九年一二月）「佐々木喜善の手紙」（『東北歌人』第六巻第四号・五号、一九六〇年四月・八月）など管見する限りにおいて二〇編以上にのぼる。

本書はその著者の最晩年の刊行物で、内容については取り立てて真新しいものは無い。それまでの研究成果をもとに、佐々木喜善の誕生から仙台で没するまでの人生を簡潔にまとめたものである。つまり日本民俗学会招致を機に、郷土の先学である佐々木喜善の業績と人生をわかり易く整理しておこうという意図のもとに企画され、喜善研究の第一人者であった山下久男の名を冠して出されることに本書の意味があったといえる。

（遠野市教育委員会、一九八二年九月）

著者紹介（掲載順）

石井正己（いしい　まさみ）　奥付上に掲載

有馬朗人（ありま　あきと）　一九三〇年生まれ。武蔵学園。主要著書『The Interacting Boson Model』（Cambrige）、『現代俳句の一飛跡』（深夜叢書社）、『天為』（富士見書房）、『分光』（角川書店）。

太田愛人（おおた　あいと）　一九二八年生まれ。日本エッセイスト・クラブ常任理事。主要著書『野村胡堂・あらえびすとその時代』（教文館）、『『武士道』を読む』（平凡社新書）。

小澤俊夫（おざわ　としお）　一九三〇年生まれ。筑波大学名誉教授、小澤昔ばなし研究所所長。主要著書『昔話からのメッセージ　ろばの子』（小澤昔ばなし研究所）、『昔話の語法』（福音館書店）他。

松谷みよ子（まつたに　みよこ）　一九二六年生まれ。児童文学作家。松谷みよ子民話研究室主宰。主要著書『現代民話考』（ちくま文庫）、『異界からのサイン』（筑摩書房）。

神崎宣武（かんざき　のりたけ）　一九四四年生まれ。民俗学者、旅の文化研究所所長。主要著書『江戸の旅文化』（岩波書店）、『しきたりの日本文化』（角川ソフィア文庫）。

加藤秀俊（かとう　ひでとし）　一九三〇年生まれ。社会学者。主要著書『加藤秀俊著作集（全一二巻）』（中央公論社）他。

高柳俊郎（たかやなぎ　としろう）　一九三一年生まれ。遠野物語研究所所長。主に市内の中学校社会科教師。退職後、遠野常民大学で後藤総一郎の薫陶を受ける。著書『柳田国男の遠野紀行』（三弥井書店）、『注釈遠野物語』（筑摩書房）の編集代表。

小田富英（おだ　とみひで）　一九四九年生まれ。『柳田国男全集』編集委員。主要著書『柳田国男伝』（共著、三一書房）。

一柳廣孝（いちやなぎ　ひろたか）　一九五九年生まれ。横浜国立大学教授。主要著書『近代日本心霊文学セレクション　霊を読む』（共編著、蒼丘書林）他。

佐藤健二（さとう　けんじ）　一九五七年生まれ。東京大学大学院教授。主要著書『流言蜚語』（有信堂高文社）、『歴史社会学の作法』（岩波書店）。

小田晋（おだ　すすむ）　一九三三年生まれ。帝塚山学院大学教授。主要著書『狂気の構造』（青土社）、『日本の狂気誌』（講談社）。

野本寛一（のもと　かんいち）　一九三七年生まれ。近畿大学名誉教授。主要著書『生態民俗学序説』（白水社）、『栃と餅』（岩波書店）。

佐藤誠輔（さとう　せいゆう）　一九二八年、遠野市生まれ。遠野物語研究所研究員。小学校教諭として国語教育に取り組み、作文教育の著書がある。『口語訳遠野物語』（河出書房新社）の訳者であり、遠野の昔話に関する多数の著書がある。

黒渕利子（くろぶち　としこ）　一九四七年、遠野市生まれ。遠野物語研究所研究員。国語教師として岩手県内の中学校に勤務した。母の佐々木イセや伯母たちがみなすぐれた語り部なので、その後継者となろうと努力している。

大橋進（おおはし　すすむ）　一九四三年、釜石市生まれ。遠野物語研究所副所長。岩手県立高校の社会科教師となる。遠野常民大学に入会した。「遠野の飢饉史『宝暦および天明の飢饉』の諸相について」（『東北日本の食』所収）などの論文がある。

菊池国雄（きくち　くにお）　一九三二年、遠野市生まれ。遠野物語研究所研究員。高校生時代の社会科の教師である及川勝穂に師事して、郵政やＮＴＴに勤務した後も民俗調査を続けている。

水原義人（みずはら　よしと）　一九三〇年、遠野市生まれ。遠野・宮守の小・中学校に勤務。旧宮守村内の石塔や、史跡の調査にあたる。遠野市文化財審議委員。著書『ふるさと桐町』（新町自治振興会）ほか、宮守町の民俗調査に関わる著作が多数ある。

菊池健（きくち　けん）　一九五三年、遠野市生まれ。遠野物語研究所研究員。私立岩手高校の社会科教師となり、その傍ら遠野常民大学で学ぶ。現在は自営業。「伊能嘉矩の『遠野馬史稿』を読む」（『遠野物語』と北の文化』所収）などの論文がある。

千葉博（ちば　ひろし）　一九三五年、遠野市生まれ。銀行員として定年まで勤務。後、遠野常民大学で学び、郷土芸能、特に神楽の伝承を調査する。遠野市文化財審議委員。著書『鞍迫観音ふるさとの神々』（鱒沢地区自治会）ほか、論文が多数ある。

昆弘盛（こん　ひろもり）　一九四二年、遠野市生まれ。遠野物語研究所研究員。岩手県立高校の国語教師として勤務した。父盛男が郷土研究家で、『遠野市史』の編纂委員だったので、その成果の継承に努めている。

岩本由輝（いわもと　よしてる）　一九三七年生まれ。東北学院大学教授。主要著書『柳田国男の共同体論』（御茶の水書房）、『もう一つの遠野物語』（刀水書房）。

川森博司（かわもり　ひろし）　一九五七年生まれ。神戸女子大学教授。主要著書『日本昔話の構造と語り手』（大阪大学出版会）、『日本の民俗3　物と人の交流』（共著、吉川弘文館）。

松本博明（まつもと　ひろあき）　一九五六年生まれ。岩手県立大学盛岡短期大学部教授。主要論文「『海やまのあひだ』の変相」（『國學院雜誌』二〇〇四年一一月号）、「折口信夫「古代生活の研究」本文成立をめぐって」（『國學院雜誌』二〇〇九年一月号）。

川島秀一（かわしま　しゅういち）　一九五二年生まれ。リアス・アーク美術館学芸係長。主要著書『ザシキワラシの見えるとき』（三弥井書店）、『漁撈伝承（ものと人間の文化史一〇九）』（法政大学出版局）。

大野眞男（おおの　まきお）　一九五四年生まれ。岩手大学教授。主要著書『シリーズ方言学3　方言の機能』（共編著、岩波書店）、『北奥方言基礎語彙の総合的研究』（分担執筆、桜楓社）。

編著者紹介

石井正己（いしい　まさみ）
1958年、東京都生まれ。東京学芸大学教授、旅の文化研究所運営評議委員、遠野市立図書館顧問、遠野市立博物館顧問、遠野物語研究所研究主幹。日本文学・文化研究を専攻。主な著書に『絵と語りから物語を読む』（大修館書店）、『図説遠野物語の世界』『図説日本の昔話』『図説源氏物語』『図説百人一首』『図説古事記』（以上、河出書房新社）、『遠野の民話と語り部』『柳田国男と遠野物語』『物語の世界へ』『民俗学と現代』（以上、三弥井書店）、『『遠野物語』を読み解く』（平凡社）、『遠野物語の誕生』（筑摩書房）、『桃太郎はニートだった！』（講談社）などがある。

遠野物語研究所（とおのものがたりけんきゅうじょ）
1995年、遠野市の支援を受けて設立、2002年、NPO 法人に認可され、『遠野物語』や昔話をはじめとする遠野文化の研究と継承を重ねてきた。遠野物語と遠野昔話のゼミナールの開催、昔話教室・遠野物語教室・遠野学会の運営、遠野物語ゼミナール記録集・『遠野物語研究』『遠野物語通信』『遠野文化誌』の発行等を行っている。主な刊行物に『遠野の祭り』『『遠野物語』と神々の世界』『『遠野物語』と北の文化』『東北日本の食』『『遠野物語』の誕生』『遠野の民話』『遠野昔ばなし』『復刻版老媼夜譚』『上閉伊今昔物語』などがある。所長は高柳俊郎、副所長は大橋進・昆弘盛。

遠野物語と21世紀　近代日本への挑戦

平成21年6月29日　初版発行

定価はカバーに表示してあります。

発行者　吉田栄治
発行所　株式会社 三弥井書店
〒108－0073東京都港区三田3－2－39
電話03－3452－8069
振替00190－8－21125

ISBN978-4-8382-3183-6 C0039　整版・印刷　藤原印刷